CONTENTS 目录

▶ **项目一 汽车新媒体营销与运营认知** ……………………………………… (1)
　　任务1　认识汽车新媒体 ……………………………………………………… (2)
　　任务2　认识汽车新媒体营销与运营 ………………………………………… (12)
　　任务3　提升汽车新媒体从业人员的职业素养 ……………………………… (22)

▶ **项目二 汽车新媒体营销定位与策划** ………………………………………… (34)
　　任务1　汽车新媒体营销定位 ………………………………………………… (35)
　　任务2　汽车新媒体策划流程和方法 ………………………………………… (46)
　　任务3　汽车新媒体营销策划方案的框架与文案要求 ……………………… (54)

▶ **项目三 汽车新媒体图文营销与运营** ………………………………………… (63)
　　任务1　汽车新媒体营销软文制作 …………………………………………… (64)
　　任务2　汽车新媒体图文设计与排版 ………………………………………… (72)
　　任务3　汽车新媒体H5页面制作 ……………………………………………… (79)
　　任务4　汽车新媒体图文平台运营 …………………………………………… (91)

▶ **项目四 汽车短视频营销与运营** ……………………………………………… (103)
　　任务1　汽车短视频内容策划 ………………………………………………… (104)
　　任务2　汽车短视频选题与脚本创作 ………………………………………… (116)
　　任务3　汽车短视频内容拍摄制作与发布 …………………………………… (128)

任务4　汽车短视频平台运营 ……………………………………………（147）

▶ **项目五　汽车直播营销与运营** ………………………………………（159）
　　任务1　汽车直播营销内容定位和规划 …………………………………（160）
　　任务2　汽车直播营销策划流程及文案撰写 ……………………………（170）
　　任务3　汽车直播运营技巧 ………………………………………………（182）

▶ **项目六　汽车新媒体营销与运营综合应用** …………………………（194）
　　任务1　构建汽车新媒体营销矩阵 ………………………………………（195）
　　任务2　汽车经销商DCC运营技巧 ………………………………………（205）

▶ **参考文献** …………………………………………………………………（226）

汽车新媒体营销与运营技术

主　编　盛　琦
副主编　蒋孙权　高　欣
参　编　楼　荣　沈思远
　　　　徐建军　张　亮

北京理工大学出版社
BEIJING INSTITUTE OF TECHNOLOGY PRESS

版权专有　侵权必究

图书在版编目（CIP）数据

汽车新媒体营销与运营技术 / 盛琦主编． -- 北京：北京理工大学出版社，2025.5．
ISBN 978-7-5763-5347-1

Ⅰ．F713.365.2

中国国家版本馆 CIP 数据核字第 2025TZ7656 号

责任编辑：李海燕　　**文案编辑**：李海燕
责任校对：周瑞红　　**责任印制**：李志强

出版发行	/ 北京理工大学出版社有限责任公司
社　　址	/ 北京市丰台区四合庄路 6 号
邮　　编	/ 100070
电　　话	/ (010) 68914026（教材售后服务热线）
	(010) 63726648（课件资源服务热线）
网　　址	/ http://www.bitpress.com.cn
版 印 次	/ 2025 年 5 月第 1 版第 1 次印刷
印　　刷	/ 涿州市新华印刷有限公司
开　　本	/ 787 mm×1092 mm　1/16
印　　张	/ 14.5
字　　数	/ 341 千字
定　　价	/ 79.80 元

图书出现印装质量问题，请拨打售后服务热线，负责调换

FOREWORD 前言

当前，中国汽车产业正经历深刻变革。随着"新四化"（电动化、智能化、网联化、共享化）的加速推进，以及消费者数字化、个性化需求的崛起，传统营销模式已难以应对激烈的市场竞争。短视频、直播、社交媒体等新媒体形态，正重构用户与品牌的互动方式，成为车企抢占市场、塑造品牌的核心阵地。在此数智营销的大背景下，培养兼具行业洞察与新媒体实操能力的复合型人才，已成为汽车产业转型升级的关键需求。

本书应势而生。以"二十大精神引领、对接岗课赛证标准、产教融合、支撑专业学习、提升核心素养"为编写理念，系统构建汽车新媒体领域的知识体系与技能框架。全书立足行业前沿，紧扣高职教育"工学结合"特色，通过6大项目、19项任务，层层递进解析新媒体营销与运营全流程。从认知到实战：以汽车新媒体发展脉络为起点，剖析平台特性与用户行为，结合小米SU7、五菱汽车等鲜活案例，夯实从业者的市场敏感度与职业素养；从策划到落地：聚焦用户画像、内容创意、平台运营，详解图文、H5、短视频、直播等多元形式，配套任务工单与思维导图工具，强化策划、执行与复盘能力；从技能到责任：融入"数字中国""工匠精神"等素养目标，强调合规运营与创新意识，引导读者在技术应用中践行社会责任。

本书特色鲜明。精选头部车企实战案例，拆解爆款内容背后的逻辑，助力读者"看得懂、学得会、用得上"；以真实岗位需求设计实训模块，涵盖软文撰写、H5制作、短视频拍摄、直播脚本策划等核心技能，匹配高职院校"课岗赛证"融通需求；同时每个项目的每个任务都配套提供微课、课件、同步测试题库等资源，适配线上线下混合式教学，助力教学效果立体化提升。

本书由浙江经济职业技术学院盛琦担任主编，浙江农业商贸职业学院蒋孙权、嘉兴职业技术学院高欣担任副主编，浙江经济职业技术学院楼荣、沈思远、徐建军、浙江旅游职业学院张亮参与编写。具体分工为：盛琦负责编写项目一、五、六以及视频微课的拍摄；蒋孙权负责编写项目二、三；高欣负责编写项目五；楼荣、沈思远、徐建军负责企业调研以及案例的收集和编写、张亮参与编写项目六的任务2。

本书在编写过程中，引用了部分其他书、行业报告等内容以及网络资源，并得到行业专家、院校教师的悉心指导，在此深表感谢。限于编者水平，疏漏之处恳请读者指正。

编　者

项目一　汽车新媒体营销与运营认知

项目介绍

受新四化趋势与中国经济发展的综合影响，中国乘用车市场的存量时代已然来临，行业竞争加剧。传统营销方式已经无法满足新一代用户数字化、个性化的消费习惯。短视频、直播等新媒体形式逐渐成为用户获取信息的主要方式。越来越多的车企开始建立品牌官方账号，发布新媒体内容，重塑与用户的沟通方式。同时，伴随着流量红利的逐渐消退和用户注意力资源的碎片化，新媒体营销与运营的汽车领域综合型人才越来越被需求和重视。

为了更好地完成教学目标，达成教学效果，本项目选取认识汽车新媒体、认识汽车新媒体营销与运营、提高汽车新媒体从业人员的职业素养三大工作任务。

2. 汽车新媒体的发展现状

当前，汽车新媒体已经形成了多元化、立体化的传播格局，主要包括以下几个方面：

平台多样化：汽车新媒体的传播平台日益丰富，包括微博、微信、抖音、B 站、小红书等社交媒体平台，以及易车、汽车之家等专业垂直媒体。这些平台各具特色，为汽车企业提供了多样化的传播渠道。

内容多元化：汽车新媒体的内容形式也日益丰富，包括图文、视频、直播、KOL 合作等多种形式。这些内容不仅涵盖汽车产品的介绍、评测、试驾等基本信息，还涉及汽车文化、生活方式、科技智能等多个领域，满足了消费者多样化的信息需求。

营销精准化：借助大数据和人工智能技术，汽车企业可以更加精准地分析消费者需求，制定个性化的营销策略。通过新媒体平台，汽车企业可以实现对目标消费者的精准触达和有效转化。

3. 汽车新媒体的发展趋势

展望未来，汽车新媒体将呈现以下几个发展趋势：

内容品质化：随着消费者对内容品质要求的提高，汽车新媒体将更加注重内容的品质化。未来，汽车新媒体将更加注重内容的原创性、专业性和深度性，以提供更加有价值的信息和服务。

传播场景化：随着 5G、物联网等技术的普及，汽车新媒体将更加注重传播场景化。通过构建真实的用车场景，汽车新媒体将更好地展示汽车的性能和特点，提高消费者的购车体验和满意度。

营销整合化：未来，汽车新媒体的营销将更加注重整合化。通过整合各种营销资源和手段，汽车企业将实现品牌传播、产品推广、用户互动等多个环节的有机衔接和高效协同。

用户参与化：随着社交媒体的发展，用户参与成为汽车新媒体的重要趋势。通过举办线上线下的互动活动、建立用户社群等方式，汽车企业将更好地与用户建立联系和互动，提高用户的忠诚度和满意度。

汽车新媒体的兴起和发展是汽车产业数字化转型的必然趋势。未来，随着技术的不断进步和消费者需求的不断变化，汽车新媒体将呈现更加多元化、精准化、场景化和整合化的发展趋势。

二、汽车新媒体的概念与类型

1. 新媒体的概念

美国《连线》杂志对新媒体的定义是："所有人对所有人的传播。"这个定义突破了传播媒体对传播者和受众两个角色的严格划分。在新媒体环境下，"听众""观众""读者""作者"的角色不再专指某一群体，信息的传播变得多来源、多渠道、多指向，每个人都可以是生产者、传播者和接收者。

相对于报纸、杂志、电视等传统媒体，新媒体是一个动态变化的概念，是指基于数字技术、通信技术等信息传播技术，通过互联网、无线通信网、有线网络等渠道，依托电脑、手机、平板、数字电视机、车载大屏等终端，向用户提供信息和娱乐等个性化、互动化、精准化的传播，开创新的媒体内容与表现形式、创造新的媒体用户体验的现代媒体类型。新媒体

项目一　汽车新媒体营销与运营认知

具有依托网络技术,以互动性为核心,以平台化为特色,以人性化为导向等特点,内容丰富、受众面广、传播速度快、沟通便捷,在媒体行业具有独特的优势。

2. 汽车新媒体平台的类型

（1）汽车图文新媒体平台

汽车图文新媒体平台主要涵盖两种类型：第一种是汽车垂直媒体,主流平台包括汽车之家、易车网、太平洋汽车等,它们专注于汽车行业,提供深度评测、新车发布、行业动态、购车指南等内容,拥有专业的编辑团队和丰富的数据库,是消费者获取汽车信息的主要渠道之一。第二种是依托其他平台的自媒体和论坛等,如小红书、微信公众号、微博、今日头条、知乎等平台,大多车企品牌以及各品牌经销商等都在这些平台上开启自媒体图文营销和运营。图文新媒体平台示例如图1-1所示。

图1-1　图文新媒体平台示例

汽车图文新媒体平台能够迅速捕捉并传递汽车行业的最新动态,包括新车发布、政策变动、技术革新等,确保消费者和从业者能够第一时间获取到有价值的信息。平台上的专业编辑和汽车爱好者会撰写详细的车型评测、技术解析文章,帮助消费者深入了解汽车的性能、配置、优缺点等,为购车决策提供有力支持,还会通过发布购车指南、用车技巧、维修保养等文章,普及汽车知识,提高消费者的购车、用车水平,促进汽车文化的传播。

汽车企业通过在图文新媒体平台上发布官方信息、参与话题讨论等方式,能够树立并维护品牌形象,增强消费者对品牌的认知和信任。平台上的互动功能,如评论、点赞、分享等,能够激发用户的参与热情,增强用户黏性,使品牌与消费者之间建立更加紧密的联系。

此外,汽车图文新媒体平台还关注社会热点,积极传播正能量。在重大交通事故、汽车安全事件等方面,平台会及时关注并呼吁车主重视行车安全,增强交通安全意识。同时,平台还致力于传播汽车文化,倡导文明驾驶风尚,构建和谐交通环境。

（2）汽车短视频新媒体平台

汽车短视频新媒体平台是指专注于汽车领域,以短视频为主要内容形式,通过新媒体技术手段进行信息传播、交流互动的网络平台。这些平台利用短视频的直观性、生动性和互动性,为汽车爱好者、消费者及从业者提供丰富的汽车相关内容,包括但不限于汽车评测、驾驶技巧、维修保养、汽车文化、新车推介等,是汽车厂商线上广告投放比较青睐的一种渠道。

常见的汽车短视频新媒体平台有汽车类垂直平台，如汽车之家、易车网等综合性汽车网站的短视频频道，以及懂车帝等；还有抖音、快手、B站等平台上与汽车消费相关的自媒体账号等，如图1-2所示。

图1-2 短视频新媒体平台示例

随着移动互联网技术的不断发展，汽车短视频新媒体平台已经成为汽车产业数字化转型的重要组成部分。通过平台的建设和运营，可以推动汽车营销产业向数字化、智能化方向发展，提高产业竞争力和可持续发展能力；同时因各短视频平台具有精准推送、互动性强、覆盖面广等优势，车企越发倾向于将营销广告投放在懂车帝这类专业且影响力广泛的汽车新媒体平台上，一个全新的汽车内容生态正蓬勃兴起。这种趋势不仅促进了汽车行业的数字化转型，还极大地激发了内容创作者的热情与创造力，催生了大量专业的汽车UP主（博主）和KOL（关键意见领袖），从而进一步促进这个充满活力与创新的汽车内容生态的繁荣发展。

（3）汽车直播新媒体平台

汽车直播新媒体平台是指利用数字技术，通过网络、移动设备等渠道，以直播为主要形式，实时分享和传播汽车产品展示、技术讲解、用户互动等相关内容的媒体平台。其主要有以下几类：

①综合电商直播平台，主要有淘宝直播、京东直播等。

这些平台原本就是电商巨头，拥有庞大的用户基础和完善的电商生态。车企通过入驻这些平台，可以直接面向消费者进行直播卖车，实现线上交易闭环。同时，平台也能为车企提供数据支持，帮助车企精准营销。

②社交媒体直播平台，其典型代表有抖音、快手、微博和微信等。

这些平台以短视频和社交互动著称，用户黏性强，内容传播速度快。车企可以通过在这些平台上开设官方账号，发布汽车相关短视频和直播内容，吸引用户关注和互动。同时，利用平台的算法推荐机制，将内容精准推送给目标用户群体。

③汽车垂直媒体直播平台，主要有汽车之家、易车、懂车帝等。

这些平台专注于汽车领域，拥有专业的汽车资讯、评测、导购等内容。车企与这些平台合作，可以更加精准地触达潜在购车者。平台不仅提供直播功能，还具备丰富的汽车数据库和用户画像，为车企提供数据支持和定制化服务。

④车企自建直播平台。部分车企为了更好地掌控品牌形象和用户体验，选择自建直播平

项目一 汽车新媒体营销与运营认知

台。这些平台通常与车企的官方网站或 App 深度融合,提供更加个性化的内容和服务。同时,车企也可以通过自建平台积累用户数据,为后续的精准营销和产品开发提供支持。

(4) 汽车音频新媒体平台

汽车音频新媒体平台是指利用互联网、移动互联网和车载设备等新兴媒体渠道,以音频为主要传播形式,为汽车消费者提供汽车相关资讯、娱乐、教育等内容的平台。这些平台不仅丰富了车主的用车体验,也为车企提供了全新的营销渠道和用户互动方式。音频平台不受时间与空间所限,渗透人们生活的各个角落,给人沉浸式的包围,让品牌能够精准、快速触达目标用户。当前主流音频新媒体平台有喜马拉雅、蜻蜓 FM、荔枝、小宇宙等,以及各大车企搭载的车载语音助手系统等,如图 1-3 所示。

喜马拉雅　　蜻蜓FM　　荔枝

图 1-3　音频新媒体平台示例

汽车音频新媒体平台在人群定向方面有着出色的表现,更方便汽车品牌触达目标用户。随着技术的不断进步和市场的持续拓展,音频新媒体平台有望在未来实现更加广阔的发展前景。

任务实施

实施背景:

面对竞争越来越激烈的汽车市场,新媒体从业人员应当熟悉各类新媒体平台,深入挖掘各类新媒体平台的特点,优化营销方式。

实施目标:

本任务将结合知识学习与运用,通过下载各类新媒体平台,查看其发布的内容、功能和特点,学生能够熟练掌握选择合适的新媒体平台来开展汽车产品与服务的营销活动。

注:新媒体平台的功能往往不是单一的,为了更好地达到营销效果,同一营销活动往往可以选择同一类型新媒体平台的不同平台或者不同类型新媒体平台,交叉融合使用。

实施过程:

建议按以下步骤来完成任务。

第一步:从四类新媒体平台中各选择一个自己熟悉或感兴趣的典型代表;

第二步:下载新媒体平台并注册账号;

第三步:搜寻整理步骤二中的新媒体平台的发展历程的相关资料;

第四步:在两个不同平台各选择 1 个自己熟悉或感兴趣的车企/经销商账号并进行深入了解和分析;

第五步:采用 Xmind 等思维导图工具将所有信息进行整合梳理。

汽车新媒体营销与运营技术

任务工单

任务：汽车新媒体平台研究		实训时长：60 分钟	
姓名		班级		学号	
实训日期		教师		评分	

实训内容：

第一步：在班级内分组，一组人数不超过 4 人。采用教师管理分组流程，学生决定分组的方式完成分组。分组要兼顾个性及能力特长，完成：

（1）任务角色的定义：需要收集资料、主持讨论、记录及成果制作等角色，并完成对各角色任务的阐述。

（2）任务角色的认领：经过角色的定义和阐述，学生根据自己的兴趣爱好选择与能力匹配的角色。

1. 角色定义及阐述。

2. 角色分配。

小组成员	角色	特长	主要职责	目标技能

第二步：从汽车图文新媒体平台、汽车短视频新媒体平台、汽车直播新媒体平台、汽车音频新媒体平台这四类新媒体平台中各选取一个典型代表，通过手机应用商城下载相应的 App。

通过知识学习和小组讨论，确定选择下载的新媒体平台。
（1）汽车图文新媒体平台：
（2）汽车短视频新媒体平台：
（3）汽车直播新媒体平台：
（4）汽车音频新媒体平台：

项目一　汽车新媒体营销与运营认知

续表

第三步：注册所下载的新媒体平台账号，并了解该平台的发展历程（选重大事件描述）。

（1）汽车图文新媒体平台：
发展历程：

（2）汽车短视频新媒体平台：
发展历程：

（3）汽车直播新媒体平台：
发展历程：

（4）汽车音频新媒体平台：
发展历程：

第四步：小组分工，分析所下载的新媒体平台 App，了解不同类型新媒体平台的特点，并分析其特色功能，浏览其用户评价。关注车企/经销商的账号（每类新媒体平台选择 1 个账号），阅读、观看或者收听其相关汽车产品和服务的内容，每组从中选择两个不同平台的车企/经销商账号进行分析。

1. 新媒体平台 1：
车企/经销商的账号：
特色功能：

用户评价：

真实体验后评价：

2. 新媒体平台 2：
车企/经销商的账号：
特色功能：

用户评价：

真实体验后评价：

续表

第五步：下载 Xmind 软件，根据对本任务的理解，绘制前四步分析的各汽车新媒体平台的思维导图。思维导图需包括汽车新媒体平台的分类，每类新媒体平台选取的典型代表的发展、特点、营销效果、适用场景等要素。

反思和总结：

任务评价

评分项	分项要素	评分细则	自我评价	小组评价	教师评价
纪律 （5分）	1. 不迟到； 2. 不早退； 3. 学习用品准备齐全； 4. 积极思考和回答课程问题； 5. 积极参与教学活动	未完成 1 项扣 1 分，扣分不得超过 5 分			

项目一　汽车新媒体营销与运营认知

续表

评分项	分项要素	评分细则	自我评价	小组评价	教师评价
职业素养（15分）	1. 积极与他人合作； 2. 积极帮助他人； 3. 遵守礼仪礼节； 4. 做事态度严谨、认真； 5. 具备劳动精神，能主动做到场地的6S管理	未完成1项扣3分，扣分不得超过15分			
专业技能（40分）	1. 能够掌握新媒体的概念； 2. 能够掌握不同类型的汽车新媒体平台的分类； 3. 能够掌握不同汽车新媒体平台的特点； 4. 能够根据各新媒体平台的特点判定其适用场景； 5. 能够分析典型新媒体平台车企账号的功能特点； 6. 能够对不同车企账号进行体验、总结、评价； 7. 能够小组协作完成任务，培养团队合作精神； 8. 具有一定的创新思维和创意	未完成1项扣5分，扣分不得超过40分			
工具及设备的使用（20分）	1. 能正确使用电脑、iPad、手机进行资料检索、图片拍摄和处理； 2. 能正确使用场地工具	未完成1项扣10分，扣分不得超过20分			
任务工单填写（20分）	1. 字迹清晰； 2. 语句通顺； 3. 无错别字； 4. 无涂改； 5. 无抄袭； 6. 内容完整； 7. 回答准确； 8. 有独到的见解	未完成1项扣3分，扣分不得超过20分			

汽车新媒体营销与运营技术

任务 2　认识汽车新媒体营销与运营
Mission two

任务2微课：
汽车新媒体营销
与运营认知

任务描述

汽车营销已经历从"以产品为中心"到"以线索为中心"再到"以用户为中心"的发展过程，营销模式也从基于4S店的"销售体系"与"售后服务体系"模式转变为"数字化营销体系"，即依托于互联网及各类数字新媒体营销平台，开展覆盖线上、线下、公域、私域、全地域、全触点的营销活动。请完成对汽车新媒体营销与运营的研究，收集一个国产新能源汽车品牌的新媒体营销案例，画出案例分析的思维导图，分析其主要特点及采取的营销模式，并提出该品牌新媒体运营任务的优化意见或建议，完成相关子任务。

任务目标

通过本任务的学习，需要达成以下目标：
1. 了解汽车新媒体营销与运营的概念和特点；
2. 掌握汽车新媒体营销的主要模式；
3. 掌握汽车新媒体运营的主要工作任务；
4. 理解汽车新媒体营销与运营的区别；
5. 培养团队合作精神、沟通能力、语言表达能力；
6. 树立民族品牌意识，讲好"中国故事"，传播中华优秀传统文化。

任务分析

要完成本学习任务，可以按照以下流程进行：
1. 学习汽车新媒体营销与运营等知识点；
2. 每组收集一个国产新能源汽车的新媒体营销成功案例；
3. 分组讨论、头脑风暴：以上案例的主要特点以及采取的营销模式、运营优化的意见和建议；
4. 采用 Xmind 等工具绘制案例分析的思维导图；
5. 内容汇报与反馈：在课堂上进行案例分析、讨论、汇报，小组汇报该组讨论结果，收集同学和老师的反馈，拓展汽车新媒体营销与运营知识。

知识准备

一、认识汽车新媒体营销

汽车新媒体营销，是指汽车企业基于新媒体平台进行的新形式营销，以微博、微信、抖

项目一　汽车新媒体营销与运营认知

音等新媒体平台为传播渠道，就汽车相关产品的功能、价值、服务等信息来进行品牌宣传、公共关系、产品促销等一系列营销活动。作为企业营销战略的一部分，新媒体营销是新时代企业全新的营销方式。

随着科学技术的每一次变革，新媒体营销方式都会有新的形态出现，而营销的目的则万变不离其宗：让顾客知晓并认可企业的产品和服务，从而产生消费行为。

1. 汽车新媒体营销的特点

汽车新媒体营销的具体特征表现为以下几种：

（1）形式多样，个性化突出

新媒体渠道的多样化带来的是营销方式的多元化，微博、微信、各类App、直播、视频、百科平台等新媒体各有特色，每种新媒体代表的都是一种不同的营销方式，车企可以通过一种或多种组合方式开展营销。从消费者的角度而言，人们倾向于在自己更熟悉、更信任的媒体上进行消费和购买。在新媒体上，企业通过个性化的手段和内容与消费者建立强社交关系，获得消费者信任，触达消费者。

新媒体营销根据不同用户画像的特点与需求进行有针对性的营销活动，而不是像传统营销一样对所有接收信息的用户进行无差别的轰炸。例如，对于不同年龄段的用户来说，针对年轻群体的营销活动应更加新潮，更贴近热点，使用年轻人的流行语言；而针对年纪较大的用户，营销活动可能需要突出怀旧的主题。汽车新媒体营销针对不同类别用户的特点和需求展开营销，取得用户的认同和响应的概率更大，有利于提高营销效果。

（2）消费者范围广泛，互动性强大

新媒体受众范围广泛，所有加入互联网的用户，都可以成为车企进行新媒体营销的受众。人群影响面大，受众范围广，在大量用户群的网络中，生产有共鸣的内容和广告，容易形成大范围的口碑营销、病毒营销。强大的互动性是新媒体营销最明显的特征，新媒体改变了传统媒体营销的"单向"传播劣势，形成一种车企和消费者的"双向"传播。新媒体促使车企和消费者之间建立直接的联系，进行一对一的交流，企业可以依据消费者的反馈，及时调整营销模式和产品结构。同时，车企可以通过抓取新媒体后台数据和利用数据挖掘技术，发现消费者潜在需求，利用数字营销，对消费者进行精准定位，力求在营销时满足用户的个性化、分众化需求。

传统的营销主要是单向传输，相对而言更加注重用户的覆盖率，例如，纸质媒体渠道的发行点，电视的收视率，网站的访问量、点击量、阅读量等指标。传统媒体通过更广泛的渠道覆盖来实现用户覆盖率。而新媒体营销更加关注的是对种子用户与粉丝用户的培养，构建用户的参与感，让用户更多参与产品的设计研发及销售服务过程，让用户和产品共同成长。当然，信息技术的发展也为产品与用户的互动提供了更多的可能性和更加便利的形式。因此，互动性是新媒体营销的重要特征之一。

（3）传播快速高效，呈现裂变式增长

新媒体的传播速度快，传播强度大，内容包括图片、文字、音频、视频等多样化信息，这些内容更加生动、形象、直观，容易被消费者迅速接受和理解。在具体营销活动中，新媒体营销的传播呈现裂变式增长，使车企的营销可以在短时间内迅速抵达更多的用户。相对而言，传统营销活动的传播节点简单，传播链条很短。例如，电视广告的传播从公司通过广告把信息传递给观众就结束了，只有企业和观众两个参与方。新媒体营销受益于技术发展和社

13

交平台的普及，使营销活动传播的链条大大增加，而且具有了自发传播的能力和特点。例如，一篇营销文章，一方面用户可以通过转发、分享等方式传播给其他用户，传播的链条大大延伸，营销内容的生命周期大大延长；另一方面，优质的营销内容到传播后期已经不需要企业的干预和推动，而是依靠用户之间的转发和分享就能在社交网络上自发地传播。

(4) 营销效果评测数据化

随着技术的发展和移动互联网的普及，数据每天都产生。通过挖掘这些海量的日常数据，可以实现用数据支撑商务活动的各个环节。数据化的表达是新媒体营销重要的特征。首先，数据化是新媒体营销的基础。新媒体营销的第一步就是要对与营销活动有关的对象进行数据化的挖掘和评估。例如，要通过对访问浏览记录、购买记录、搜索记录等用户行为进行数据挖掘和分层分类分析，从而用数据准确地描述用户；同样，营销活动也需要数据分析和运营。其次，相较于传统营销效果的粗放评估，新媒体营销的成果可以进行数据化呈现。例如，车企可以详细知道有多少人阅读了它的营销文章，转化了多少购买率，转化了多少粉丝关注率，甚至可以知道用户是谁，从哪里来。数据化营销成果的呈现可以促使企业及时调整营销策略和活动，以达到更好的营销效果。

2. 汽车新媒体营销的主要模式

随着新媒体营销应用领域的不断开拓，目前主要有以下九种较为常见的营销模式。

(1) 病毒营销

病毒营销是指利用公众的积极性和人际网络，让营销信息像病毒一样传播和扩散，营销信息被快速复制传向数以万计、数以百万计的受众，像病毒一样深入人脑，快速复制，广泛传播，短时间内将信息传向更多的受众。

(2) 事件营销

事件营销是指通过策划、组织和利用具有新闻价值、社会影响以及名人效应的人物或事件，吸引媒体、社会团体和消费者的兴趣与关注，以求提高企业或产品的知名度和美誉度，树立良好的品牌形象，最终促成产品或服务销售的手段和方式。

(3) 饥饿营销

饥饿营销就是商家通过大量广告促销宣传，勾起顾客的购买欲，然后采取控制手段，让用户苦苦等待，结果反而更加刺激购买欲的营销方式，有利于其产品提价销售或为未来大量销售奠定客户基础。但需要注意的是，在市场竞争不充分、消费者心态不够成熟、产品综合竞争力不可替代性较强的情况下，这种方式才能较好地发挥作用；否则，就会产生负面效果。

(4) 口碑营销

在这个信息爆炸的时代，消费者对广告、新闻等都具有极强的免疫能力，只有新颖的口碑传播内容才能吸引大众的关注与议论。口碑传播最重要的特征就是可信度高，一般情况下，口碑传播都发生在朋友、亲戚、同事等关系较为亲密的群体之间。

(5) 知识营销

知识营销是指通过有效的知识传播方法和途径，将企业所拥有的对用户有价值的知识（包括产品知识、专业研究成果、经营理念、管理思想，以及优秀的企业文化等）传递给潜在用户，并逐渐形成对企业品牌和产品的认知，将潜在用户最终转化为用户的过程和各种营销行为。

(6) 情感营销

情感营销就是把消费者个人情感差异和需求作为企业品牌营销战略的情感营销核心，借助情感包装、情感促销、情感广告、情感口碑、情感设计、企业文化等策略来实现企业的经营目标。在情感消费时代，有时消费者购买商品所看重的已不是商品的数量、质量和价格，而是一种情感上的满足，一种心理上的认同。

(7) 会员营销

会员营销是一种基于会员管理制度的营销方法，商家通过会员积分、等级制度等多种管理办法，增加用户的黏性和活跃度，持续延伸用户生命周期，并通过客户转介等方式，实现客户价值最大化。

会员营销是一种精准营销，通过将普通顾客变为会员，分析会员消费信息，挖掘顾客的后续消费力并汲取其终身消费价值，来实现企业效益和规模的不断放大。会员营销也是一种持续吸引消费者的手段，在新媒体营销中运用非常广泛。

(8) 社群营销

社群营销是基于圈子和人脉而产生的营销模式，是基于相同或相似的兴趣爱好，通过某种载体聚集人气，通过产品或服务满足群体需求而产生的商业形态。社群营销的载体不局限于微信、论坛、微博、QQ群等各种平台，甚至线下的社区都可以进行社群营销。社群营销模式所具备的特征主要有组织发展与团队经营、传播平台的有效利用、内容重要的社群凝聚、意见领袖和社群的深度研发。

(9) 互动营销

互动营销的双方，一方是消费者，另一方是企业。只有抓住共同利益点，找到巧妙的沟通时机和方法，才能将双方紧密结合起来。互动营销尤其强调双方都采取一种共同行为。

互动营销的优势有促进客户重复购买、有效地支撑关联销售、建立长期的客户忠诚、实现顾客利益最大化。将互动营销作为企业营销战略的重要组成部分来考虑，是未来许多企业新媒体营销的发展方向。

综合运用上述多种营销模式是新媒体营销的发展趋势。病毒营销、事件营销、饥饿营销适用于品牌前期宣传。因为这几类营销方式影响范围广，更能抓住用户的注意力，让用户快速建立起对品牌的印象。口碑营销、知识营销、情感营销、会员营销、社群营销、互动营销则多用于品牌宣传的中后期。在用户对品牌建立了初步的认知度之后，知识营销、口碑营销可增加用户对品牌的认可度；情感营销可引起用户的共鸣；会员营销、社群营销、互动营销可增强用户与品牌的连接。最后，跨界营销把不同行业、不同产品、不同偏好的消费者的共性元素融合起来，实现品牌间影响力的互相渗透。

二、认识汽车新媒体运营

在现代汉语中，运营的释义是运行和营业，进入互联网时代，运营又被赋予了"一切围绕着网站产品进行的人工干预"的意义。而在新媒体中，运营专指在不同新媒体工作领域、事项中实施工作行为所使用的方法。

汽车新媒体运营是指通过内容的输出，以及使用搜索优化、内容优化等方法手段，对车企的新媒体平台账号进行维护，从而使该账号能获取一定的知名度和粉丝量，为日后的流量转化变现起到基础性的作用；或是针对车企的某营销活动，向客户广泛或者精准推送消息，提高参与度和知名度，从而充分利用粉丝经济，达到相应的营销目的。其关键要点是明确针对的用户群体、提供什么服务、选择哪些新媒体平台等。

1. 汽车新媒体运营的特点和功能

新媒体运营具有互动性强、覆盖面广、低成本、信息量大、针对性强、操作容易等共性特点，除此之外还具有以下特点和功能。

（1）能让车企更及时有效地与用户进行沟通

与传统媒体的滞后性不同，新媒体运营能够实现即时传播和沟通的功能。这不仅对用户来说是一个绝佳的体验，对车企来说更是绝佳的功能，危机公关、用户反馈、品牌宣传、活动信息等都能迅速实现。

（2）精准投放和营销让获取用户变得轻松

大数据让用户的消费兴趣和习惯变得透明，这也为车企新媒体运营提供了强有力的数据支撑，广告对有效人群进行精准投放，能够快速获取潜在客户。加上借助新媒体运营使用户"鱼塘式"地集中在某个平台，车企营销活动能够得到快速曝光和传播。

（3）营销成本低、营销效果明显有效

新媒体运营是一个较广的群体总称，它不仅仅只代表微信，甚至微博、抖音等新媒体平台都囊括其中，它除了精准的付费广告投放外，大量的免费推广渠道和平台是传统媒体望尘莫及的优势。如果能有效地运用这些平台，为车企带来的价值将是无限的。

2. 汽车新媒体运营的具体工作任务

汽车新媒体运营的具体工作任务有以下几点：

（1）内容运营

运营的首要任务是内容输出，即写作的能力。写作能力人人都有，但并一定人人能做好新媒体运营。如运营一个车企微信公众号，运营者要思考这个公众号的定位是什么，内容分哪几个板块，更新周期为多久，具体到每篇多少字，字号多大，粉丝用手机是否看着最舒服，如何配图，这些都是运营者每天都要思考和面对的问题与工作任务。

（2）活动运营

如果只会写文章、发文章，而不利用一些手段去增加文章的曝光渠道的话，无论是阅读量还是吸粉效果都是大打折扣的。因此，作为新媒体运营的专员，要根据车企具体的产品和内容定位策划来做活动，如网页、小游戏、互动抽奖、分享朋友圈集赞、关注转发抽奖等，来达到活跃粉丝、提高黏性或吸粉等目的。

（3）用户运营

汽车新媒体运营一定要针对用户的需求点进行，各个部门都在围绕用户做文章，做用户运营首先要协调各个部门的资源，挖掘并分析把控用户真正的需求，发现问题，解决问题。另外，用户运营的目的一个是培养新的用户，另一个是维护原有的用户，这就要针对这两种人群采用合理的运营手段，以满足用户的需求。

（4）数据分析

数据分析是做新媒体运营工作中的一个重点。新质生产力强调数据在决策中的重要作用。汽车企业可以通过收集和分析用户行为数据、车辆运营数据等，为营销策略的制定和运营管理的优化提供数据支持。以直播为例，对每场直播后复盘的人气数据（如平均在线人

项目一 汽车新媒体营销与运营认知

数、平均观众停留时长、新增粉丝/转粉率)、销售数据(销售额、转化率、UV 价值等)以及时段数据和异常数据等进行分析,针对复盘过程中发现的问题和不足,提出具体的改进建议,为下一次直播做好准备。因此,一定要学会用数据说话,对数据负责,根据数据调整新媒体运营工作的内容和方向。

三、汽车新媒体营销与运营的区别

(1) 营销以结果为导向,运营是多重导向

营销和运营不是新词,新媒体营销和新媒体运营,只是借助了新媒体这个工具去做的营销活动或运营工作而已。营销和运营最大的区别就是营销是以结果为导向,而运营是多重导向。

新媒体营销是根据产品做的一系列曝光、引流、转化、销售等活动,最终肯定要以某一个营销结果为导向,而新媒体运营一般是围绕着产品的精准用户做一系列的维护、树立、输出品牌软文化,植入营销,等等。因此新媒体运营的考核标准是多重导向,包括用户数据、用户回馈、用户的满意程度、网络曝光度、品牌知名度、美誉度改善等。

(2) 营销的结果导向呈现快,运营的结果导向呈现慢

营销活动和运营工作在一个公司都是必要的。新媒体营销的结果导向能够快速显现,新媒体运营工作的结果导向则会体现的比较慢。营销活动为公司创收,但运营工作助力营销。运营工作把一些用户的数据、喜好、画像、兴趣标签、购买习惯等以数据分析的形式传递给营销策划。运营工作也会为营销活动造势,有数据做支撑,有品牌做背书,营销活动才会达到满意的效果。新媒体营销策划活动是要不间断的爆点,新媒体运营工作是属于常态性稳步上升的,所以一个成熟的汽车企业,既要有营销经理,又要有运营总监。

(3) 营销重策略,运营重细节

营销一般都是公司大框架,策略为王,一般大公司要做一个营销活动,旗下子公司多多配合就行。哪怕旗下子公司有自己的一些想法和做法,但只要符合总公司的营销策略,基本上不会有太大的影响。而新媒体运营活动基本是一环扣一环,如果中间任何一环出现了失误,会给整个运营活动造成不可预估的损失。一般营销经理多为思维跳跃、想法比较新颖的人,而运营经理多为心思缜密、数据分析独到的人。

任务实施

实施背景:

新质生产力中的技术创新,如大数据、人工智能、物联网等,为汽车新媒体营销和运营提供了强大的技术支持。汽车企业可以更精准地了解用户需求,制定个性化的营销策略,向目标用户传递信息、拓展销售渠道、塑造品牌形象、转换用户行为和建立品牌忠诚度、赢得市场竞争力,从而提高营销效果。

实施目标:

本任务将结合知识学习与运用,通过收集国产新能源车企新媒体营销案例,研究分析其营销模式,思考其新媒体运营的具体工作任务并提出优化意见。

注:车企开展营销活动时,采用的新媒体营销模式往往不是单一模式,可能存在两种或者两种以上营销模式同时开展。

汽车新媒体营销与运营技术

实施过程：

建议按以下步骤行动来完成任务：

第一步：学习汽车新媒体营销与运营等知识点；

第二步：分组讨论以上案例的主要特点以及采取的营销模式、运营优化的意见和建议；

第三步：在课堂上进行案例分析、讨论、汇报，小组汇报该组讨论结果，收集同学和老师反馈，拓展汽车新媒体营销与运营知识；

第四步：采用 Xmind 等思维导图工具将所有信息进行整合梳理。

任务工单

任务：汽车新媒体营销模式和运营任务研究				实训时长：40 分钟	
姓名		班级		学号	
实训日期		教师		评分	

实训内容：

第一步：在班级内分组，一组人数不超过 4 人。采用教师管理分组流程，学生决定分组的方式完成分组。分组要兼顾个性及能力特长，完成：

（1）任务角色的定义：需要收集资料、主持讨论、记录及成果制作等角色，并完成对各角色任务的阐述。

（2）任务角色的认领：经过角色的定义和阐述，学生根据自己的兴趣爱好选择与能力匹配的角色。

1. 角色定义及阐述。

2. 角色分配。

小组成员	角色	特长	主要职责	目标技能

第二步：选择 1 个国产新能源汽车品牌，收集其较成功和典型的新媒体营销活动案例。

项目一　汽车新媒体营销与运营认知

续表

1. 通过知识学习和小组讨论，确定选择的国产新能源汽车品牌/经销商品牌。

2. 小组组员合力搜寻一个该品牌开展的较成功和典型的新媒体营销活动并完成以下内容。
（1）活动主题：

（2）开展活动的新媒体平台：

（3）目标受众：

（4）具体活动机制：

（5）活动亮点、创新点或成功之处：

（6）效果评估：

第三步：判定该汽车新媒体营销活动的营销模式，并说明判定理由。

新媒体营销模式：

判定理由：

续表

第四步：小组头脑风暴，对该案例在新媒体运营的工作任务上提出意见或建议。

第五步：下载 Xmind 软件，根据对上述任务的理解，绘制思维导图。思维导图需包括对案例的具体分析（品牌、活动主题、活动机制、目标群体、新媒体宣传内容）、新媒体营销模式、判定理由分析、运营意见或建议等。

反思和总结：

项目一　汽车新媒体营销与运营认知

任务评价

评分项	分项要素	评分细则	自我评价	小组评价	教师评价
纪律 （5分）	1. 不迟到； 2. 不早退； 3. 学习用品准备齐全； 4. 积极思考和回答课程问题； 5. 积极参与教学活动	未完成1项扣1分，扣分不得超过5分			
职业素养 （15分）	1. 积极与他人合作； 2. 积极帮助他人； 3. 遵守礼仪礼节； 4. 做事态度严谨、认真； 5. 具备劳动精神，能主动做到场地的6S管理	未完成1项扣3分，扣分不得超过15分			
专业技能 （40分）	1. 掌握汽车新媒体营销的概念和特点； 2. 掌握汽车新媒体运营的概念和特点； 3. 具有资料搜集和整理的能力； 4. 能够判定汽车新媒体营销模式； 5. 能够理解新媒体运营的具体工作任务； 6. 能够区分新媒体营销与运营； 7. 具有团队交流、协作和汇报的能力； 8. 具有一定的创新思维和创意	未完成1项扣5分，扣分不得超过40分			
工具及设备的使用 （20分）	1. 能正确使用电脑、iPad、手机进行资料检索、图片拍摄和处理； 2. 能正确使用场地工具	未完成1项扣10分，扣分不得超过20分			
任务工单填写（20分）	1. 字迹清晰； 2. 语句通顺； 3. 无错别字； 4. 无涂改； 5. 无抄袭； 6. 内容完整； 7. 回答准确； 8. 有独到的见解	未完成1项扣3分，扣分不得超过20分			

任务3 提升汽车新媒体从业人员的职业素养
Mission three

任务描述

随着汽车新媒体营销的不断发展，车企对汽车新媒体从业人员的需求也日益增加。高职业素养的汽车新媒体从业人员需要具备专业技能，遵守职业道德、准则和行为规范，维护良好的市场秩序。请完成对汽车新媒体从业人员职业素养的学习研究，评估自身优势进行新媒体从业方向的选择，完成网感训练；了解新媒体岗位的市场需求及要求，编制岗位职责说明书。

任务3微课：提升汽车新媒体从业人员的职业素养

任务目标

通过本任务的学习，需要达成以下目标：
1. 了解汽车新媒体从业人员的必备能力素质；
2. 了解汽车新媒体从业人员的职业道德；
3. 能够根据自身优势来选择新媒体从业方向；
4. 能够编制新媒体从业人员岗位职责说明书。

任务分析

要完成本学习任务，可以按照以下流程进行：
1. 学习汽车新媒体从业人员的职业素养等知识点；
2. 根据自身优势来选择合适的新媒体岗位和从业方向；
3. 收集招聘网站的新媒体岗位的招聘信息；
4. 梳理信息，编制岗位职责说明书；
5. 内容汇报与反馈：在课堂上进行讨论、汇报，小组汇报讨论结果，收集同学和老师的反馈，拓展汽车新媒体岗位职责与能力的新知。

知识准备

一、汽车新媒体从业人员的必备素质

提高汽车新媒体从业人员的职业素养是适应行业发展趋势、满足市场需求、提升竞争力和实现个人职业发展的必然要求。

1. 敏锐的网感能力

所谓的网感是对当下最新热点消息的敏感度，是对当前趋势的判断力，也是捕捉网络热

项目一　汽车新媒体营销与运营认知

点和爆点的能力。所有的新媒体人都要有对时事、热点的敏感性，要了解网民关注什么，对于网络语言、网络流行趋势要有全面的把控能力。

2．文案写作能力

优秀的新媒体人需要具备扎实的写作功底，精密的行文逻辑，还要能够驾驭多种语言风格，来适应不同的营销环境和素材。好的文案和标题能够让读者产生强烈的代入感，从而在潜移默化中实现营销转化。

3．审美能力

文案排版、视频拍摄构图就是新媒体营销工作的"脸"。令人赏心悦目的排版风格，格调满满的配图，富有冲击力的视频场景会带来意想不到的效果。这都要求新媒体从业人员具有良好的美学素养。

4．创新能力

只有好的创意才能深入人心，在网络上形成影响力。每年都会出现各种新奇、好玩、个性的网络流行词汇，大部分都是由新媒体从业者创造出来的，好的创意是文案的灵魂，是短视频创作的点睛之笔，也是营销效果的根本保证。

5．学习能力

学习能力是所有能力中最基本的能力，因为新媒体营销与运营远远不是发文章、发短视频等。新媒体从业人员一定要对身边的事物充满好奇心，同时要充实自己的知识库。不管是进行文字编辑还是操作实用工具，都要不断尝试并学习新知识，灵感往往来自对新事物的体验。

而汽车行业新媒体的从业人员，对汽车行业需要有深入的了解，包括汽车技术、市场动态、品牌信息、车型特点等。由于汽车行业技术更新迅速，更需要从业人员持续学习新知识，保持对行业动态的敏感度。

6．数据分析能力

新媒体运营工作很重要的一项任务是数据运营的工作，从业人员每天都要盯着后台的阅读、互动、分享、留言评论、粉丝转化、销售转化等数据。新媒体从业人员要了解每个曲线波峰、波谷出现的原因，预测大致趋向，并能分析后台的关键数据。

7．抗压能力

新媒体营销和运营不是轻松的工作，需要马不停蹄地追热点、找素材、写文案、做推广，有时候还需要客串一下客服的角色。因此，要做"多面手"，需要极强的抗压能力。

二、汽车新媒体从业人员的职业道德

1. 坚持正确的政治方向和舆论导向

汽车新媒体从业人员应坚持正确的政治方向和舆论导向，为人民群众提供真实、客观、全面的信息。

在内容创作和传播过程中，要大力弘扬社会主义核心价值观，传递正能量，抵制低俗、暴力、色情等不良信息，营造清朗的网络空间。

2．恪守诚信原则

坚持新闻真实性原则，对汽车产品、行业动态、消费者评价等进行客观、公正的报道，不夸大其词，不虚假宣传，不制造谣言。

尊重他人的知识产权和隐私权，在转载或引用他人作品时注明出处，未经允许不得擅自公开他人的个人信息和隐私数据。

3. 遵守法律法规

严格遵守国家法律法规，不发布违法违规信息，不从事违法违规活动。在运营过程中，要遵循广告法、网络安全法等相关法律法规，确保企业和组织的合法权益不受侵害。

积极参与网络安全建设，不制作、传播电脑、手机病毒等破坏性程序，不进行恶意扫描和网络攻击，保护用户信息和网络安全。

4. 积极履行社会责任

汽车新媒体从业人员要始终把人民群众的利益放在首位，积极回应社会关切和群众需求，为用户提供便捷、高效、优质的服务。

要积极参与汽车产业的宣传和推广工作，为汽车产业的健康发展贡献自己的力量。同时，也要关注环保、安全等社会问题，推动汽车产业向更加绿色、安全的方向发展。

案例思考

"小牛说车"账号被封

2024年6月，中央网信办公开曝光一批典型案例，其中提到"小牛说车"等账号故意夸大歪曲事实，抹黑诋毁企业及其创始人。抖音账号"小牛说车"、懂车帝账号"小牛说车 new"、今日头条账号"黄小牛 new"，为博眼球、吸流量，多次发布短视频，歪曲捏造事实、恶意诋毁某品牌汽车质量和该汽车企业、创始人形象声誉。涉及的账号已被依法依约关闭。

"小牛说车"是一个自媒体账号，持有人为顾宇波，通过密集对汽车品牌、车型甚至用户进行观点输出，被封禁前在抖音平台拥有近540万粉丝，获得5 508.3万点赞。

2023年11月6日，蔚来法务部官方微博发文宣布：就抖音账号"小牛说车"持有人顾宇波侵犯蔚来名誉权一案，法院已判定顾宇波故意歪曲、捏造事实，侵犯蔚来名誉权，要求其在抖音账号"小牛说车"连续九十日刊登致歉声明，同时在判决生效十日内赔偿蔚来经济损失等共计人民币六十余万元。

该账号在2023年3月28日、4月8日发布的视频中贬低小鹏汽车品牌，并诋毁小鹏汽车产品与服务等，2024年2月，抖音博主"小牛说车"向小鹏汽车发布道歉信，并向小鹏汽车作出经济赔偿。

思考与讨论：

"小牛说车"违反了汽车新媒体从业人员的哪些职业道德？你对此有什么看法和评论？

三、新媒体从业人员的职业发展与岗位职责

据不完全统计，目前全国已有数百万人从事新媒体营销工作，其中汽车新媒体从业者的比重近几年也日益增长。在招聘网站上以"新媒体营销/运营"作为关键词搜索招聘信息并进行分析，得到的相关岗位群包括新媒体营销策划、新媒体运营推广、新媒体文案编辑等具

项目一 汽车新媒体营销与运营认知

体岗位。其职业发展遵循互联网行业的一般规律，成长路径为从助理、专员、主管、经理到总监。

汽车新媒体相关岗位的日常工作中包括选题定位、素材搜集、内容编辑、脚本编辑、图文排版、短视频拍摄剪辑、封面配图、内容校对、推送发布、数据监测、留言处理、用户反馈互动、定期总结复盘等。

汽车新媒体相关岗位群的工作职责界定如下：

1. 内容创作与编辑

负责为汽车品牌或相关企业在新媒体平台上撰写、编辑和发布内容，包括文章、图片、视频等。他们需要具备良好的写作能力和对汽车行业及市场的深入了解，能够创作出有吸引力和传播力的内容。

岗位示例：新媒体编辑、内容策划、文案编辑等。

2. 运营与推广

负责汽车品牌在新媒体平台上的日常运营和推广工作，包括社交媒体平台的维护、活动策划与执行、用户互动与管理等。他们需要熟悉各大社交媒体平台的规则和玩法，具备扎实的运营技能和数据分析能力，能够制订并执行有效的运营策略和推广方案。

岗位示例：新媒体运营专员、社交媒体经理、短视频运营等。

3. 数据分析

负责收集、整理和分析新媒体平台上的数据，包括用户行为数据、内容数据、营销数据等，以提供决策支持和优化建议。他们需要熟悉数据分析工具和方法，具备统计学和逻辑思维能力，能够深入挖掘数据背后的规律和趋势。

岗位示例：新媒体数据分析师、数据运营专员等。

4. 视觉设计

负责汽车新媒体平台上的视觉设计工作，包括海报设计、视频制作、H5页面设计等。他们需要具备扎实的视觉设计技能和创意能力，能够根据品牌调性和市场需求创作出符合品牌形象和用户喜好的视觉内容。

岗位示例：新媒体视觉设计师、平面设计师、短视频剪辑等。

5. 广告营销

负责汽车品牌在新媒体平台上的广告营销工作，包括广告策略的制定、广告素材的制作、广告投放与效果评估以及直播主播等。他们需要熟悉广告行业的规则和趋势，具备市场营销和销售技巧，能够制定有效的广告策略并达成销售目标，并且将营销策略在直播期间完美融合表现出来，吸引用户关注，持续账号活力。

岗位示例：新媒体广告专员、新媒体直播专员等。

6. 用户运营

负责汽车品牌在新媒体平台上的用户关系管理工作，包括用户数据分析与挖掘、用户互动与社区管理、用户反馈收集与处理等。他们需要深入了解用户需求和行为习惯，制定并执行用户运营策略，提高用户活跃度和忠诚度。

岗位示例：新媒体用户运营专员、社群运营经理等。

新媒体相关岗位招聘海报如图1-4所示。

图1-4 新媒体相关岗位招聘海报

任务实施

实施背景：

新媒体营销与运营不仅是当前汽车企业自身的需要，更是推动整个汽车营销行业新质生产力发展和数智化转型的重要力量。因此，熟悉了解当下新媒体营销岗位的设置及能力要求意义非凡。

实施目的：

本任务将通过培养学生网感能力，挖掘自身优势给自己找到新媒体岗位方向，以及收集、调研汽车企业新媒体营销岗位设置的研究，让学生熟悉新媒体营销主要的岗位、岗位职责及相应的能力要求。

实施过程：

建议按以下步骤来完成任务：

第一步：根据工单任务进行网感训练；

第二步：根据工单任务的自身优势评估表找出适合自己发展的新媒体岗位方向；

第三步：收集整理招聘网站发布的汽车新媒体相关岗位；

第四步：选择两个感兴趣的岗位并完成岗位职责说明书；

第五步：采用Xmind等思维导图工具将所有信息进行整合梳理。

项目一　汽车新媒体营销与运营认知

任务工单

任务：汽车新媒体岗位职责和能力研究		实训时长：60分钟	
姓名		班级		学号	
实训日期		教师		评分	

实训内容：

第一步：在班级内分组，一组人数不超过 4 人。采用教师管理分组流程，学生决定分组的方式完成分组。分组要兼顾个性及能力特长，完成：

（1）任务角色的定义：需要收集资料、不同新媒体岗位解析等任务主要负责角色，并完成对各角色任务的阐述。

（2）任务角色的认领：经过角色的定义和阐述，学生根据自己的兴趣爱好选择与能力匹配的角色。

1. 角色定义及阐述。

2. 角色分配。

小组成员	角色	特长	主要职责	目标技能

第二步：请写出你当前在互联网上最关注的 5 件事，并写出关注的理由；完成后再搜索微博上同一时间内最热门的 5 个话题，看看和你关注的点有哪些异同。如果有区别请思考一下原因。

1. 你最关注的 5 件事。

序号	你关注的事件	关注原因
1		
2		
3		
4		
5		

续表

2. 微博上同一时间内最热门的 5 个话题，比较关注的点的异同。

序号	微博最热的 5 个话题	异同的原因
1		
2		
3		
4		
5		

第三步：根据自身优势表找出适合自己发展的新媒体岗位方向。

自身优势评估表

自身优势	各个新媒体岗位加分项
审美视觉	编辑排版加 1 分，短视频创作加 1 分
创意创新	内容策划加 1 分，活动策划加 1 分，短视频创作加 1 分
写作	内容策划加 1 分，内容运营加 1 分
沟通能力	市场推广加 1 分，社群运营加 1 分，用户运营加 1 分，营销（主播）加 1 分
策划	内容策划加 1 分，活动策划加 1 分，活动运营加 1 分，
表达能力强、口才好	社群运营加 1 分，用户运营加 1 分，内容策划加 1 分，营销（主播）加 1 分
网感	短视频创作加 1 分，内容策划加 1 分
善于表演	短视频创作加 1 分
思维活跃	市场推广加 1 分，内容策划加 1 分，内容运营加 1 分，社群运营加 1 分

根据自己的优势把得分汇总到下表。

岗位方向	得分	岗位方向	得分
图文排版		市场推广	
短视频创作		营销（主播）	
内容策划		社群运营	
活动策划		用户运营	
内容运营		活动运营	

最高分的两个岗位方向是：

项目一　汽车新媒体营销与运营认知

续表

第四步：收集调研招聘网站的汽车新媒体岗位要求，选择两个岗位，编制岗位职责说明书。

1. 岗位一：_____

职责与工作内容（任务）：

职责一	职责描述：	
	具体工作内容（任务）	
职责二	职责描述：	
	具体工作内容（任务）	
职责三	职责描述：	
	具体工作内容（任务）	
职责四	职责描述：	
	具体工作内容（任务）	

任职资格：

教育水平	
专业	
培训经历（证书）	
经验	
知识	
技能技巧	
个人素质	
其他	

2. 岗位二：_____

职责与工作内容（任务）：

职责一	职责描述：	
	具体工作内容（任务）	
职责二	职责描述：	
	具体工作内容（任务）	
职责三	职责描述：	
	具体工作内容（任务）	
职责四	职责描述：	
	具体工作内容（任务）	

续表

任职资格：	
教育水平	
专业	
培训经历（证书）	
经验	
知识	
技能技巧	
个人素质	
其他	

第五步：采用 Xmind 等思维导图工具将本任务所有信息进行整合梳理。

反思和总结：

项目一　汽车新媒体营销与运营认知

> 任务评价

评分项	分项要素	评分细则	自我评价	小组评价	教师评价
纪律 （5分）	1. 不迟到； 2. 不早退； 3. 学习用品准备齐全； 4. 积极思考和回答课程问题； 5. 积极参与教学活动	未完成1项扣1分，扣分不得超过5分			
职业素养 （15分）	1. 积极与他人合作； 2. 积极帮助他人； 3. 遵守礼仪礼节； 4. 做事态度严谨、认真； 5. 具备劳动精神，能主动做到场地的6S管理	未完成1项扣3分，扣分不得超过15分			
专业技能 （40分）	1. 具备汽车新媒体从业人员的必备素质能力； 2. 能够遵守汽车新媒体从业人员的职业道德； 3. 具有资料搜集和整理的能力； 4. 能够分析自我优势； 5. 能够编制岗位职责说明书； 6. 能够利用Xmind思维导图总结知识点； 7. 具有团队合作精神、分析问题的能力； 8. 具有一定的职业生涯规划能力	未完成1项扣5分，扣分不得超过40分			
工具及设备的使用 （20分）	1. 能正确使用电脑、iPad、手机进行资料检索、图片拍摄和处理； 2. 能正确使用场地工具	未完成1项扣10分，扣分不得超过20分			
任务工单填写（20分）	1. 字迹清晰； 2. 语句通顺； 3. 无错别字； 4. 无涂改； 5. 无抄袭； 6. 内容完整； 7. 回答准确； 8. 有独到的见解	未完成1项扣3分，扣分不得超过20分			

汽车新媒体营销与运营技术

同步测试

一、单选题

1. 以下选项中不属于新媒体平台的是（　　）。
   A. 喜马拉雅　　　　　　　　　　B. 懂车帝
   C. 抖音　　　　　　　　　　　　D. 芒果TV

2. 以下不属于汽车新媒体发展现状的是（　　）。
   A. 起步晚，发展慢，影响范围小
   B. 平台多样化
   C. 内容多元化
   D. 营销精准化

3. 以下哪个新媒体平台属于音频平台？（　　）。
   A. 懂车帝　　　　　　　　　　　B. 汽车之家
   C. 荔枝　　　　　　　　　　　　D. 抖音

二、多选题

1. 汽车新媒体从业者应该具备的素质能力有（　　）。
   A. 网感　　　　B. 审美能力　　　C. 学习能力
   D. 创新能力　　E. 文案能力

2. 作为新媒体从业者以下哪些是不可为的？（　　）
   A. 抄袭别人作品　　　　　　　　B. 发布有害言论
   C. 传播谣言　　　　　　　　　　D. 泄露用户隐私

3. 汽车新媒体营销模式主要有（　　）。
   A. 病毒营销　　　　　　　　　　B. 口碑营销
   C. 情感营销　　　　　　　　　　D. 社群营销

三、判断题

1. 为了博取更多流量，可以故意抹黑某品牌汽车的营销服务。（　　）

2. 开展汽车新媒体营销活动时只能选择一个平台进行投放，平台越单一客户越精准。（　　）

3. 新媒体是相对于传统媒体而言的，今天的新媒体可能也将逐渐成为传统媒体。（　　）

技能提升

知识拓展：

《2023小红书德勤汽车行业营销联合白皮书》指出，车企应在生活方式社区、短视频平台、中长视频平台、资讯类社交平台等新兴渠道支持品牌建立官方账号，并通过社群、后台私信等功能低成本直接触达用户，构建紧密、互信的用户关系，在技术层面创造被车企纳入私域范畴的可能性。

项目一　汽车新媒体营销与运营认知

生活方式社区 小红书
· 社群
· 私信
· 直播

短视频平台
· 社群
· 私信
· App引流

中长视频平台
· 直播
· 动态
· 长视频

车企"私域"外延逐渐拓宽

资讯类社交平台
· 直播
· 社群
· 发布动态

官网　　官方App　　微信生态下的小程序、公众号、企业微信、官方微信群等

（私域的定义：品牌或个人自主拥有的、能够自在控制的、屡次利用的流量。私域流量的本质不在于获取流量，而是建构用户关系，促使用户关系实现由弱连接到强连接的升级）

案例分析：

小米 SU7 以新浪微博为传播主阵地，利用"雷军"创始人 IP 影响力打造中心引爆点，带动粉丝效应引导关注；协同抖音、微信等社媒平台扩散声量，带动舆论热议，培育自然线索，多元组合下达成热度登榜，下定冲顶营销效果。

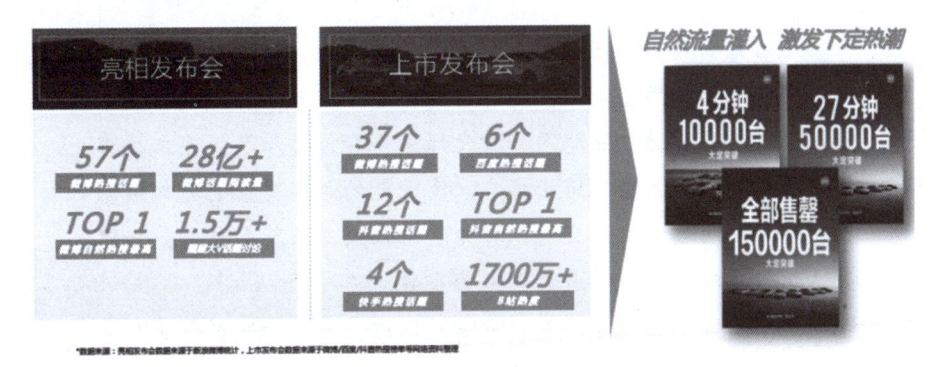

亮相发布会
57个 微博热搜话题
28亿+ 微博话题网浏览
TOP 1 微博自然热搜最高
1.5万+ 圈建大V话题讨论

上市发布会
37个 微博热搜话题
6个 百度热搜话题
12个 抖音热搜话题
TOP 1 抖音自然热搜高
4个 快手热搜话题
1700万+ B站热度

自然流量灌入　激发下定热潮
4分钟 10000台
27分钟 50000台
全部售罄 150000台 大定突破

*数据来源：亮相发布会数据来源于新浪微博统计，上市发布会数据来源于微博/百度/抖音热搜榜单等网络资料整理

思考题：

结合本项目所学，分析小米 SU7 是如何取得成功的？

33

项目二　汽车新媒体营销定位与策划

项目介绍

随着互联网的快速发展和智能手机的普及，汽车行业也在逐渐转向新媒体营销，以满足消费者的需求并提升品牌影响力。新媒体营销是一种通过互联网和社交媒体平台传播信息、建立品牌形象、增加用户互动的市场推广。消费者的购车决策也更加倾向于通过互联网搜索、社交媒体评论和手机应用来获取信息，如何灵活运用汽车新媒体渠道显得尤为重要。

汽车新媒体营销活动策划方案的制订，有助于汽车企业有计划、有目的、有针对性地开展营销活动。营销策划活动，需要策划人员围绕汽车企业目标，根据汽车企业的发展现状，在充分调查、分析汽车市场营销环境的基础上，定位汽车消费群体，制定汽车营销活动，选择合适的新媒体营销平台，开展汽车新媒体营销活动。

为了更好地完成教学目标，达成教学效果，本项目选取汽车新媒体营销定位、汽车新媒体策划流程和方法、汽车新媒体营销策划方案的框架与文案要求三大工作任务。

项目二　汽车新媒体营销定位与策划

知识目标

1. 掌握汽车新媒体营销定位的基本概念；
2. 掌握汽车新媒体营销策划的流程和方法；
3. 熟悉汽车新媒体营销策划方案的框架；
4. 了解汽车新媒体营销策划文案的特点。

技能目标

1. 掌握汽车新媒体营销的定位方法和分类；
2. 能够根据汽车新媒体营销策划流程，设计完成汽车新媒体营销策划；
3. 能够根据汽车新媒体营销策划方案框架，制作策划方案。

素养目标

1. 培养创新思维和拓展思维，能够不断探索新媒体营销模式；
2. 培养团队协作能力，发挥团队领导能力；
3. 培养学生遵守职业道德准则和行为规范，具备社会责任感和担当精神；
4. 了解与本专业从事职业活动相关的国家法律、行业规定。

案例引入

任务1　汽车新媒体营销定位
Mission one

任务1 微课：汽车新媒体营销定位

任务描述

探索汽车新媒体营销定位的基本概念，了解定位分类和方法，并尝试分析某一汽车品牌的新媒体营销定位理念。

任务目标

通过本任务的学习，需要达成以下目标：
1. 了解汽车新媒体营销的定位类型；
2. 了解用户定位、内容定位和平台定位的基本内容；
3. 掌握用户定位、内容定位和平台定位的方法和理念；
4. 能够对某一汽车品牌进行新媒体营销定位，进行分析并初步定位策划；
5. 培养基础的策划和创意思维。

汽车新媒体营销与运营技术

任务分析

要完成本学习任务，可以按照以下流程进行：

1. 学习汽车新媒体营销定位等知识点；
2. 选择一个熟悉或者感兴趣的汽车品牌，并搜寻其新媒体营销方式；
3. 根据所学内容对该品牌的新媒体营销方式进行定位分析；
4. 交流讨论头脑风暴：对选择同一汽车品牌的同学进行编组，讨论该品牌的新媒体营销定位方法；
5. 内容汇报与反馈：在课堂上进行讨论、汇报，小组汇报讨论结果，收集同学和老师的反馈，拓展汽车新媒体营销定位知识。

知识准备

一、认识汽车新媒体营销定位

定位指某一项目在一定的环境中的位置、方向等。市场定位是根据特定的目标市场上的竞争者现有产品所处的位置和企业自身的条件，从各方面为企业和产品创造一定的特色，塑造并树立一定的市场形象，以求在目标顾客心目中形成一种特殊的偏好。

汽车新媒体营销定位，主要可分为用户定位、内容定位和平台定位三大部分。定位是汽车新媒体营销的前提，营销人员必须掌握新媒体营销各要素的定位方法才能合理地制订营销计划，实施营销策略，达到预期效果。汽车新媒体营销定位要求汽车品牌营销时，建立独一无二的标签，特定的形象特征，具有极高的辨识度。

二、用户定位

用户定位是汽车新媒体营销前必不可少的环节，只有充分了解用户的各种显性和隐性需求，明白用户的消费偏好，需要获得的各种服务，才能有针对性地实施营销计划，将营销效果最大化。汽车营销人员在开展营销活动策划前必须做好用户定位，包括确定用户属性和用户行为、用户群体和精准用户画像等。

1. 用户属性和用户行为

用户属性是指用户自身的属性特性和身份标签，包括性别、年龄、收入、职业、地区、家庭组成等基本信息。在开展营销计划前，对汽车用户调研，了解用户属性，有利于定位到与汽车企业或品牌属性相符的用户，从而了解目标用户的真实购车想法，制订符合目标用户的营销活动计划。

用户行为是指用户为满足自己的需要，在一定动机支配下产生的行为，受用户意向左右，容易受到外部环境影响。用户意向是指用户在选择时所呈现出的主观意向，是用户内心对产品、内容或服务的期望和参考，是一种潜在的心理表现。

（1）文化因素

文化是一种社会想象，会影响用户的学习和社会行为，可以衍生出一系列新的需求。文化对消费用户的需求和购买行为具有强烈而广泛的影响，且处于同一文化水平的人群具有相类似的需求和购买行为。

（2）产品因素

产品因素包括产品价格、质量、外观、使用用途、身份象征、服务和隐性情感等。新媒体营销环境下，汽车产品被赋予了更加深层次的含义，汽车不再仅仅满足日常代步，更具有休闲、自驾、户外等方面的需求，各方面的产品特征都影响用户的购买行为。

（3）个人因素

个人因素包括年龄、所处家庭生命周期阶段、职业、经济状况、个性以及生活方式。个人特征的表现是作为个体呈现出的最为独特的标签，经济状况对用户行为具有最为直接的影响。年龄、职业和所处家庭生命周期阶段，体现用户不同时期的不同特征，进而影响不同时期的用户行为。了解用户个性和生活方式，可以了解最符合用户个性特性的品牌形象。

（4）心理因素

心理因素包括动机、知觉、学习和观念等。用户动机是用户购买行为心理的重要组成部分，由需求产生。它是由顾客需求、兴趣等心理活动而产生的购买行为的内在动力。知觉是指用户对外界环境刺激所作出的个体身体反应，是对感觉信息加工和解释的过程。学习是个体在通过后天经验学习后，所获得的实践经验。观念是用户对事物所持的认知，不同的观念会导致不同的用户行为。

2. 用户群体

根据用户特征的不同，可将其划归不同的用户群体。用户群体可以根据用户属性树立相应的标签，比如：地域、年龄、性别、职业、消费偏好、兴趣偏好等；也可以根据用户接收信息的能力树立相应的标签，比如：传统媒体、互联网媒体、新媒体、网络活跃时长等。

3. 精准用户画像

用户画像是基于用户属性和行为所形成的一种图形表示，将各种标签数据用图形化的直观形式展示出来，有助于产品和品牌的有效定位。

用户画像是真实用户的虚拟代表，首先它是基于真实的，它不是一个具体的人，另外一个是根据目标的行为观点的差异区分为不同类型，迅速组织在一起，然后把新得出的类型提炼出来，形成一个类型的用户画像，形成的用户画像需要有代表性能代表产品的主要受众和目标群体。

用户画像需要具备 PERSONA 七个因素：

①P 代表基本性（Primary），指该用户画像是否基于对真实用户的情景访谈。

②E 代表同理性（Empathy），指用户画像中包含姓名、照片和产品相关的描述，是否能引起同理心。

③R 代表真实性（Realistic），指对那些每天与顾客打交道的人来说，用户画像是否看起来像真实人物。

④S 代表独特性（Singular），指每个用户画像是否是独特的，彼此很少有相似性。

⑤O 代表目标性（Objectives），指该用户画像是否包含与产品相关的高层次目标，是否包含关键词来描述该目标。

⑥N 代表数量（Number），指用户画像的数量是否足够少，以便设计团队能够记住每个用户角色的姓名，以及其中的一个主要用户角色。

⑦A 代表应用性（Applicable），指是否能将用户画像作为一种实用工具进行设计决策。

三、内容定位

新媒体营销以"内容"为主，内容的质量、表现形式和传播方式对营销效果影响比较深远。针对不同的新媒体营销内容特点，才能更好地进行内容定位，以输出符合用户需求、用户兴趣和用户活跃的内容，提升用户对品牌的知名度和信任度，进而影响用户最终的购买行为。

1. 内容定位原则

①内容高频率输出。可以持续生产内容，长久性地对用户输出，使用户产生依赖性。比如，某视频号每天发布一条短视频。

②内容满足用户需求。从用户属性和用户行为角度考虑用户需求，内容要深挖用户痛点，引起用户对内容的共鸣。比如，某微信公众号发布冬天用车小知识等。

③内容符合营销目的。营销目的不同，内容的创作方向也有所不同。比如，注重汽车销量，内容创作注重引流和转化；注重品牌建设，内容创作注重质量和专业性。

④内容保持风格统一。用户群体对于内容具有鲜明的特征性，内容风格的统一是用户群体长期存在的基础。

2. 内容的表现形式

①文字。文字是一种比较直观、灵活的信息表现形式，可以方便用户理解，准确传递内容所表达的核心价值。当然，文字呈现形式和手法的不同，营销效果也会有所不同。以文字形式表达长内容时，由于内容字数过多，篇幅一般过长，此时需要注意内容标题的设置，简练且突出重点，快速吸引用户的注意并引起用户共鸣。在汽车新媒体营销平台中，汽车垂直类论坛、微信公众号推送文章等新媒体内容就多采用纯文字的形式。

②图片。图片与文字相比，具有更强的视觉冲击力，且可将文字内容整合到图片中，使图片既能更鲜明地表达主题，又能快速提升用户的阅读体验。但是，图片的制作需具有艺术性，既要注意图片的美观和形象，又要能够清晰明白地表达主题，引起用户的注意，其形式包括动图、长图、九宫格图片等。

③视频。视频是目前主流的新媒体内容形式，能够生动、形象地展现新媒体营销内容，具有很强的既视感和吸引力。视频在展现形式上多样化，可以是短视频、动画、直播、电视等。但是，视频制作需要注意其真实性，不能为了营销效果拼接虚假视频片段。

④H5。H5 是 HTML5 的简称，是集文字、图片、音乐、视频、链接等多种形式的展示页面。丰富的控件、灵动的动画特效、强大的交互应用和数据分析，特别适合新媒体营销。H5 具有社交分享便捷，传播力度强，成本低，效果明显等优点。

⑤音频。音频区别于文字、图片和视频，可以采取收听的方式获取营销信息，且音频更具亲和力，可以快速缩短新媒体与用户之间的距离。音频的制作要求吐词清晰、语速适当、用语简明，以让用户容易理解和接受为重点。

各内容表现形式的特点和适合场景如表 2-1 所示。

项目二 汽车新媒体营销定位与策划

表 2-1 各内容表现形式的特点和适合场景

形式	特点	适合场景
文字	表达准确，直观、灵活，易引人深思	汽车垂直类论坛、知乎等
图片	美观、鲜明、具有艺术性	小红书、微信、微博等
视频	有很强的既视感和吸引力，表现多样化	短视频 App 和长视频网站等
H5	集成性好、功能强大、社区分享便捷、传播力度强	社交类 App
音频	更具亲和力，获取简单，易理解	喜马拉雅、云听、荔枝 FM 等

3. 内容定位的流程

①确定目标群体。汽车新媒体营销活动对用户是否能够创造价值，基础在于目标群体对于营销内容的接受度和了解度。因此需要圈定核心目标群体，尽可能缩小内容投放范围，深挖目标群体的消费方式、消费习惯、兴趣爱好和新媒体载体等，抓住目标群体的卖点和痛点，针对核心目标群体部署营销策略，提升新媒体营销活动的效果。

②寻找营销方式。不同的汽车企业、不同的营销目的和不同的营销载体，对于营销方式的契合度也大不相同。内容营销的表现形式多种多样，可以根据不同的营销目的、目标群体，针对所选择的营销方式进行专门的内容策划，将内容更恰当、更完整地表述出来。

③选择营销载体。新媒体为内容营销提供了广阔的平台，包括音视频平台、社交平台、自媒体平台等，每一个平台都有其优势和特点。可以根据具体的营销方式选择合适的营销载体进行内容推广。同时，营销预算也是影响营销载体选择的一大因素。

④策划内容包装。好内容需要进行包装宣传，包装不是单纯的产品信息的呈现，既要包装产品外样式，也要包装产品自身内在的品质。大部分的产品需要依靠包装的影响完成产品的推广和品牌树立。可以有效增加内容传播的宽度和广度，同时增强内容传播的影响力。

⑤打造内容亮点。内容营销的核心是亮点，针对用户痛点和需求，提炼内容的亮点，用亮点满足痛点，将营销内容引爆，引起用户的自主传播和交流互动。

⑥设计转化渠道。内容营销的最终目标是实现用户或产品的转化，用户被内容吸引初期是转化的最佳时刻，时间间隔越长，转化效果越差。设计合适的转化方式和转化渠道，是新媒体营销活动最终确定营销效果的有力保障。

⑦形成营销方案。根据内容营销的设计流程，最终形成汽车新媒体营销活动方案。同时，利用内容制作效率、内容传播广度、内容传播次数、内容转化率等指标对新媒体营销互动的效果进行评价和判断，保证汽车新媒体营销活动的有效进行和开展。

四、平台定位

不同的汽车新媒体平台有着不同的特点，如内容形式、传播形式、用户互动、受众群体等。企业在选择新媒体营销平台时，应该根据自身产品或服务特点，了解自身受众群体的平台活跃情况，以及这些平台的用户画像和用户特征。汽车新媒体营销人员应该结合平台特点选择最适合企业的新媒体平台，否则在运营后期容易出现定位不清、用户转化效果差、粉丝增长裂变速度慢等问题。

1. 微信平台

微信平台是最为常见的汽车新媒体营销平台之一，由于其庞大的用户基数，可以覆盖各个年龄段的用户，能够形成完整的商业服务。该平台具有界面简洁、操作便捷、形式多样、互动及时、传播精准、速度快等优点。微信的营销功能主要有微信群、微信朋友圈、微信公众号和微信小程序。

（1）微信群

微信群具有群发送达率高、精准度高、互动性强、留存周期短等特点。微信群与朋友圈、公众号、小程序相比，更容易被用户看到，可以拉近商家与用户之间的距离，实时互动和服务，加强用户与品牌之间的关系，促进用户口碑传播和社交分享。

（2）微信朋友圈

微信朋友圈是基于熟人网络，可以实现小众传播，且传播有效性较高。微信朋友圈营销不仅仅是发布产品信息，也可以发布商家动态和形象活动等，模糊商业和个人生活之间的界限，减少商业化的隔阂，更容易被用户接受和信任。

（3）微信公众号

微信公众号是企业的窗口，企业可以发布文章、推广产品和客户互动等，便于分享。公众号采取用户关注方式，实现一对多传播，信息到达率高，营销和服务定位更精准。营销成本更低，可持续性更强。

（4）微信小程序

微信小程序具有功能场景丰富、开发成本低、方便快捷、用户黏性强等优点，整合了产品展示、电商购物、优惠活动、会员管理、客户服务、品牌推广等功能。借助于微信平台，可直接获取用户流量，实现多渠道传播，提高品牌和产品的曝光度。同时，通过微信小程序，企业可以获得用户的使用数据，为后续的精准营销提供依据。

2. 微博平台

微博是一种基于用户、朋友和主题的社交媒体平台。它可以用来分享身边的趣事、生活照片以及发表观点等。它已经成为许多消费者获取和分享信息的重要平台之一。与微信相比，微博更注重信息的时效性和随意性，且微博信息可以通过搜索被其他用户看到，开放性强，更适合品牌营销和活动推广。具有门槛低、实时分享、快速传播、传播方式呈裂变等优点。借助微博平台，企业可以通过官博发表声明来披露信息，随时与用户保持互动。进行广告投放时，如果根据人群特征匹配意见领袖的流量资源和背书效果能更有效推广。

3. 汽车垂直媒体

汽车垂直媒体是指专注于汽车行业的专业网站或 App，这些媒体平台提供与汽车相关的各种信息和资源，包括汽车新闻、汽车评测、汽车报价、汽车购买、汽车文化等方面的内容。随着互联网的普及和汽车市场的不断发展，越来越多的汽车垂直媒体涌现出来，为汽车消费者和行业从业者提供更为全面和专业的服务。比较知名的汽车垂直媒体，如汽车之家、易车网、懂车帝、太平洋汽车网等，具有专业性强、内容丰富、用户群体明确、服务个性化、公信力强等特点。

项目二 汽车新媒体营销定位与策划

4. 视频平台

视频平台可以根据时长分为短视频平台和长视频平台。视频平台具有目标精准、传播灵活、视觉效果好、效果可预测等特点。

短视频平台以抖音、快手、美拍、秒拍等为代表，视频时长一般在 5 分钟以内。短视频利用碎片化时间，符合现今时代下的消费理念，用户碎片化的使用习惯和丰富的优质内容助力短视频平台用户数量的激增。短视频营销可以借助 KOL 合作营销，将其短视频作为汽车产品介绍视频或使用体验视频展示，吸引更多的粉丝关注和购买。

长视频平台以腾讯视频、爱奇艺、优酷视频、哔哩哔哩等视频平台为代表，涵盖电影、电视剧、综艺、动漫、纪录片、体育赛事等诸多形式的视频内容。企业可以与影视公司合作，共同开发剧集和综艺节目，注重内容多样化，借助平台流量，向固定且特定的用户群体展现产品或品牌价值，提升产品和品牌的影响力。

5. 直播平台

随着网络技术和智能移动终端设备的普及和运用，直播平台凭借娱乐化的内容、深层次的互动交流、场景化的营销、多渠道的传播形式等优势，已经成为新媒体营销的重要手段。直播具有直观性、即时互动性、代入感强、传播范围广等特点。比较常见的直播平台有抖音直播、斗鱼直播、虎牙直播、花椒直播等。借助不同的直播平台，各类网络红人、综艺节目、电商导购、线上发布会等直播活动层出不穷，都能借助直播平台获取流量、凝聚人气、推广产品、获得利润。

汽车营销活动的直播可以借势节日或热点，发起线下活动和线上直播，让用户和品牌开展互动，提高用户黏性和品牌忠诚度。

6. 音频平台

音频平台是将音频载体通过网络的形式传递给用户，是一种新兴的网络营销模式。音频平台具有触达范围广、互动性强等特点。用户在收听优质音频内容时，能够快速收听到品牌方植入的音频广告，并可以实时互动，并通过单击链接进入电商平台购买相关产品和服务。企业可打造"品牌电台"，根据品牌理念、调性、用户画像和内容喜好等信息，打造符合本品牌的特有电台，让用户及时了解品牌动态和客户服务等实用性信息。近期为代表的移动音频媒介代表有喜马拉雅、云听、蜻蜓 FM、荔枝 FM、企鹅 FM 等。

任务实施

实施背景：

如今，汽车新媒体营销已经成为主流，汽车企业必须快速开展新媒体营销活动，在激烈的汽车竞争市场抢占市场份额，处于领先位置。

实施目标：

本任务将结合知识学习和运用，通过搜集自己熟悉或者感兴趣的汽车品牌/汽车经销商品牌，找到其新媒体营销活动内容，学生能够分析其新媒体营销活动的用户定位、内容定位和平台定位。

注意：企业在开展新媒体营销活动时，必然是多内容多平台融合，要注重全方位多维度地搜集其营销活动内容。

实施过程：

建议按以下步骤来完成任务：

第一步：选择两个自己熟悉或者感兴趣的汽车品牌/汽车经销商品牌。

第二步：找到其曾经开展的新媒体营销活动 1~2 个。

第三步：将搜寻到的新媒体营销活动整理并记录主要内容。

第四步：总结分析其新媒体营销活动的用户定位、内容定位和平台定位。

第五步：采用 Xmind 等思维导图工具将分析出来的定位信息绘制出来。

任务工单

任务：汽车新媒体营销定位研究				实训时长：60 分钟	
姓名		班级		学号	
实训日期		教师		评分	

实训内容：

第一步：在班级内分组，一组人数不超过 4 人。采用教师管理分组流程，学生决定分组的方式完成分组。分组要兼顾个性及能力特长，完成：

（1）任务角色的定义：需要资料收集、用户定位分析、内容定位分析、平台定位分析等角色，并完成对各角色任务的阐述。

（2）任务角色的认领：经过角色的定义和阐述，学生根据自己的兴趣爱好选择与能力匹配的角色。

1. 角色定义及阐述。

2. 角色分配。

小组成员	角色	特长	主要职责	目标技能

第二步：小组内选择两个组员比较熟悉或者感兴趣的汽车品牌/汽车经销商品牌，并搜集其曾经开展的新媒体营销活动 1~2 个，可借助智能手机。

项目二　汽车新媒体营销定位与策划

续表

1. 通过知识学习和小组讨论，确定选择的两个车企/经销商品牌。

2. 小组组员根据分工搜寻两个该品牌开展的新媒体营销活动。
新媒体营销活动1：

新媒体营销活动2：

第三步：对搜寻到的新媒体营销活动进行整理，并记录主要内容。

新媒体营销活动1：
主题：

活动时间：

活动内容：

活动效果：

新媒体营销活动2：
主题：

活动时间：

活动内容：

活动效果：

续表

第四步：小组分工，根据第三步记录的内容分析新媒体营销活动的用户定位、内容定位和平台定位。

新媒体营销活动1：
用户定位：

内容定位：

平台定位：

新媒体营销活动2：
用户定位：

内容定位：

平台定位：

第五步：下载 Xmind 软件，根据对上述任务的理解，绘制思维导图。思维导图需包括汽车品牌、用户定位、内容定位、平台定位等要素。

反思和总结：
_____
_____
_____
_____

项目二　汽车新媒体营销定位与策划

> 任务评价

评分项	分项要素	评分细则	自我评价	小组评价	教师评价
纪律 （5分）	1. 不迟到； 2. 不早退； 3. 学习用品准备齐全； 4. 积极思考和回答课程问题； 5. 积极参与教学活动	未完成1项扣1分，扣分不得超过5分			
职业素养 （15分）	1. 积极与他人合作； 2. 积极帮助他人； 3. 遵守礼仪礼节； 4. 做事态度严谨、认真； 5. 具备劳动精神，能主动做到场地的6S管理	未完成1项扣3分，扣分不得超过15分			
专业技能 （40分）	1. 能够掌握用户行为的定位； 2. 能够建立用户的精准画像； 3. 能够掌握内容定位的流程； 4. 能够区分不同平台的定位特点； 5. 能够利用Xmind思维导图总结知识点； 6. 能够对新媒体营销定位有清晰的认知； 7. 具有团队交流、协作和汇报的能力； 8. 具有一定的创新思维和创意	未完成1项扣5分，扣分不得超过40分			
工具及设备的使用 （20分）	1. 能正确使用电脑、iPad、手机进行资料检索、图片拍摄和处理； 2. 能正确使用场地工具	未完成1项扣10分，扣分不得超过20分			
任务工单填写（20分）	1. 字迹清晰； 2. 语句通顺； 3. 无错别字； 4. 无涂改； 5. 无抄袭； 6. 内容完整； 7. 回答准确； 8. 有独到的见解	未完成1项扣3分，扣分不得超过20分			

汽车新媒体营销与运营技术

任务 2　汽车新媒体策划流程和方法
Mission two

任务 2 微课：
汽车新媒体策划
流程和方法

任务描述

在 2022 年新年钟声敲响之际，岚图汽车携手 2022"时间的朋友"跨年演讲，与《逻辑思维》主讲人、得到 App 创始人罗振宇一同分享 2021 年以来的感悟与收获。罗振宇通过线上直播平台给超 4 000 万观众带来精彩的知识大餐。作为此次跨年演讲的主角和话题之一，岚图 RFEE 携手罗振宇一同亮相舞台，与大家创享新知共迎 2022 年。让人意外的是，在演讲中岚图汽车将 C 位留给了用户，将 1 000 多名用户的名字搬上了全球最大的演讲屏幕，身为高端电动汽车国家队成员"原来还能这么干"，与演讲主题完美呼应。

各大品牌都在利用新媒体营销抢占或扩大市场份额和品牌影响力，如何策划一场汽车新媒体营销活动尤为重要。

任务目标

通过本任务的学习，需要达成以下目标：
1. 了解汽车新媒体营销策划的概念；
2. 了解汽车新媒体营销策划的流程；
3. 理解汽车新媒体营销市场调研的重要性；
4. 能够培养基础创作和创意思维。

任务分析

要完成本学习任务，可以按照以下流程进行：
1. 学习汽车新媒体营销策划流程、方法等知识点；
2. 选择两个熟悉或者感兴趣的汽车新媒体营销活动案例；
3. 根据所学内容分析营销活动案例每一步策划流程中的内容；
4. 在组内进行头脑风暴，交流讨论该营销活动的策划流程和方法；
5. 内容汇报与反馈：在课堂上进行讨论汇报，小组汇报讨论结果，收集同学和老师的反馈，拓展汽车新媒体营销策划知识。

知识准备

一、汽车新媒体营销策划

策划是一种程序，具有目的性和计划性。它是个人、企业、组织为了达到一定的目的，

项目二　汽车新媒体营销定位与策划

在充分调查市场及相关联的环境基础上，遵循一定的方法或者规则，对未来即将发生的事情进行系统、周密、科学的预测并制订科学的可行性方案。

汽车营销策划是指汽车营销人员根据汽车企业短期或者长期的发展目标，结合分析自身所处的市场营销环境和企业所拥有的资源状况，创新营销策略，制订出一整套营销战略和策略规划，并组织实施的全部过程。

汽车新媒体营销策划是指借助互联网和智能移动设备进行的汽车营销策划活动。

二、汽车新媒体营销策划流程

为保证汽车新媒体营销策划工作的顺利进行，汽车新媒体营销策划方案应该按照一定的流程或程序来设计与实施。通过对汽车市场营销环境调研，分析品牌与产品的优势与劣势，准确掌握市场、用户画像和新媒体平台特性等，在企业现有的市场资源基础上，满足企业营销目标，制订新媒体营销策略及具体实施方案，活动后对营销活动方案效果实施评估，这就是汽车新媒体营销策划的流程。

1. 汽车市场调研

汽车市场调研是否充分，决定了营销策划方案的好坏和营销策划进程是否顺利。汽车市场调研可以帮助企业了解汽车市场营销环境现状和未来发展趋势，可以帮助汽车企业发现新的需求和机会，掌握竞争者的营销信息，以便为汽车企业的营销决策提供科学的参考依据。

（1）汽车市场环境调研

①汽车销售行业发展现状调研。
②汽车销售行业发展趋势调研。
③汽车领域相关政策法律环境调研。
④汽车领域相关科学技术环境调研。
⑤汽车新媒体营销趋势调研。

（2）汽车市场需求及产品状况调研

①消费需求量的调研。
②汽车需求结构调研。
③消费者购买关注因素调研。
④消费者购车动机和行为调研。

（3）汽车市场竞争状况调研

①竞争者的营销目标调研。
②竞争者的实力调研。
③竞争者的企业资源调研。
④竞争者的优劣势调研。
⑤竞争者的新媒体营销定位调研。
⑥竞争者的新媒体营销方式调研。
⑦竞争者的新媒体营销平台调研。

(4) 汽车企业营销组合要素调研
  ①汽车企业的品牌代理能力调研。
  ②汽车企业价格策略调研。
  ③汽车企业分销渠道和能力调研。
  ④汽车企业促销活动调研。

2. 综合分析总结

将前述所收集到的相关基础数据进行分析,对数据分析结果进行总结,并形成切实有效且规范的文本和图表资料。利用SWOT分析法将所得到的数据综合分析,分析出汽车企业的优势、劣势、机会和威胁,为后续营销策划提供依据,具有明确的指导作用。

3. 确定营销目标

通过市场调查和SWOT分析,结合汽车企业自身发展现状和资源组合状况,对照汽车企业长远发展目标,制定本次营销策划活动的整体目标。营销策划目标主要包括销售目标、服务目标、品牌目标等,还可以设置具体预期目标。有了明确、准确的营销策划目标,企业才能制订策划方案和开展营销活动。

4. 制定营销策略

营销策略是营销活动策划的关键步骤,根据前述收集的相关数据,明确新媒体营销下的用户画像,进行用户定位、内容定位和平台定位,制定符合营销目标的新媒体内容策略、新媒体平台组合策略和新媒体运营与推广策略等,从而使活动能够达到营销目标及最佳效果。

5. 制订行动方案

营销策划人员根据制定的营销策略,落实整体营销策划方案的具体要求,比如人力、财力、物资、时间、项目等资源,明确指出具体人数、具体时间、具体方式和具体内容在各个环节的开展信息,并进一步将营销策划方案的各项任务和内容制订成营销活动计划,表明每项营销活动的责任人和完成日期,将每一个工作人员、步骤和行动内容落实至实处,且通过行动方案可一目了然,有效地实施营销策划。

6. 编制活动预算

活动预算包括新媒体平台宣传费用、新媒体运营与推广费用、促销活动费用、市场调查费用、公关费用、推销费用和机动调节费用等。预算要根据方案设计的内容来进行详细测算,不能只有一个笼统的总金额,需要把各项费用详细分解,尽量精确计算每一项营销活动的费用,培养精简节约、精打细算的工作精神。

7. 执行评估效果

营销策划一旦进入实施阶段,紧随其后的就是对营销策划的效果评估和修正。效果评估主要对活动目标的达成、活动对销售的影响、活动利润的评估、目标用户的态度等四方面,通过比较对营销策划实施的效果进行评价。根据评估结果,找出汽车新媒体营销策略和方案中的问题,注意总结和反思,进而指导下次的营销活动策划,提升营销活动的最佳效果。

汽车新媒体营销策划流程如图2-1所示。

项目二　汽车新媒体营销定位与策划

图 2-1　汽车新媒体营销策划流程

任务实施

实施背景：

汽车新媒体营销代表着汽车行业的未来销售发展趋势，是营销引领未来消费市场的必经之路。它在向消费者传递信息、拓展销售渠道、塑造品牌形象、转换用户行为和建立品牌忠诚度等方面发挥着不可替代的作用，更好地契合了现代人的消费需求，未来必将在汽车市场营销领域发挥着更加重要的作用。

如何保证汽车新媒体营销活动的效果，对营销活动策划有着较高的要求，需根据汽车新媒体营销策划流程，设计行之有效的营销活动。

实施目标：

本任务将通过对汽车新媒体营销策划流程与方法的研究，结合一些比较典型的汽车新媒体营销活动案例，反向分析案例设计的新媒体营销策略，进而加深对于汽车新媒体营销策划流程的掌握程度。

实施过程：

建议按以下步骤完成任务：

第一步：选择两个熟悉或者感兴趣的汽车新媒体营销活动案例。

第二步：分析两个汽车新媒体营销活动案例。

第三步：剖析汽车新媒体营销活动的各个环节，并记录主要内容。

第四步：总结汽车新媒体营销活动案例的市场现状、目标群体、新媒体宣传内容、新媒体运营技术等。

第五步：采用 Xmind 等思维导图工具将分析的内容绘制出来。

任务工单

任务：汽车新媒体营销策划流程与方法研究		实训时长：40 分钟	
姓名		班级		学号	
实训日期		教师		评分	

实训内容：

第一步：在班级内分组，一组人数不超过 4 人。采用教师管理分组流程，学生决定分组的方式完成分组。分组要兼顾个性及能力特长，完成：

（1）**任务角色的定义**：需要分析市场现状、目标群体、新媒体宣传内容、新媒体运营技术等角色，并完成对各角色任务的阐述。

（2）**任务角色的认领**：经过角色的定义和阐述，学生根据自己的兴趣爱好，选择与能力匹配的角色。

续表

1. 角色定义及阐述。

2. 角色分配。

小组成员	角色	特长	主要职责	目标技能

第二步：选择1个熟悉或者感兴趣的汽车品牌，并通过智能手机选择两个该汽车品牌的新媒体营销活动案例。

1. 通过知识学习和小组讨论，确定选择的车企/经销商品牌。

2. 小组组员合力搜寻两个该品牌开展的典型新媒体营销活动。
新媒体营销活动1：

新媒体营销活动2：

第三步：剖析汽车新媒体营销活动的各个环节，并记录主要内容。

新媒体营销活动1：
主题：
活动时间：
活动内容：

活动效果：

项目二　汽车新媒体营销定位与策划

续表

新媒体营销活动2：
主题：
活动时间：
活动内容：

活动效果：

第四步：小组分工，根据第三步记录的内容分析新媒体营销活动的市场现状、目标群体、新媒体宣传内容、新媒体运营技术。

新媒体营销活动1：
市场现状：

目标群体：

新媒体宣传内容：

新媒体运营技术：

新媒体营销活动2：
市场现状：

目标群体：

新媒体宣传内容：

新媒体运营技术：

续表

第五步：下载 Xmind 软件，根据对上述任务的理解，绘制思维导图。思维导图需包括汽车品牌、用户定位、内容定位、平台定位等要素。

反思和总结：

任务评价

评分项	分项要素	评分细则	自我评价	小组评价	教师评价
纪律 （5分）	1. 不迟到； 2. 不早退； 3. 学习用品准备齐全； 4. 积极思考和回答课程问题； 5. 积极参与教学活动	未完成1项扣1分，扣分不得超过5分			

项目二 汽车新媒体营销定位与策划

续表

评分项	分项要素	评分细则	自我评价	小组评价	教师评价
职业素养（15分）	1. 积极与他人合作； 2. 积极帮助他人； 3. 遵守礼仪礼节； 4. 做事态度严谨、认真； 5. 具备劳动精神，能主动做到场地的6S管理	未完成1项扣3分，扣分不得超过15分			
专业技能（40分）	1. 掌握汽车市场调研的要素； 2. 能够进行汽车市场SWOT分析； 3. 具有资料搜集和整理的能力； 4. 能够区分不同目标群体的特点； 5. 能够利用Xmind思维导图总结知识点； 6. 能够掌握不同新媒体营销平台的特点； 7. 具有团队交流、协作和汇报的能力； 8. 具有一定的创新思维和创意	未完成1项扣5分，扣分不得超过40分			
工具及设备的使用（20分）	1. 能正确使用电脑、iPad、手机进行资料检索、图片拍摄和处理； 2. 能正确使用场地工具	未完成1项扣10分，扣分不得超过20分			
任务工单填写（20分）	1. 字迹清晰； 2. 语句通顺； 3. 无错别字； 4. 无涂改； 5. 无抄袭； 6. 内容完整； 7. 回答准确； 8. 有独到的见解	未完成1项扣3分，扣分不得超过20分			

汽车新媒体营销与运营技术

任务3 汽车新媒体营销策划方案的框架与文案要求
Mission three

任务描述

随着汽车新媒体营销模式的迅速推广，新媒体营销已经成为所有车企商家必争的战场，但也反映出了诸多问题。没有好的内容和亮点，没有合适的文案，没有有效的运营技术，到底该如何解决呢？即使精准定位了用户群体，刻画了用户画像，策划了营销活动，又如何保障营销活动能够顺利开展，保证每一个环节的有效实施呢？

通过学习本任务，读者可以了解汽车新媒体营销策划方案的结构，了解营销策划方案的文案要求，并根据汽车新媒体营销案例制订一份营销策划方案。

任务3微课：
汽车新媒体营销策划方案的框架与文案要求

任务目标

通过本任务的学习，需要达成以下目标：
1. 了解汽车新媒体营销策划方案的框架；
2. 了解汽车新媒体营销策划方案的文案要求；
3. 理解汽车新媒体营销策划方案的重要性；
4. 能够培养基础创作和创意思维。

任务分析

要完成本学习任务，可以按照以下流程进行：
1. 学习汽车新媒体营销策划方案的框架、文案要求等知识点；
2. 选择一个熟悉或者感兴趣的汽车新媒体营销活动案例；
3. 根据所学内容分析营销活动案例每一部分的内容；
4. 在组内进行头脑风暴，交流讨论该营销活动的营销策划方案；
5. 内容汇报与反馈：在课堂上进行讨论、汇报，小组汇报讨论结果，收集同学和老师的反馈，拓展汽车新媒体营销策划方案知识。

知识准备

一、汽车新媒体营销策划方案的框架

汽车新媒体营销策划方案是活动策划人员根据汽车新媒体营销活动内容、流程、行动方

项目二　汽车新媒体营销定位与策划

案等，为实现营销策划目的而进行行动的实战方案。它是汽车活动策划人员协调和指导策划参与者行动的规划。营销活动策划方案一般包括以下几个方面：

1. 封面

策划方案的封面等同于它的名片，起到最初的直观视觉效果，能够给人留下深刻的印象。封面要求整洁、清晰、醒目、简洁。其主要提供以下信息：策划方案的标题、被策划的客户、策划机构或策划人的名称、策划活动日期等。

2. 前言

前言是对策划活动的高度概括，主要描述策划活动的背景资料，策划活动开展的必要性，概括策划活动的主要内容，要求简明扼要，让人一目了然。

3. 目录

目录涵盖了策划方案的主体内容和要点，体现策划方案的整体结构、策划思维，使操作者对营销内容有一个大致的了解，为其查找相关内容提供方便。

4. 概要

概要区别于前言，前言主要是针对策划的背景和必要性进行描述，概要主要描述本次策划方案的意义、相关策划思路和内容介绍。概要应简明扼要，篇幅不能过长，需控制在四五百字。

5. 环境分析

①市场状况。市场状况包括目前市场规模、份额、新媒体平台、车型、服务、需求结构等。

②竞争状况。对主要竞争者进行分析，并逐项描述其规模、目标、产品、新媒体营销内容和平台、营销战略等，从而准确把握其意图和行为。

③消费者状况。对汽车产品的消费者分析，对比新媒体营销平台，分析营销内容，把握消费者的真实购买动机和行为。

④宏观环境状况。宏观环境主要包括经济形势、政治法律、科学技术（新媒体）和社会文化等，需深度分析它们与本企业产品的某种联系。

6. 机会分析

运用SWOT分析法对优势、劣势、机会和威胁进行全面评估。找准市场机会，避免环境威胁，可以极大地提高营销活动的效果。因此，机会分析成为营销活动策划的关键。同时，应努力防范和化解因环境威胁和企业劣势可能带来的市场风险。

7. 营销目标

营销目标是营销活动所要实现的具体目标，如市场占有率、销售数量、营业额和市场占有率等，相比于传统营销活动的目标，汽车新媒体营销活动目标还需增加粉丝关注增长数、点赞数、互动数和转发数等数据目标。

8. 营销策略

汽车新媒体营销策略主要包括新媒体营销内容的设置、新媒体营销平台的选取和新媒体营销运营技术3个方面，并形成新媒体营销模式下的4P组合，达到最佳效果。

9. 具体行动方案

在具体行动方案中，需确定相关工作人员以及活动时间、活动地点、工作内容等。将这些信息编制成相应的操作步骤和计划表，且附上详细的说明，以指导工作人员开展活动。

10. 营销成本

营销成本是对营销策划方案各项费用的预算，需编制具体的费用表格明细，将每一笔费用尽可能细化，保证准确，能真实反映该策划方案实施的各项费用投入多少。其原则是以较少的投入获得最优的效益。

11. 行动方案控制

营销活动的行动方案主要是对方案中可能存在的风险制订相应的预案。新媒体平台的更新速度非常快，要实时关注热点信息，必要时对方案进行调整，使其贴合最新的市场环境。

12. 结束语

与前沿呼应，总结营销活动方案的主要观点，并突出重点。

13. 附录

附录是营销活动策划的附件。附录的内容对营销策划方案起着补充说明的作用，可为营销策划提供有力的佐证，比如引用的权威数据、调研问卷、问卷数据分析结果等。附录要标明顺序，以便查找。

二、汽车新媒体营销策划方案的文案要求

一份出色的汽车新媒体营销策划方案，不仅仅需要有完整的结构、详尽的数据分析和有创意的营销内容，还需要掌握一些撰写技巧，以提升策划方案的可信性、可操作性和说服力。

1. 主题明确，结构完整

营销策划方案应该有一个明确的主题，即本次营销活动的目标，所有活动都应围绕主题开展。营销活动主题必须直接、明确，不能模棱两可，文字表述必须简洁、明了，且后期容易衡量目标完成指标。同时，一份完整的营销策划方案应该结构完整，囊括有关营销战略和营销策略的部分，即环境分析、战略制定、策略组合，需要策划人员对营销理论掌握透彻，才能完整编制策划书。

2. 重点突出，条例清晰

如果营销策划方案内包括太多的内容，那么过多的陈述可能会把策划方案变得复杂化，因此策划方案在编制时要突出重点，条理清晰，便于操作者能够有针对性地领会策划方案的核心意义。为了突出策划方案重点，可以在方案中用一些重点符号、特殊版面、不同字体或字号，对策划内容的重点观点给予强调、突出，以帮助操作者准确抓住策划的重点。

3. 数字依据，适当举例

策划方案其实是一份执行文件，操作者通过阅读文件执行营销活动。数字给人一种直观的感受，且容易衡量。在营销策划方案中，利用各种国家宏观、微观经济数据，地区经济发展数据，市场调查报告数据等来辅助分析和比较是必不可少的，而且对于数据的来源必须标明其出处。当然，在策划方案中适当举例说明，也能提高营销策划方案的说服力。

4. 图表说明，分析深入

策划方案不但要求简明扼要，而且要分析透彻，为满足策划方案的文案要求，引用图表说明是一种不错的方式。图表可以将语言文字精炼到最简化的程序，有助于操作者直观地提

项目二　汽车新媒体营销定位与策划

炼出策划内容，视觉效果较好。在图表说明的基础上，可以辅之以必要的分析说明，分析说明越深入，策划方案的可信度和说服力就越高。

5. 注重细节，版面合理

对策划方案要反复检查，注重整体的视觉效果，不能出现错别字，特别是企业名称、专业术语等应反复仔细检查，出错会影响策划方案的可信度。设计版面时要注意字体、字号、间距、行距、插图、颜色和其他格式的选用等。合理设计版面，可使营销策划方案重点突出，结构清晰，便于阅读。

任务实施

实施背景：

开展汽车新媒体营销策划活动，在经过前期市场调研后，综合分析企业自身资源和市场营销环境后，制定适合本汽车企业的新媒体营销策略，并制订活动实施计划。为了保证汽车新媒体营销策划方案的顺利开展和效果最大化，编制汽车新媒体营销策划活动方案是关键，活动方案是操作者行动的保障，是策划活动的规范和准则。

实施目标：

本任务将通过对汽车新媒体营销策划活动案例的分析和研究，熟悉汽车新媒体营销策划活动方案的各模块具体内容，学会制订汽车新媒体营销策划活动方案，掌握汽车新媒体营销策划活动方案文案编辑技巧。

实施过程：

建议按以下步骤完成任务：

第一步：选择1个熟悉或者感兴趣的汽车新媒体营销活动案例。

第二步：将该营销策划活动案例各部分内容分解剖析，并记录相关内容。

第三步：根据所记录的内容，编制汽车新媒体营销策划活动案例等。

第四步：在小组内进行头脑风暴，讨论该营销活动案例的可优化之处。

第五步：形成PPT在班级汇报、讨论和反馈。

任务工单

任务：汽车新媒体营销策划方案的框架与文案要求		实训时长：80分钟	
姓名		班级		学号	
实训日期		教师		评分	

实训内容：

第一步：在班级内分组，一组人数不超过4人。采用教师管理分组流程，学生决定分组的方式完成分组。分组要兼顾个性及能力特长，完成：

（1）任务角色的定义：需要收集资料、不同策划方案模板解析等任务主要负责角色，并完成对各角色任务的阐述。

（2）任务角色的认领：经过角色的定义和阐述，学生根据自己的兴趣爱好，选择与能力匹配的角色。

续表

1. 角色定义及阐述。

2. 角色分配。

小组成员	角色	特长	主要职责	目标技能

第二步：通过知识学习和组内讨论，选择一个较为完整且熟悉的汽车新媒体营销活动案例。

活动主题：
活动时间：
活动平台：
活动内容：

活动效果：

项目二　汽车新媒体营销定位与策划

续表

第三步：根据所学的汽车新媒体营销策划方案的结构，将该案例分解剖析，编制汽车新媒体营销活动方案。（注：若表格不够可附表）

××汽车新媒体营销策划活动方案

第四步：在小组内进行头脑风暴，讨论该营销活动案例的可优化之处。

根据所学知识，小组讨论该营销策划活动方案在哪些地方有可借鉴之处？在哪些地方可进行优化？提出一定的建议或意见。

第五步：形成 PPT 在班级汇报、讨论和反馈。

反思和总结：

汽车新媒体营销与运营技术

任务评价

评分项	分项要素	评分细则	自我评价	小组评价	教师评价
纪律 （5分）	1. 不迟到； 2. 不早退； 3. 学习用品准备齐全； 4. 积极思考和回答课程问题； 5. 积极参与教学活动	未完成1项扣1分，扣分不得超过5分			
职业素养 （15分）	1. 积极与他人合作； 2. 积极帮助他人； 3. 遵守礼仪礼节； 4. 做事态度严谨、认真； 5. 具备劳动精神，能主动做到场地的6S管理	未完成1项扣3分，扣分不得超过15分			
专业技能 （40分）	1. 能够掌握汽车新媒体营销策划方案的框架； 2. 能够掌握营销策划方案的文案要求； 3. 具有资料搜集和整理的能力； 4. 具有营销策划方案的分析能力； 5. 能够利用Xmind思维导图总结知识点； 6. 能够制订汽车新媒体营销策划方案； 7. 具有团队交流、协作和汇报的能力； 8. 具有一定的创新思维和创意	未完成1项扣5分，扣分不得超过40分			
工具及设备的使用 （20分）	1. 能正确使用电脑、iPad、手机进行资料检索、图片拍摄和处理； 2. 能正确使用场地工具	未完成1项扣10分，扣分不得超过20分			
任务工单填写（20分）	1. 字迹清晰； 2. 语句通顺； 3. 无错别字； 4. 无涂改； 5. 无抄袭； 6. 内容完整； 7. 回答准确； 8. 有独到的见解	未完成1项扣3分，扣分不得超过20分			

项目二　汽车新媒体营销定位与策划

同步测试

一、单选题

1. SWOT 分析法，T 代表（　　）。
   A. 优势　　　　　　B. 劣势　　　　　　C. 机会　　　　　　D. 威胁
2. 下列哪一种表现形式最为直观（　　）。
   A. 文字　　　　　　B. 图片　　　　　　C. 视频　　　　　　D. 音频
3. 内容定位的第三步是（　　）。
   A. 确定目标群体　　B. 选择营销载体　　C. 策划内容包装　　D. 设计转化渠道

二、多选题

1. 汽车新媒体营销定位主要可分为（　　）。
   A. 内容定位　　　　B. 用户定位　　　　C. 策略定位　　　　D. 平台定位
2. H5 是可以集（　　）等多种形式的展示页面。
   A. 文字　　　　　　B. 图片　　　　　　C. 视频　　　　　　D. 游戏
3. 汽车新媒体营销策划活动方案中的环境分析包括（　　）。
   A. 市场状况　　　　B. 竞争状况　　　　C. 消费者状况　　　D. 宏观环境状况

三、判断题

1. 用户意向是一种潜在的心理表现。　　　　　　　　　　　　　　　　　　（　　）
2. 微信平台是一种熟人网络，比较开放互动。　　　　　　　　　　　　　　（　　）
3. 编制活动预算时，是把经费算得越精细越好。　　　　　　　　　　　　　（　　）

技能提升

知识拓展：

根据艾瑞消费研究院自主研究及绘制的《中国汽车行业数字化营销白皮书》，汽车后市场企业营销趋势为：线上数字化营销是重点，企业对线上数字化营销人群定位精准性、链路数据可追踪以及用户的全生命周期运营的需求提升到新的高度，未来兼具整合多种媒体资源的能力以及用户转化和沉淀运营的能力的一体化解决方案成为必然。

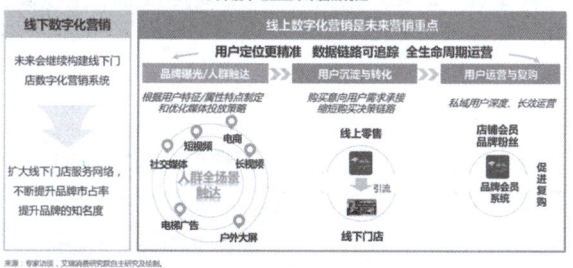

案例分析：

宏光 MINIEV 从产品设计之初到留白和共创活动，将其打造成为一种年轻人的新文化、一种新的出行文化。所以在新的出行文化里就找到了年轻人的共振点，而拥有 80% 可"潮创"面积的这款车，从产品设计之初的预设留白，到产品上市后 180 余场与年轻用户"潮创活动"同频共振，让人们挖掘出了更多的潮创乐趣，短时间内就收获了"最适合潮创的新能源汽车"品牌认知，圈粉无数。

李宁可谓是当之无愧的国民品牌，而同样定位于国民品牌的一汽奔腾在 2021 年与其联名，通过赞助国民运动赛事"五羽轮比"，上演了一次国民化的跨界合作。国民汽车品牌+国民运动品牌+国民羽毛球运动的有机结合，可谓将国民化演绎得淋漓尽致。通过与李宁品牌和赛事的联名捆绑，有效地奠定奔腾品牌在消费者心中的形象，以更好地培养用户忠诚度。

思考题：

上述案例有哪些地方值得我们在日常活动策划中学习和借鉴？

项目三　汽车新媒体图文营销与运营

项目介绍

图文营销是指通过图片和文字的组合,向用户群体传递品牌或产品的信息。在微信公众号、微博、小红书、头条、知乎等新媒体平台上,企业通过发布各种形式的图文内容,如漫画、插画、图片故事等,吸引用户的关注和转发。

截至2023年6月,几乎全部汽车厂商均采用新媒体形式营销,92%厂商官方账号持续发文,仅有44%的厂商持续进行直播;厂商官方账号平均每天发文2篇,每个厂商一年均合作160个KOL,平均每2天与KOL合作1篇。官方账号发文以纯汽车类为主,占比近80%,汽车跨界类内容多涉及娱乐兴趣,人文社科类和家庭家居类篇幅快速增长,图片类内容会配多张图片,篇均4.7张。

为了更好地完成教学目标,达成教学效果,本项目选取汽车新媒体营销软文制作、汽车新媒体图文设计与排版、汽车新媒体H5页面制作和汽车新媒体图文平台运营四大典型工作任务。

汽车新媒体营销与运营技术

知识目标

1. 掌握汽车新媒体营销软文的基本概念；
2. 掌握汽车新媒体营销软文的撰写方法；
3. 熟悉汽车新媒体营销图文设计与排版技巧；
4. 熟悉汽车新媒体 H5 制作方法；
5. 了解汽车新媒体图文平台运营方法。

技能目标

1. 掌握汽车新媒体软文的撰写方法，并能够独立撰写；
2. 能够对汽车新媒体图文版面进行设计和排版；
3. 能够制作汽车新媒体 H5 页面；
4. 能够掌握一定的汽车新媒体图文平台运营方法。

素质目标

1. 培养创新思维和原创精神，能够不断探索新的图文营销理念和技巧；
2. 培养团队合作精神和领导力，能够在团队中发挥积极作用；
3. 增强法律法规意识和伦理观念，能够合规地进行汽车新媒体图文营销活动；
4. 引导关注行业动态和技术发展，不断更新知识和提升自我。

案例引入

任务1 汽车新媒体营销软文制作
Mission one

任务1 微课：
汽车新媒体营销
软文制作

任务描述

软文主要通过报纸、杂志、网络等载体进行宣传，软文有别于传统的硬广告，对于刺激消费者的购买欲望的效果不大相同。本任务将区分软文与硬广告的概念，了解软文的分类，掌握软文的撰写方法和技巧，并尝试编辑一些软文。

任务目标

通过本任务的学习，需要达成以下目标：
1. 掌握软文营销的观念和特点；
2. 了解软文的分类和表现形式；
3. 理解软文对于汽车新媒体图文营销的重要性；

项目三 汽车新媒体图文营销与运营

4. 掌握汽车新媒体软文的撰写方法;
5. 能够培养基础创作和创意思维。

任务分析

要完成本学习任务,可以按照以下流程进行:
1. 学习汽车新媒体营销软文的制作等知识点;
2. 选择一些优秀的汽车类公众号参考学习,分析、总结其往期的软文消息;
3. 根据所学内容和设定的活动主题,编写对应的软文消息;
4. 创建汽车相关的微信公众号并创建、发布软文消息;
5. 软文的汇报与反馈,在班级中进行软文汇报,收集同学和老师的反馈,对软文进行适当调整。

知识准备

一、软文的概念

软文是文案人员基于特定的概念和诉求,将所需宣传的产品或品牌价值与文章内容结合起来,使用户在阅读文章时潜移默化地理解其所要传递的观念。早期的软文,主要是一些刊登在报纸或杂志上的纯文字性的付费类文字广告,现逐步发展为在纸媒、网络媒体和移动媒体上刊登的文章,包括新闻报道、深度文章、企业文化、使用指南等传递企业价值的文章。

新媒体软文营销是通过新媒体平台发布一些丰富、有价值的内容来吸引用户,使其成为意向客户和购买者,而不是通过广告来直接诱导销售。新媒体软文营销可以帮助企业将软文精准地传递给用户,其营销费用低,能够增加新媒体平台流量、增加用户关注数量以及促进交易。硬广告和新媒体软文的区别如表3-1所示。

表3-1 硬广告和新媒体软文的区别

营销类型\比较内容	内容	宣传方式	效果	费用	分享率	用户群体
硬广告	简明直接	广而告之	差	高	低	普通
新媒体软文	间接融入	润物无声	好	低	高	精准

二、软文的分类

1. 新闻型软文

新闻型软文是通过新闻报道和访谈等形式宣传的。汽车企业可以通过发布企业大事件、新产品、服务创新、品牌塑造、企业人文等新闻事件,向社会传递真实信息以及对社会的帮助,让更多的人认识企业、积累企业的品牌知名度。此类软文具有针对用户广泛,可读性强、效果明显、深远等特点。

65

2. 争议型软文

聚焦事件争议点，有争议有冲突才能快速引起社会的关注产生卖点，才能产生更多的关注和评论。但争议型软文要注意价值观念的表述，时刻关注舆论发展的方向。

3. 故事型软文

故事型软文通过讲述某个故事来宣传企业价值或产品，故事不一定和品牌有直接的关联性，但是一定要激发用户的想象，可以联想到企业的品牌。故事型软文可以拉近企业和客户的距离，增加消费者的信任感和好感。

4. 情感类软文

情感一直是广告的重要媒介，该类软文区别于传统广告，其信息传达量大、针对性强。此类软文通过文字勾勒出汽车品牌或产品所传递的生活体验和价值，引起目标消费者的情感共鸣，抢占消费者内心的感情阵地，更容易走进消费者的内心。

5. 科普型文章

汽车产品由于其一直在改进升级，因此需要一定的使用或维护指南。汽车企业广泛发布科普型文章，介绍汽车产品的新技术、新方法、维护技巧等，能加深与用户之间的联系，使其保持长久关注的状态。

6. 促销型软文

促销型软文实际上是一种简单的文字形式，基本上接近于硬广告的形式，这种软文直接配合促销使用，通过"攀比心理""影响力效应"等多种因素，使人们产生购买欲。

三、汽车新媒体软文的制作

软文既然以文章的形式表现，自然就具备了文章的一般结构，如标题、正文（营销内容）、结尾等。

1. 标题

在现今的新媒体营销时代下，人们大都利用碎片化时间获取信息，因此，标题是否具有吸引力，决定了软文的点击率。创造软文的第一步，就是要赋予软文一个吸人眼球、引人阅读的标题。标题的类型如表3-2所示。

表3-2 标题的类型

类型	特征	案例
新颖式	以新鲜的人或事物吸引读者	激活新力量，变形雅阁新力量新登场
数字式	简单、直观、信息一目了然	年销超173万，再次NO.1，这品牌为什么这么牛
疑问式	容易引发读者好奇	白给你一台宾利，月薪多少才能养得起？
利益式	以"利"诱人，点明其利益点	能开这些车的，多半是隐形富豪
感情式	以"情"动人，引发读者共鸣	这头猛兽的低吼响在多少成年男人的睡梦里
紧迫式	核心需求明确、直白、急切	××年度热销SUV排行榜，买车的必须要看！
反差式	反差对比，加强读者好奇心	关于冬天要不要热车，最后一次，再问自杀

项目三 汽车新媒体图文营销与运营

续表

类型	特征	案例
真相式	关键词：亲测、实测、一定	重磅实测！东本 CR‑V"机油门"真相
依附式	蹭名人或名车的热度	它要是上市，曾经红极一时的大众途观也会黯然失色

2. 正文

正文是软文营销的主体部分，可根据本次营销活动的核心价值来确定软文的文字基调。在进行软文编写前，要对整体营销活动宣传内容做规划，对软文的整体结构有一个清晰的安排。汽车的软文可从以下几个方面撰写，以丰富文章的内容：

①产品介绍：介绍汽车的品牌、型号、性能、空间、配置、价格、最新科技等信息，让读者对产品有一个最新的了解。

②技术解析：深入剖析汽车的最新技术和优势，提高文章的专业性和权威性。

③用户评价：引入真实车主的用车体验或车评人的专业测评，提高文章的信任度和说服力。

④行业分析：专家解析当今汽车行业的发展趋势和市场状况，为读者提供有价值的信息。

软文内容撰写时，需要注意以下几个方面：

①标题重点，文章简洁。新媒体软文营销的读者主要是网民，碎片化的阅读，往往是快速的阅读。一般新媒体软文的标题字数控制在 16～20 字，正文字数在 500～1 500 字最为合适。字数太少不足以完整表达软文的信息，而字数过多、篇幅过长，会引起读者的不耐烦。

②换位创作，突出差异。在撰写软文时，要多换位思考，站在读者的角度考虑读者的真正需求，让读者更容易感同身受。介绍产品性能、配置时，要多制造对比信息，塑造差异，帮助读者形成清晰的记忆和印象，从而使其更快地作出决定。

③主题明确，客观中立。软文的编写要紧扣主题、段落清晰、逻辑清楚、突出重点。文章内容表述时要保持客观中立，不可贬低其他产品，否则会使部分读者产生一定的抵触和防御心理。

④内容丰富、生动直观。大部分汽车软文都配有图片，图片不仅能增强软文的说服力，还能生动直观地表达内容。表达数据信息时，也可引入图表信息等，清晰直观地展现出来，如有必要，也可引入一些视频、音频、链接等。

3. 结尾

软文最后要有结尾，一个好的结尾能够升华文章的主题，给读者留下深刻的印象。通常可以采取以下几种方式：

①总结全文。结尾总结软文的主要观点和亮点，再次突出软文的主题，深化读者的印象。

②强调价值。突出软文所推广的产品或服务的优势和价值，让读者感受到软文所传递价值的重要性。

③激发行为。鼓励读者产生相应的行为，如关注、互动、购买产品等。可以使用刺激性语言和优惠措施。

④引发思考。提出一个引人深思的问题，让读者自我思考，继而提高文章的传播效果。

⑤适当留白。留白，让读者自由驰骋，读者可以适当补白、续写，这样的思维阅读会有令人惊奇的收获和非同寻常的深刻体验。

任务实施

实施背景：

汽车新媒体软文营销的重要性在于它具有很高的传播性。软文营销在现代营销中的重要性和作用不可忽视。它具有高传播性、营造良好的品牌形象、建立媒体合作关系和促进销售增长等多重优势。对于企业来说，软文营销已经成为一种不可或缺的营销方式，值得重视和运用。在未来的发展中，随着新媒体技术的不断进步，软文营销也将进一步发展壮大，并为企业带来更多的商机和市场竞争力。

实施目标：

本任务将通过对汽车新媒体软文的制作研究，熟悉软文的概念、结构和撰写技巧，设计并编制符合营销活动宣传的汽车新媒体软文，将宣传效果最大化，吸引更多的读者点击和阅读。

实施过程：

建议按以下步骤完成任务：

第一步：通过微信手机端，选择 10 个与汽车相关的优秀公众号，对其往期所发表的软文信息（标题、正文、结尾等关键信息）进行总结。

第二步：以"××品牌 4S 店双十一促销活动"为主题，创建一篇有新意、有吸引力的宣传软文。

第三步：通过 iOS 或者 Android 应用商城下载订阅号助手 App，创建一个汽车相关内容的订阅号。

第四步：在新创建的订阅号下发布以"××品牌 4S 店双十一促销活动"为主题的宣传软文。

第五步：班级内部交流、汇报，收集同学和老师的反馈，对软文进行适当的调整。

任务工单

任务：汽车新媒体软文制作		实训时长：40 分钟	
姓名		班级		学号	
实训日期		教师		评分	

实训内容：

第一步：在班级内分组，一组人数不超过 4 人。采用教师管理分组流程，学生决定分组的方式完成分组。分组要兼顾个性及能力特长，完成：

（1）任务角色的定义：需要收集资料、标题编写、正文编写、结尾编写等任务主要负责角色，并完成对各角色任务的阐述。

项目三　汽车新媒体图文营销与运营

续表

(2) 任务角色的认领：经过角色的定义和阐述，学生根据自己的兴趣爱好，选择与能力匹配的角色。

1. 角色定义及阐述。

2. 角色分配。

小组成员	角色	特长	主要职责	目标技能

第二步：通过知识学习和小组讨论，选择10个与汽车相关的优秀公众号，选取3条比较新颖、有吸引力的软文消息，分析其优势与不足之处。

项目＼软文	软文1	软文2	软文3
订阅号			
标题			
主题内容			
优势			
不足之处			

第三步：根据所学知识，以"××品牌4S店双十一促销活动"为主题，创建一篇有新意、有吸引力的宣传软文。（注：标题和结尾各设计3种）

续表

标题1： 标题2： 标题3： 正文：   结尾1： 结尾2： 结尾3：

第四步：通过 iOS 或者 Android 应用商城下载订阅号助手 App，创建一个汽车相关内容的订阅号，并发布以"××品牌4S店双十一促销活动"为主题的宣传软文。

订阅号： 软文链接：

第五步：形成 PPT 进行班级汇报、讨论和反馈。

反思和总结：

项目三　汽车新媒体图文营销与运营

任务评价

评分项	分项要素	评分细则	自我评价	小组评价	教师评价
纪律 （5分）	1. 不迟到； 2. 不早退； 3. 学习用品准备齐全； 4. 积极思考和回答课程问题； 5. 积极参与教学活动	未完成1项扣1分，扣分不得超过5分			
职业素养 （15分）	1. 积极与他人合作； 2. 积极帮助他人； 3. 遵守礼仪礼节； 4. 做事态度严谨、认真； 5. 具备劳动精神，能主动做到场地的6S管理	未完成1项扣3分，扣分不得超过15分			
专业技能 （40分）	1. 能够正确下载、注册微信订阅号App； 2. 能够区分各种不同的软文； 3. 能够分析不同软文之间的优劣性； 4. 能够编辑多种软文标题； 5. 能够编辑多种形式的软文正文； 6. 能够对软文进行汇报、总结； 7. 活动软文具有正能量； 8. 活动软文具有一定的创新思维和创意	未完成1项扣5分，扣分不得超过40分			
工具及设备的使用 （20分）	1. 能正确使用电脑、iPad、手机进行资料检索、图片拍摄和处理； 2. 能正确使用场地工具	未完成1项扣10分，扣分不得超过20分			
任务工单填写（20分）	1. 字迹清晰； 2. 语句通顺； 3. 无错别字； 4. 无涂改； 5. 无抄袭； 6. 内容完整； 7. 回答准确； 8. 有独到的见解	未完成1项扣3分，扣分不得超过20分			

71

汽车新媒体营销与运营技术

任务 2　汽车新媒体图文设计与排版
Mission two

任务2微课：
汽车新媒体
图文设计与排版

任务描述

2023年2月，吉利发布了旗下中高端新能源品牌银河宣传海报，并配文"银河　每个人仰望的星空"。也正是这样一句文案，瞬间引爆了一场汽车圈的海报营销"大战"。随后，比亚迪仰望跟进，一句"与你携手　敢越星河"，给了吉利一个温柔的反击，如图3-1所示。紧接着，长安深蓝、猛士科技、岚图、东风风神、启辰、东风风行、睿蓝汽车、极氪、雷达、北汽极狐、奇瑞、星途、哈弗、五菱等，一众汽车品牌也开始跟进这场"接龙"。一时之间，朋友圈呈现出"百花齐放"的景象。这种隔空"内涵"虽然带有一点火药味，但更多也表现出了中国品牌的自信。

图3-1　汽车宣传海报

经过近几年新媒体的快速发展，尤其是疫情时代，加强了汽车新媒体营销的变革。以微信公众号、小红书、头条等为代表的图文营销，依然是企业营销的重要阵地，有短视频和直播无法替代的优势。本任务将了解图文营销的概念和基本形式，掌握图文的设计工具和排版操作要求，并尝试使用微信公众号发布一则图文消息。

任务目标

通过本任务的学习，需要达成以下目标：
1. 了解图文营销的概念和形式；
2. 了解图文设计的相关流程；
3. 理解图文设计与汽车新媒体营销的重要性；
4. 掌握汽车新媒体图文的排版操作方法；

项目三　汽车新媒体图文营销与运营

5. 能够培养基础创作和创意思维。

任务分析

要完成本学习任务，可以按照以下流程进行：
1. 学习汽车新媒体图文设计与排版等知识点；
2. 选择一些优秀的汽车类公众号参考学习，总结分析其往期的图文消息；
3. 根据所学内容和设定的活动主题，进行图文设计和排版；
4. 创建汽车相关的微信公众号并发布图文消息；
5. 图文的汇报与反馈，在班级中进行图文版面汇报，收集同学和老师的反馈，对图文版面进行适当调整。

知识准备

在新媒体营销时代的阅读场景下，美的排版与好的内容是相辅相成的。在碎片化和多样化的新媒体阅读场景下，优质的排版能够减轻阅读压力，让读者可以简单、方便、轻松阅读；也可以把文章的逻辑和重点凸显出来，让读者可以在最短的时间内理解文章所要传达的意思。同时，文章中的文字色调、配图风格、排版样式等，都会影响读者对公众号或品牌的认识，在用户心中形成具有辨识度的品牌调性。本任务的学习主要以微信公众号的图文排版为例，讲解汽车新媒体图文设计与排版。

一、文字

公众号字体设计主要包括字体、字号、颜色三个方面，正文文字排版要迎合大众阅读习惯，确定一个文章排版的标准，固定的文章排版样式可以加深公众号的品牌辨识度，建议以简洁清爽为主。

①字体。公众号后台默认的字体是微软雅黑，但是由于智能手机之间存在适配性的问题，所以字体选择默认即可。

②字号。文章标题的字号建议使用18px、20px，正文的字号建议使用14px、16px，标注和注释性的字号建议使用10px、12px。使用过大的字体文章会缺失美感、不精致，使用过小的字体则会增加读者的阅读压力。如果公众号信息面向的群体是中老年人，字号可选择尽量大些，避免看不清。

③颜色。公众号排版使用的颜色不可超过三种。一般是黑色（正文）+灰色（标注）+品牌色。颜色的选择，最好根据品牌的调性去选择，品牌色饱和度尽量不要过高，应慎重选择，毕竟是代表企业文化形象，也不要随意更换。为了阅读视觉，颜色不宜过亮。

二、段落

公众号段落设计主要包括字间距、行间距、段落、对齐、两侧边距等。

①字间距。字间距是字体之间的距离，后台默认为0，会显得文字间很挤。建议设置为1px或1.5px，最大不要超过2px，适当的字间距会使排版有呼吸感；中文、英文、数字混排时，英文、数字两边留空。

②行间距。行间距是每行之间的距离，后台默认为1。行间距建议设置为1.5px、

73

1.75px 或者 2px，具体设置值可以视公众号风格而定。

③段落。文档采用首行缩进是为了区分段落，但是在公众号文章中，为了使内容简明扼要，突出重点，易于阅读和消化，分段采用了空行的形式。因此，段首不需要空 2 个字符，段落间可根据实际情况进行回车空行。另外，为了避免出现通篇文字的阅读压抑感，建议每三段另起一行。

④对齐。为了使文章更整洁，一般选择两端对齐，否则页面两端会出现凹凸不齐的情况。在手机上阅读，采用两端对齐的方式更简洁，更统一。

⑤两侧边距。两侧边距是指文字两端距离手机屏幕内侧的距离。两侧边距进行适当缩进会让视线更集中，阅读更流畅。建议页边距设置为 1px，一般情况下最多不要超过 5px。

三、配图

合适的配图出现在合适的地方，可以增强文章的表现形式，缓解读者的阅读疲劳，渲染放大读者情绪。图片大小不超过 10 M，一般建议在 1~2 M。配图需要注意以下几点：图片的清晰度，不要有相关水印；避免随意使用图片，要紧扣文章主题和内容；图片所能表达的信息必须明确，让读者一眼就能看出是要说什么；最重要的是不要侵权，不要随意盗用，特别是创作水印的图片。

（1）头尾配图

头部引导图。头部引导图放在公众号文章最前面，可以做成一句简介、引导语或者栏目图。核心作用是引导读者关注账号，价值观念传递、流量转化。

尾部引导图。尾部引导图主要是起到总结和广告展示的作用，很多公众号文章没有尾部引导图，而是添加了往期的内容。

（2）正文插图

正文插图选择时，要注意插图的尺寸大小应一致，插图风格最好统一。正文内容的插图，宽度要跟一行文字的长度一致。如果是人物头像、表情包和小图等，可以缩小尺寸，居中排列，显得更加精致。建议每隔 5~6 段文字插入一张图片作为留白，因为看到大片文字会给读者一种压力感。

四、排版技巧

（1）色调统一，风格一致

色调是图文排版的灵魂。每个优秀的公众号都有其特有的色调。色调是公众号彰显个性最为直观的表达方式。长期固定的色调模板可以加深用户对公众号的印象，形成视觉冲击，产生颜色记忆下的条件反射。主色调最好确定 1 种，最多不超过 3 种。使用统一的主色调能增加阅读的连贯性，如果文章色调五花八门，就会使段落间充满割裂感，让读者眼花缭乱。

（2）主题鲜明，善用强调

文章要主题鲜明，结构清晰。对于标题和核心内容善用强调，强调可以通过增大字号、改变字体颜色、改变字体粗细等方式实现。增大字号，建议使用在标题上。而正文内容的重要观点，使用改变字体颜色和粗细来展现。但要注意全篇文章的统一，不要强调太多或多次变换，通常一句话或者几句词即可。

项目三　汽车新媒体图文营销与运营

（3）有头有尾，注意留白

通过标题、小标题、头部引导图与尾部引导图、二维码、往期文章，实现头尾呼应，增强文章的整体性和连贯性，强化突出主题和中心思想。在文章中善用段落和图片留白，将文章排版得更符合读者的阅读习惯，从而提高文章阅读量和公众号关注量。

任务实施

实施背景：

汽车新媒体图文营销是比较常用的一种营销方式，而微信公众号平台作为汽车新媒体图文营销的重要平台，几乎所有汽车厂商或经销商都开设了微信公众号账号，汽车企业可以通过微信公众号及时发布最新的产品信息、活动信息和企业动向等，有效宣传和推广品牌形象，吸引潜在用户的关注，提高品牌的知名度。

实施目标：

本任务将通过对汽车新媒体图文设计与排版的研究，通过模仿点击率高、评论数多的汽车公众号创建图文消息、发布频率等，建立粉丝黏性大且有内容有亮点的账号，以帮助学生加深对任务的理解。

实施过程：

建议按以下步骤完成任务：

第一步：通过微信手机端，选择10个与汽车相关的优秀公众号，对其往期所发表的图文信息（图片、文字、头部、尾部、表情包等）进行总结。

第二步：对任务1中完成的以"××品牌4S店双十一促销活动"为主题的软文进行图文设计，加入头部、尾部、图片等元素。

第三步：通过iOS或者Android应用商城下载订阅号助手App，创建一个汽车相关内容的订阅号。

第四步：在新创建的订阅号下发布以"××品牌4S店双十一促销活动"为主题的图文消息。

第五步：在班级内部交流、汇报，收集同学和老师的反馈，对图文进行适当的调整。

任务工单

任务：汽车新媒体图文设计与排版		实训时长：80分钟	
姓名	班级		学号
实训日期	教师		评分

实训内容：

第一步：在班级内分组，一组人数不超过4人。采用教师管理分组流程，学生决定分组的方式完成分组。分组要兼顾个性及能力特长，完成：

（1）任务角色的定义：需要收集资料、配图选择、文字排版、头尾部设计等任务的主要负责角色，并完成对各角色任务的阐述。

（2）任务角色的认领：经过角色的定义和阐述，学生根据自己的兴趣爱好，选择与能力匹配的角色。

续表

1. 角色定义及阐述。

2. 角色分配。

小组成员	角色	特长	主要职责	目标技能

第二步：通过知识学习和小组讨论，选择 10 个与汽车相关的优秀公众号，选取 3 条比较新颖、有吸引力的图文消息，分析其优势与不足之处。（注：图片可打印粘贴）

图文消息 项目	图文消息 1	图文消息 2	图文消息 3
订阅号			
标题			
正文配图			
头、尾部设计			
可借鉴			

第三步：对任务 1 中完成的以"××品牌 4S 店双十一促销活动"为主题的软文进行图文设计，加入头部、尾部、图片等元素。（注：图片可打印粘贴）

标题：

正文：

正文配图：

头部配图：

尾部配图：

链接：

项目三　汽车新媒体图文营销与运营

续表

第四步：通过 iOS 或者 Android 应用商城下载订阅号助手 App，创建一个汽车相关内容的订阅号，并将以"××品牌 4S 店双十一促销活动"为主题的宣传图文消息排版后进行发布。

订阅号：

图文链接：

页面（截图打印）：

第五步：将制作完成的图文消息进行展示，在班内进行汇报、交流和反馈。

反思和总结：

汽车新媒体营销与运营技术

任务评价

评分项	分项要素	评分细则	自我评价	小组评价	教师评价
纪律 （5分）	1. 不迟到； 2. 不早退； 3. 学习用品准备齐全； 4. 积极思考和回答课程问题； 5. 积极参与教学活动	未完成1项扣1分，扣分不得超过5分			
职业素养 （15分）	1. 积极与他人合作； 2. 积极帮助他人； 3. 遵守礼仪礼节； 4. 做事态度严谨、认真； 5. 具备劳动精神，能主动做到场地的6S管理	未完成1项扣3分，扣分不得超过15分			
专业技能 （40分）	1. 能够正确选择字体； 2. 能够正确选择配图； 3. 能够选择引用、链接等外部元素； 4. 能够对图文进行正确的排版； 5. 能够分析图文消息优、劣势； 6. 能够正确发布微信订阅号消息； 7. 具有团队交流、协作和汇报的能力； 8. 具有一定的创新思维和创意	未完成1项扣5分，扣分不得超过40分			
工具及设备的使用 （20分）	1. 能正确使用电脑、iPad、手机进行资料检索、图片拍摄和处理； 2. 能正确使用场地工具	未完成1项扣10分，扣分不得超过20分			
任务工单填写（20分）	1. 字迹清晰； 2. 语句通顺； 3. 无错别字； 4. 无涂改； 5. 无抄袭； 6. 内容完整； 7. 回答准确； 8. 有独到的见解	未完成1项扣3分，扣分不得超过20分			

项目三　汽车新媒体图文营销与运营

任务3　汽车新媒体 H5 页面制作

Mission three

任务3 微课：
汽车新媒体 H5
页面制作

任务描述

H5 页面是新媒体营销的重要手段，好的创意很容易在朋友圈刷屏，并引起广泛传播。H5 页面可以播放音频、视频，具有动画效果，还可以与用户进行互动，提供更好的用户体验。H5 页面通常用于新媒体营销，如企业宣传、产品推广、品牌展示等，可通过丰富的内容和互动的形式吸引用户参与，提高用户黏性和转化率。

本任务将了解 H5 页面的概念和基本形式，掌握 H5 页面的制作工具和方法，并尝试使用这些制作工具完成 H5 页面的制作并分享传播。

任务目标

通过本任务的学习，需要达成以下目标：
1. 明确 H5 页面的含义和传播特点；
2. 了解 H5 页面的分类和表现形式；
3. 理解 H5 页面对于汽车新媒体营销的重要性；
4. 掌握 H5 页面制作工具设计 H5 作品的方法；
5. 能够培养基础创作和创意思维。

任务分析

要完成本学习任务，可以按照以下流程进行：
1. 学习汽车新媒体 H5 页面制作等知识点；
2. 选择一个熟悉或者感兴趣的汽车品牌，并选取该品牌的促销活动一则；
3. 根据所学内容，为选择的促销活动进行 H5 页面制作；
4. 创意头脑风暴：在小组内进行头脑风暴，讨论每位组员制作的 H5 页面；
5. 汇报与反馈，在班级中进行 H5 页面展示汇报，收集同学和老师的反馈，对 H5 页面进行适当调整。

相关知识

一、认识 H5

H5 是指第 5 代 HTML（超文本标记语言），也指用 H5 语言制作的一切数字产品。HTML5 是互联网的下一代标准，是构建以及呈现互联网内容的一种语言方式，被认为是互联网的核心技术之一。在移动设备上对多媒体的支持是 H5 在交互和功能方面优于 H4 的主要

79

优势之一，简单来说，移动端呈现的幻灯片、游戏和邀请函都是 H5 页面，与通常在网上看到的网页几乎相同，通过分享链接，用户可以访问网页，查看广告中的内容，并参与其活动。

对于新媒体来说，H5 可以集成应用程序、视频、动画、图形、游戏和其他数字内容发布工具，具有广泛的网络效应。

二、H5 页面的特性

在当前的新媒体营销时代，H5 页面已经成为吸引并留住用户的重要工具，它通过微信和朋友圈迅速传播，并凭借无须下载即点即用的属性迅速走红。企业借助 H5 页面在跨平台、富媒体、高交互、数据统计和分析等方面的优质特性达到了更理想的营销效果。

1. 跨平台传播

H5 页面具有良好的跨平台兼容性，无论是在电脑端、手机端等设备，或 Chrome、Safari 等浏览器，还是在不同的操作系统，H5 页面都可以完美运行，不需要进行额外的适配工作，开发者可以用同一套代码适配不同的终端，大大降低了开发的工作量。

与 App 不同，H5 页面不需要用户下载安装，不占用内部空间，只需借助浏览器打开访问，大大提高了用户的使用便利性。H5 页面可以根据不同的屏幕尺寸和设备特性适配处理，确保在各种移动设备上都能提供良好的用户体验。由于其跨平台传播的特性，企业可以通过在社交媒体上发布有吸引力的内容，引导用户点击链接进入页面，且通过社交媒体易实现一键转发，有效驱动"裂变式营销"，从而实现用户的引流与转化。

2. 富媒体展示

所谓富媒体内容，是区别于诸如文字、图片等传统的静态内容，具有丰富的多媒体特性的内容，例如动画、视频、声音、交互、手机功能（如定位、游戏）等。富媒体内容可以提供更加生动、吸引用户的体验，有助于吸引用户的注意力，增加用户的活跃时长，并提高用户对产品或服务的兴趣。

同时，H5 页面可以实现高度的可定制化服务，能够根据目标用户和市场的需求进行个性化设计和开发，可以根据不同的场景、不同品牌需求进行灵活风格和功能的定制，使页面呈现出独特的视觉效果和用户交互体验。

3. 高交互体验

相比于传统的广告宣传和网络宣传的方式，H5 页面更注重与用户的互动，通过调查问卷、抽奖、游戏、邀约等形式，引导用户参与，增加用户的黏性和参与度。互动可以提高用户对品牌的认知和好感，也可以获取用户的反馈和需求，进一步优化营销策略。

同时，H5 页面可以与硬件设备进行交互，如使用摄像头、地理定位、语音等功能，为用户提供更加便捷的服务。H5 页面还提供了丰富多样的界面交互效果，比如动画效果、过渡效果、页面滑动等，为用户带来更加丰富的视觉体验。

4. 易统计维护

H5 页面是基于 Web 开发的，开发者可以直接在服务器端进行修改和更新，无须用户重新下载和安装，易于开发者后期的信息和页面更新，减轻了开发者的工作压力。H5 页面内置了数据统计和分析功能，可以实时监测营销活动的各项数据，为后续优化提供数据支持。

新媒体 H5 页面作为一种新兴的传播媒介，还具有操作简便、开发成本和门槛低的特点，其特点的集合带来了较大的发展空间。随着新媒体营销技术的不断精进和变化，H5 页面的制作将越来越趋向于个性化、社交化和智能化。

三、H5 页面的分类

根据营销活动需求的不同，企业需要设计制作不同的 H5 页面，才能更好地融入活动信息，提升宣传效果。汽车新媒体 H5 页面形式多种多样，常见的主要有以下几种：

1. 活动类 H5 页面

主要以分享传播为主要目的，用户做任务并分享好友将获得奖励，这类活动常常搭配游戏类组合使用。

图 3－2 所示为蔚来 H5 页面，该 H5 页面标题为"加入蔚来 共创未来"。其设计文案和创意思路如下：

①首页显示：人生是选择的总和，从 ABCD 到专业、职业，用不断超越的态度走自己选择的路，总能从新手学车到赛场飞驰，领略路边更多风景。

②答题闯关，蔚来发现之旅，探秘你的蔚来基因，单击开始答题。

③一共有五道题，每道题答完后可以跟随指引拖拽地图或者单击下一题直接到达，第一题，欢迎来到 NIO House，你想驾驶哪辆车？第二题，去试驾吧，尴尬，一直倒车失败怎么办？第三题，在爱驾上刻上自己的印记，你会印什么？第四题，出发，你想去哪里驰骋？第五题，眨眼到了 2050 年，汽车世界是什么样的？

④最后答完题，会生成一张海报，显示用户的蔚来基因是什么，用户可以选择再试一次或者加入蔚来。

图 3－2 蔚来 H5 页面

2. 游戏类 H5

游戏类 H5 有很多种形式，可以是抽奖、集赞等小游戏，通过把产品或者品牌价值植入游戏中，在用户体验游戏时，潜移默化地传递 H5 的价值。

图 3－3 所示为长安 H5 页面，其主题是"约 FAN 拼团大作战"。这是一款长安汽车官方出品的趣味拼图游戏 H5 页面，旨在通过简单的游戏活动来宣传自身品牌。首页为封面

页，背景图是杭州的一座桥和几辆长安汽车，游戏的主体是拼图小游戏，在规定的时间内必须把图片的顺序调整正确，才能完成游戏。作为长安汽车出品的品牌宣传 H5 页面，其很好地借用了杭州的文化底蕴和风土人情来宣传借势，以丰富的奖励来吸引用户，以拼图的互动游戏形式来优化内容，从而方便在用户间传播。

图 3-3　长安 H5 页面

3. 品牌类 H5 页面

品牌类 H5 页面主要是通过图片、视频、动画等形式展现企业品牌的价值观，重点在于塑造品牌形象，传达品牌理念。

图 3-4 所示为欧拉 H5 页面，其主题是"让欧拉带你开启轻奢生活"。欧拉汽车是长城汽车旗下一款偏向女性用户的新能源汽车品牌，为宣传汽车品牌，长城汽车以女性生活为切入口推出了一款翻页动画 H5 页面，力求更多人关注这款汽车。

图 3-4　欧拉 H5 页面

4. 展示类 H5 页面

展示类 H5 页面主要突出感官体验，可进行活动宣传、客户邀约、产品介绍等，需对画面、设计、背景音乐、视频效果等仔细打磨，突出观看体验，加强展示效果。

传祺 H5 页面（见图 3-5）的主题是"传祺 GS8　为征服而来"，旨在通过模拟的朋友圈形式来宣传传祺 GS8 汽车。单击该 H5 页面链接，加载完成即进入 H5 首页，其整体上模拟了朋友圈的内容，朋友圈用户即为传祺 GS8 汽车。该 H5 页面在整体上最大的创意点为模拟了朋友圈的用户，将产品的视频展示广告和图文广告模拟成用户的朋友圈消息，使用户查看广告时有了一定的代入感。

图 3-5　传祺 H5 页面

5. 测试类 H5 页面

测试类 H5 页面一般导入一些故事情节和时事或与节日营销热点相结合，其采用答题测试的形式，通过几道问答题，测试用户某一方面的特质。因为用户的操作流程都比较相似，所以测试过程中的动画特效与不同的测试主题就成为测试类 H5 页面制作时最核心的要素。

图 3-6 所示为长安 H5 页面，其主题是"奥运冠军邀你挑战征途之极"，旨在通过趣味小游戏中的品牌元素来宣传自身品牌。根据规则选择用户所到过的极东、极西、极南和极北的城市，选择完以后单击"确定"按钮系统会自动将红旗插在所选择的城市上，最后系统会根据选择的结果来显示用户的性格特征。其最大的创意点在于让用户选择自己所到过的四个方位，结合方位来测试，由于每个用户的选择不同，所以体验感也不同，感受极为丰富。

图 3-6　长安 H5 页面

四、H5 页面的制作

H5 页面已经成为汽车企业在新媒体营销领域必不可少的重要内容载体，汽车企业都纷纷采用 H5 页面的形式展现汽车新产品性能并推广汽车品牌价值和服务等。为了达到 H5 页面宣传的营销效果，学生必须具备 H5 页面的设计和制作知识。

1. H5 页面的制作工具

H5 页面制作平台的功能需简单易操作，基础功能有素材模板、修改图层、添加文本、添加动画、设置背景音乐、插入图片、使用特效组件、全局设置、预览和发布等。H5 页面制作工具有很多，如 MAKA、易企秀、人人秀、兔展、iH5、最酷等，手机、电脑端都可以操作。

本任务以易企秀平台为基础制作 H5 页面，界面如图 3-7 所示。易企秀定位简单翻页模板 H5，面向普通用户，用户可以发布模板。易企秀平台拥有海量模板，主要包括电子邀请函、人才招聘、电子画册、通知公告、节假日等类型，用户可以直接选取合适的模板并修改后使用，操作简单，易上手。

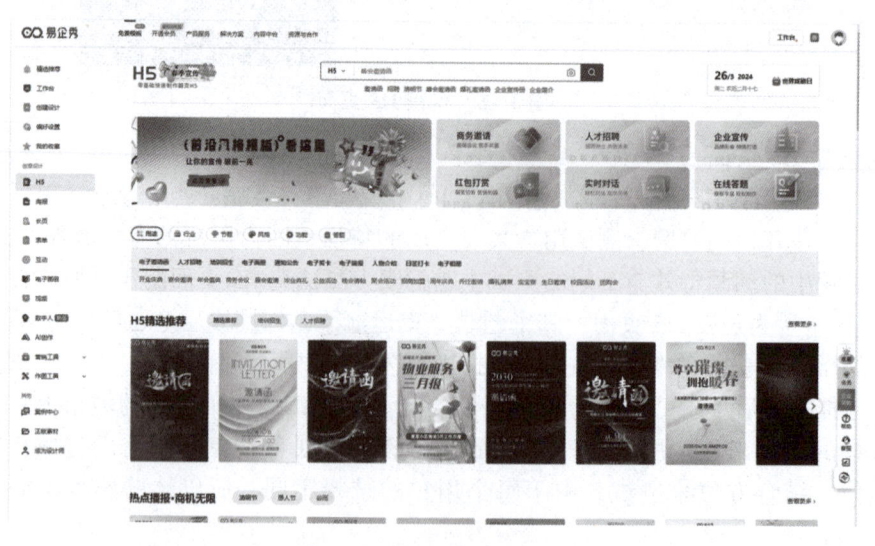

图 3-7　易企秀平台界面

项目三　汽车新媒体图文营销与运营

用户可通过单击主界面右上角进入工作台，工作台主要设置内容中心、推广中心、客户中心、团队中心和扩展服务。用户可进入空白模板进行创作，设计符合营销活动需求的 H5 页面，如图 3-8 所示。

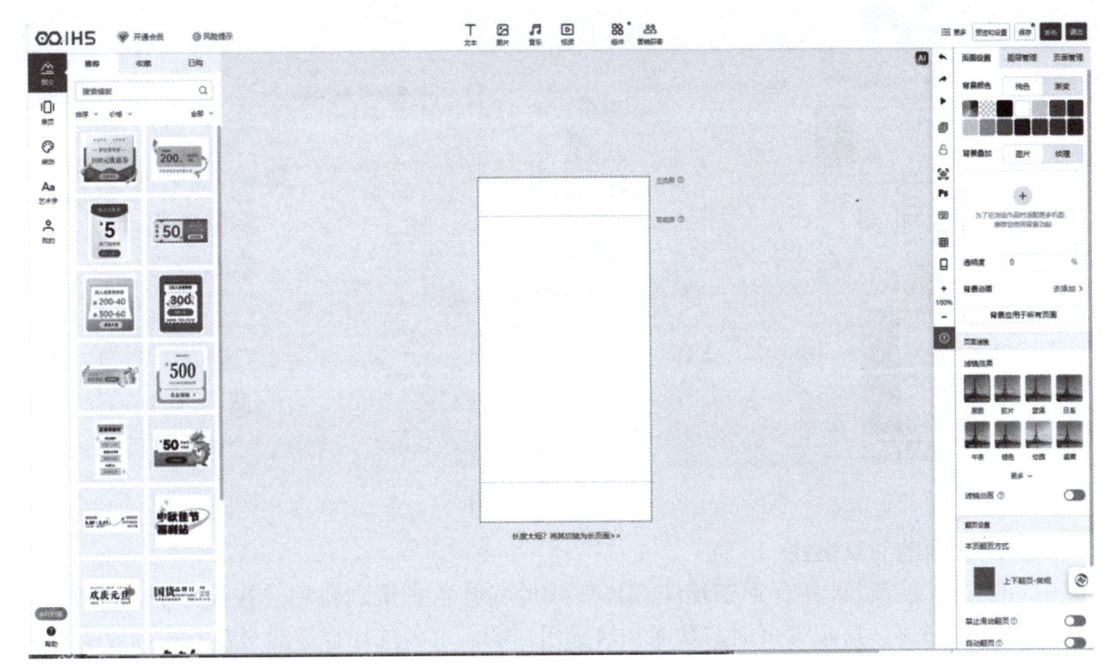

图 3-8　易企秀空白 H5 制作界面

空白 H5 制作界面的左侧是现成的图文、艺术字和装饰等元素，可直接选择元素插入至 H5 界面。界面上端是功能区，包括文本、图片、音乐、视频、组件和营销获客。界面右侧是编辑区，有页面设置、图层设置和页面管理。页面设置包括背景设置、页面滤镜和翻页设置等；图层设置可将不同的元素上下移动，更改其可见性；页面管理可对不同的常规页进行复制、粘贴、删除，也可移动页面顺序。界面右上角可进行保存、发布、预览和设置等操作。

2. H5 页面的内容设计

确定 H5 页面的内容，首先要明确 H5 页面营销的目的，是提高汽车产品曝光率，增加公众号关注量，还是引导消费行为？这将在很大程度上决定 H5 页面的内容方向。其次要明确 H5 页面所面向的目标受众，不同的用户有不同的审美观点和使用习惯，应考虑用户的需求和喜好。最后要根据营销活动主题确定 H5 页面内容，深化营销痛点，进而传递内容价值。

图片是常见的 H5 页面元素，可通过界面上端插入相应图片。插入图片后，选中要修改的图片，会弹出组件设置窗口，如图 3-9 所示，有样式、动画、触发三个设置分窗口。样式分窗口可对图片进行裁切、抠图、翻转、滤镜和调整透明度等操作；动画分窗口可设置动画插入效果；触发分窗口可设置跳转链接/界面、播放视频/音频/动画等。

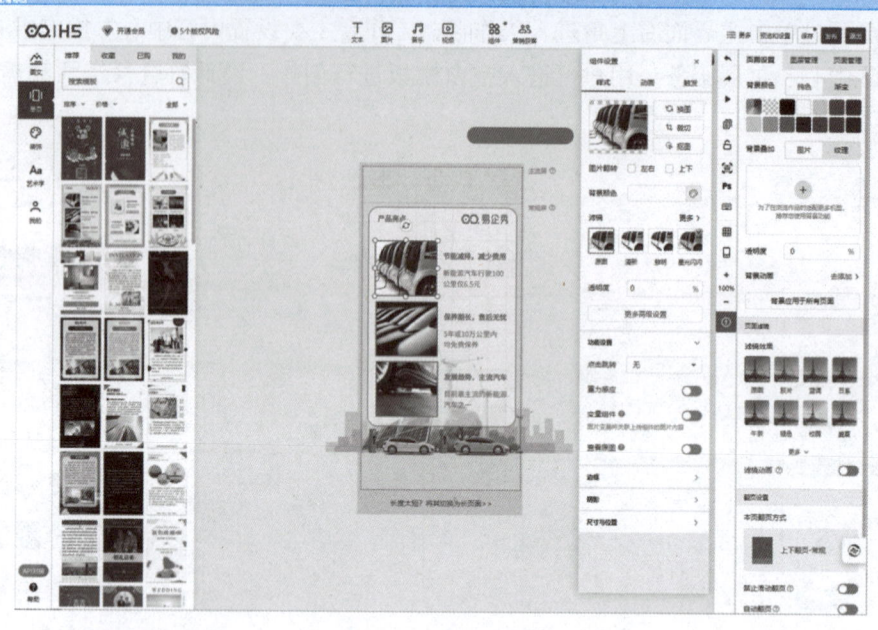

图 3-9 图片编辑

3. H5 页面的交互设计

H5 页面的交互设计是有别于传统媒体形式的一个独有策划流程。在设计交互效果时，交互设计不宜过多，应根据页面的功能和目标用户的需求，选择合适的交互方式和效果。交互设计以内容场景为基础，设计合适的交互环节，再利用动画、音频、视频、游戏等环节增强页面的交互效果。

组件是常见的 H5 页面功能元素，可通过界面上端插入相应的组件，如图 3-10 所示。组件主要包括五大类，分别是视觉、交互、趣味、特效和导航。视觉主要有数据图表、立体

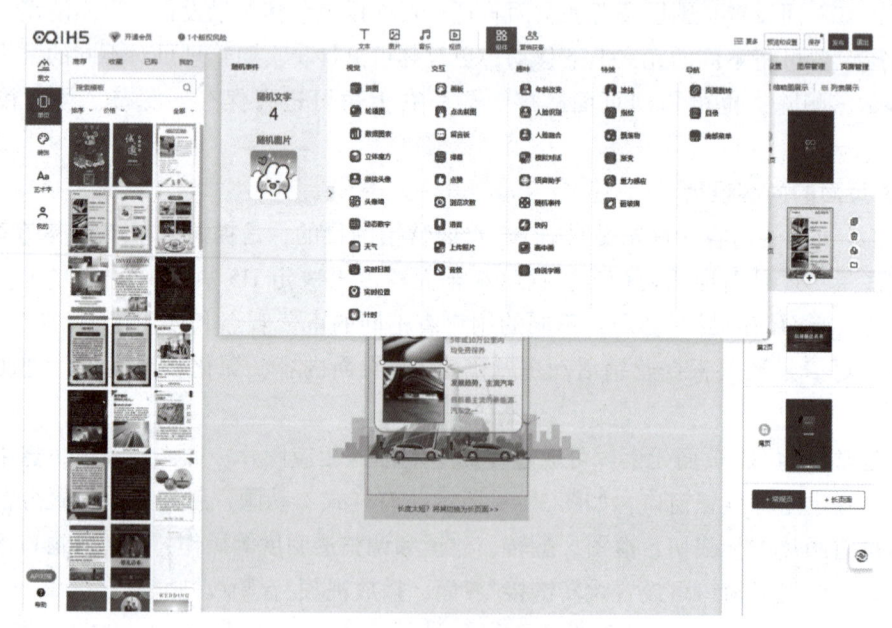

图 3-10 组件选择

魔方、动态数字、天气、实时日期、计时等。交互主要有留言板、弹幕、点赞、音效等。趣味主要有人脸识别、模拟对话、语音助手、快闪、画中画等。特效有涂抹、指纹、飘落物、渐变和重力感应等。导航有页面跳转、目录和底部菜单。

4. H5 页面的视觉设计

H5 页面的内容风格调性要与产品调性相符合，尽量选取符合目标受众品位和认知的风格，应注重色彩搭配、版面布局、动画效果和交互体验等方面的细节优化，也可以通过重力感应、AR/VR、360 全景、多屏互动等方式，提高 H5 页面的吸引力和用户参与度。

视觉效果需要通过 H5 页面预览，可单击界面右上角的"预览"按钮，界面如图 3–11 所示。在页面右侧的设置区，可设置 H5 页面标题、封面和相关描述，更改 H5 页面的翻页方式和分享限制等。在页面左侧的展示区，可通过上下翻页，预览 H5 页面的展示效果。

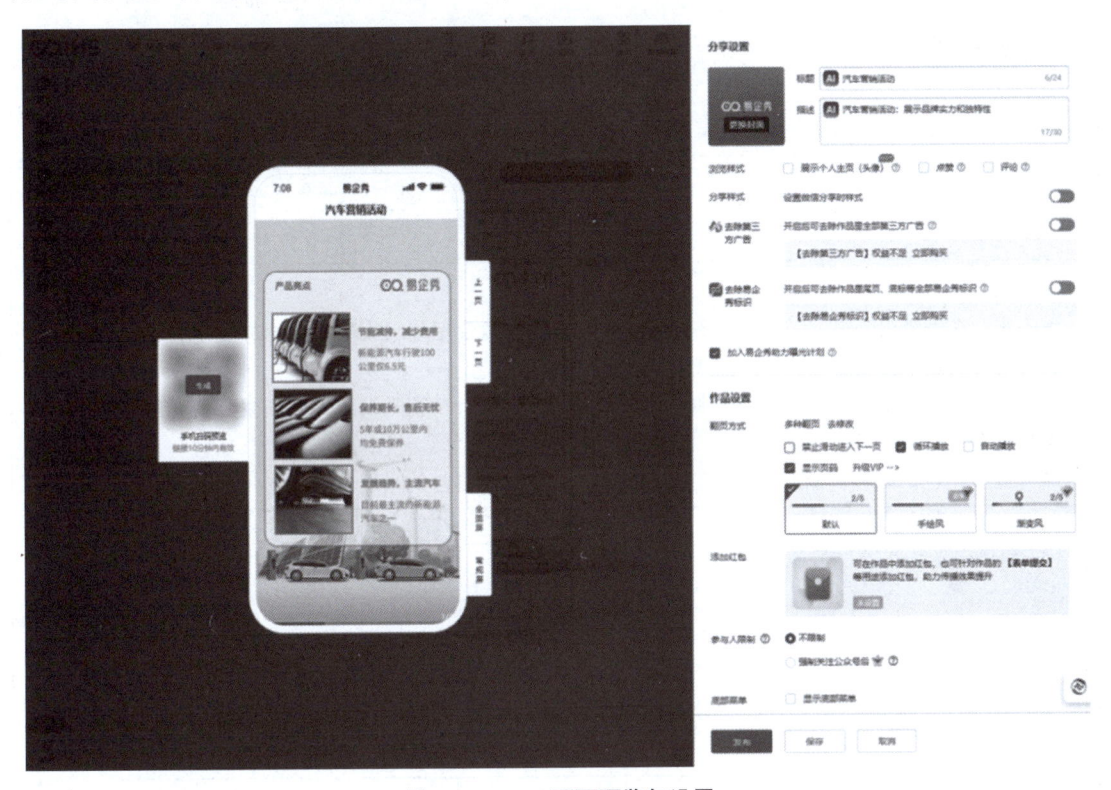

图 3–11　H5 页面预览与设置

任务实施

实施背景：

随着新媒体营销模式的快速发展，H5 页面作为汽车新媒体营销的重要载体，具有跨平台、便捷、易于传播等特点，具有广阔的应用前景。同时，H5 页面的制作相对简单，成本较低，对汽车企业来说具有较高的性价比。各车企或经销商纷纷利用 H5 页面进行产品介绍与销售、品牌推广、价值传递，吸引用户参与互动，提升品牌关注度和影响力。

实施目标：

本任务将通过制作汽车新媒体 H5 页面，熟悉 H5 页面的概念、特性、分类和制作技巧，

汽车新媒体营销与运营技术

设计并制作符合营销活动宣传的 H5 页面，提升活动宣传效果，增强品牌知名度和用户黏性。

实施过程：

建议按以下步骤完成任务：

第一步：选择 1 个熟悉或者感兴趣的汽车品牌，并选取该品牌的促销活动 1 则。

第二步：根据所学知识，为该促销活动进行 H5 页面内容设计、交互设计、视觉设计。

第三步：根据所学知识，利用易企秀平台制作 H5 页面。

第四步：根据所制作的 H5 页面，在小组内展开交流讨论，优化完善。

第五步：将 H5 页面进行班内交流、汇报，收集同学和老师的反馈，对 H5 页面进行适当调整。

任务工单

任务：汽车新媒体 H5 制作				实训时长 80 分钟	
姓名		班级		学号	
实训日期		教师		评分	

实训内容：

第一步：在班级内分组，一组人数不超过 4 人。采用教师管理分组流程，学生决定分组的方式完成分组。分组要兼顾个性及能力特长，完成：

（1）**任务角色的定义**：需要收集资料、内容设计、交互设计、视觉设计等任务主要负责角色，并完成对各角色任务的阐述。

（2）**任务角色的认领**：经过角色的定义和阐述，学生根据自己的兴趣爱好，选择与能力匹配的角色。

1. 角色定义及阐述。

2. 角色分配。

小组成员	角色	特长	主要职责	目标技能

项目三　汽车新媒体图文营销与运营

续表

第二步：通过知识学习和小组讨论，选择 1 个熟悉或者感兴趣的汽车品牌，并选取该品牌的促销活动 1 则。

汽车品牌：

活动时间：

活动内容：

第三步：根据所学知识，为该促销活动进行 H5 页面的内容设计、交互设计、视觉设计。

内容设计（主题、文案、图片等）：

交互设计（动画、视频、游戏等）：

视觉设计（过渡、重力感应、多屏等）：

第四步：根据所学知识，利用易企秀平台制作 H5 页面。

链接或二维码：

页面（截图打印）：

续表

第五步：将制作完成的 H5 页面进行展示，在班内进行汇报、交流和反馈。

反思和总结：

任务评价

评分项	分项要素	评分细则	自我评价	小组评价	教师评价
纪律 （5分）	1. 不迟到； 2. 不早退； 3. 学习用品准备齐全； 4. 积极思考和回答课程问题； 5. 积极参与教学活动	未完成1项扣1分，扣分不得超过5分			
职业素养 （15分）	1. 积极与他人合作； 2. 积极帮助他人； 3. 遵守礼仪礼节； 4. 做事态度严谨、认真； 5. 具备劳动精神，能主动做到场地的6S管理	未完成1项扣3分，扣分不得超过15分			

项目三 汽车新媒体图文营销与运营

续表

评分项	分项要素	评分细则	自我评价	小组评价	教师评价
专业技能（40分）	1. 能够正确使用 H5 制作工具； 2. 能够区分并选择使用不同类型的 H5 页面； 3. 能够对 H5 页面进行内容和版式设计； 4. 能够对 H5 页面进行交互设计； 5. 能够对 H5 页面进行视觉设计； 6. 能够正确发布和分享 H5 页面； 7. 具有团队交流、协作和汇报的能力； 8. 具有一定的创新思维和创意	未完成 1 项扣 5 分，扣分不得超过 40 分			
工具及设备的使用（20分）	1. 能正确使用电脑、iPad、手机进行资料检索、图片拍摄和处理； 2. 能正确使用场地工具	未完成 1 项扣 10 分，扣分不得超过 20 分			
任务工单填写（20分）	1. 字迹清晰； 2. 语句通顺； 3. 无错别字； 4. 无涂改； 5. 无抄袭； 6. 内容完整； 7. 回答准确； 8. 有独到的见解	未完成 1 项扣 3 分，扣分不得超过 20 分			

任务4 汽车新媒体图文平台运营
Mission four

任务4 微课：汽车新媒体图文平台运营

任务描述

随着汽车新媒体营销的逐渐普及，汽车新媒体运营成为各企业日常必须开展的工作。汽车新媒体图文平台运营要求运营专员能够在新媒体图文平台进行日常图文发布、维护和更新交互，要求其建立有效的运营机制，提升粉丝活跃度，增加账号内容的曝光率。

本任务将了解探索当下优秀的汽车新媒体图文运营的技巧，了解不同图文平台运营与管

汽车新媒体营销与运营技术

理的区别，并尝试掌握小红书 App 平台的图文发布和运营方法。

任务目标

通过本任务的学习，需要达成以下目标：
1. 掌握图文运营的概念；
2. 了解图文运营的基本内容；
3. 理解图文运营的技巧；
4. 了解不同图文平台运营与管理的区别；
5. 掌握小红书 App 的图文发布和运营方法。

任务分析

要完成本学习任务，可以按照以下流程进行：
1. 学习汽车新媒体图文平台运营等知识点；
2. 选择几个比较活跃的汽车品牌或经销商的小红书账号，收集其发布的软文推广、图文消息、粉丝运营等；
3. 根据所学内容对其小红书运营的相关内容进行分析（包括图文消息、短视频和软文推广、粉丝运营等）；
4. 创建一个汽车相关内容的小红书账号，发布本项目任务 1 的相关笔记；
5. 方案汇报与反馈：在班级中进行方案汇报，收集同学和老师的反馈，对方案进行适当的调整。

相关知识

一、图文平台运营的含义

图文平台运营是指在图文平台上，对图文内容的策划、推广、运营和维护管理等一系列活动。图文平台运营的目的是更加生动直观地展现企业产品或品牌形象，增加用户的体验感和黏性。

二、图文平台运营的技巧

1. 汽车新媒体图文平台

常见的新媒体图文类平台有百家号、头条号、大鱼号、企业号、微信公众号、小红书和知乎等。其中在汽车新媒体图文营销中应用较为广泛的是头条号、微信公众号和小红书等。

（1）头条号

头条号是中国最大的新闻资讯类 App 之一，随着新媒体的兴起，今日头条以其独特的算法和广泛的内容库吸引了大量用户。据《2022 今日头条营销价值洞察报告》描述，头条号账号总数已超过 237 万，每周超 200 万创作者在媒体发文。每天内容阅读/播放量超 50 亿次。海量内容在推荐算法加持下兼顾公、私域，实现精准分发与高效触达，真正达成"既多且精"的传播效果。

项目三　汽车新媒体图文营销与运营

今日头条汽车领域的创作者们，涵盖硬核大佬、驾校老司机、资深编辑、测评大拿等。创作者发布图文信息，聊热点、讲性能、真试驾、教车技，传递汽车专业知识与实用干货，既满足了消费者决策中的感知需求和参考需求，又提供了诸多汽车品牌的多维度的关键核心信息，实现高效种草，激活消费决策。

（2）微信公众号

微信公众号是较为主流的新媒体平台，属于熟人网络，专注于私域领域。其优点在于平台对内容的开放度更大，适合缓慢积累粉丝，以粉丝订阅为主。微信公众号的账号类型主要有四类，分别是订阅号、服务号、小程序和企业微信。订阅号主要用于给用户传达资讯，适用个人、媒体、企业政府或其他组织，1天内可群发1条消息，且全部集中在"订阅号信息"中。服务号用于为企业和组织提供更强大的业务服务和用户管理能力，偏向于服务功能，1个月内可群发4条群发消息，显示位置在聊天列表中。

（3）小红书

小红书是一个生活方式平台和消费决策入口。在小红书社区，通过文字、图片、视频笔记的分享，记录自己的美好生活。目前，小红书已经撕去"时尚""美妆"的标签，与更多大众生活绑定在一起。男性用户数量在不断增加，男性比例已经占到30%，汽车兴趣用户占比增加。小红书对于内容营销，是将产品融入场景，在介绍汽车产品和推广品牌时，不单单讨论车型、价位，而是将汽车置于生活场景中，生产出贴近真实体验的内容。通过借势车主的影响力和真实内容共情，品牌可以在小红书快速放大体验价值，增强与用户之间的黏性。

2. 汽车新媒体图文平台运营管理

①调性统一，排版合理。汽车新媒体图文平台账号的调性是汽车企业最直观的表达，账号形象、发布内容、风格需一致。图文排版要简洁大方，带有关注标志、二维码标志和公司图片等固定元素。明确统一的调性，可以增强平台的用户黏性和品牌辨识度。

②结合热点，策划内容。为了吸引用户注意，增加图文的点击率和阅读量，通常需要关注一些热点事件和热搜话题，结合企业的内容发布信息，形成相关的图文消息发布。热点事件和热搜话题需要运营人员经常关注一些新媒体平台，及时更新发布。

③适时发布，合理运作。图文消息的发送要遵循用户的阅读习惯和规律，且形成一定的规则模式，如设置固定的推送频率、推送时间、推送数目，定期进行用户维护、统计分析等。以微信公众号为例，推送频率最好一周不要超过5次，太多了会影响用户体验，太少了也不能引起用户注意。

④掌握算法，增加曝光。深入分析每个新媒体图文营销平台的算法，利用好内容分类、关键词和标签的设置，注意正文中字词的频率和性质，从而增强图文消息的曝光率。

⑤多平台运营，矩阵式推广。想要在全网获得广泛的关注，一般来说，要选择一个主流图文平台作为主要阵地，且在其他平台上同时推送，打造相同的平台账号，不断扩大品牌的宣传覆盖面，实现矩阵式推广。

⑥商业合作，异业联盟。通过KOL与异业合作，借助KOL本身存在的强大流量和粉丝基础，为自己的品牌导流新用户，增加企业关注度和提升品牌知名度。常见的KOL合作方式有KOL转发内容、KOL创作发文和KOL主角营销。

汽车新媒体营销与运营技术

3. 汽车新媒体图文平台维护管理

①定期活动，吸粉宣传。定期组织图文平台线上活动，线下销售，推出服务环节宣传图文平台的账号二维码，用来吸引粉丝和会员。各类线上线下的广告信息等均要尽量展示图文平台信息。

②粉丝管理，日常维护。培养粉丝订阅的习惯，图文平台发布适合目标群体的文章，净化无效粉丝，日常与粉丝展开消息互动和活动联系，以个性化的图文活动增强客户的黏性，提供更加直接的互动体验。

③线上宣传，线下推广。汽车新媒体图文营销主要是向用户介绍汽车产品和传递品牌价值，无法直接产生实际的购买行为。要注意线下门店的销售转化，线下门店可以进行扫描关注送礼活动、户外广告、客户主动推荐等，促进图文营销的效果，实现线下门店实际销售。

④交流互动，售后服务。图文平台具有交互的功能，部分平台还能与客服之间联系，因此，需要设定专门的客服人员，对客户的需求进行实时沟通，解决汽车售前、售中和售后全方位的服务，提供贴心的意见，提升用户体验。

⑤网络管理，关注舆论。加强网络管理，有效引导网络舆论。对于网上的不良信息和谣言等，很大程度上会伤害汽车企业的形象，要时刻注意网络舆情，安排专人负责管理维护。当然，汽车企业也要根据国家有关法律法规制定评论管理制度，有效地管理网络舆论氛围。

4. 小红书 App 运营与管理

小红书主界面分为 4 大板块和导入窗口，4 大板块分别为首页、购物、消息、我。在首页界面中，有推荐、发现和位置等 3 个分窗口，发现界面可以选择不同的类别，如视频、穿搭、美食、汽车、读书、家装、男士、健身、情感等。通过单击下端中间位置的"＋"导入素材发布图文笔记，如图 3-12 所示。

（1）导入素材

单击"＋"后，进入导入素材界面，可根据需要选择模板、文字、相册、拍摄、直播 5 个模块，如图 3-13 所示。相册模板可以导入手机相册内的图片与视频，笔记最多支持选择 18 个素材。模板模块主要提供的是图文模块和视频模块，可以根据所准备的素材参考现成的热门模板；也可选择特效玩法，实现动态和个性转场；另外，还可参加互动挑战，有一起打卡、喜好排名、热门挑战等栏目，如图 3-14 所示。

图 3-12　小红书主界面　　　　图 3-13　导入素材　　　　图 3-14　模板选择

项目三　汽车新媒体图文营销与运营

(2) 编辑素材

导入素材后,在没有选中视频的前提下,可在界面下部对图片进行编辑,可添加文字、贴纸、滤镜、挑战、调节、美颜、裁切、背景、标记等功能,例如选中图片的调节功能,可改变对比度、阴影、高光、色温等参数,如图 3-15 所示。

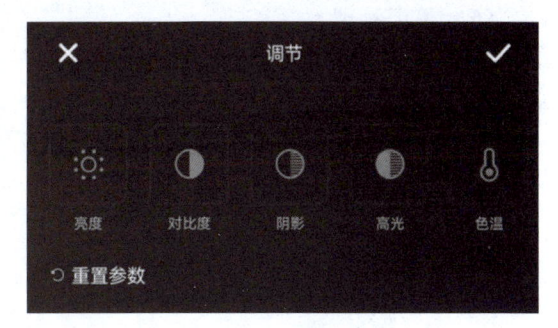

图 3-15　图片编辑

(3) 添加文字

单击"文字"按钮,可以在图片上添加所需的文字,设置文字样式、字体、颜色、大小等,还可以插入花字、标题、标签、文案推荐等现成的文字版式,如图 3-16 所示。

图 3-16　添加文字

(4) 发布笔记

图片编辑好后,单击右上角的"下一步"按钮,进入笔记发布界面。此处可以在标题和正文处输入前期编写好的文本，标题字数 20 字以内，在正文中可添加#话题、@用户、投票环节，增加图文的吸引力和关注度，话题可以自拟也可以参照其他示例，话题和用户均可选择多项。如果添加位置信息，可在首页笔记推荐时增强地域相关性。可见可设置为公开可见、仅自己可见、不给谁看，如图 3-17 所示。

（5）笔记管理

单击主页界面"我"，进入笔记管理，笔记管理可对发布的笔记进行查看、评论、互动、转发和删除；也可查看增加收藏或点赞的笔记，进入创作灵感中寻找图文笔记的创作方法和创意，如图 3-18 所示。

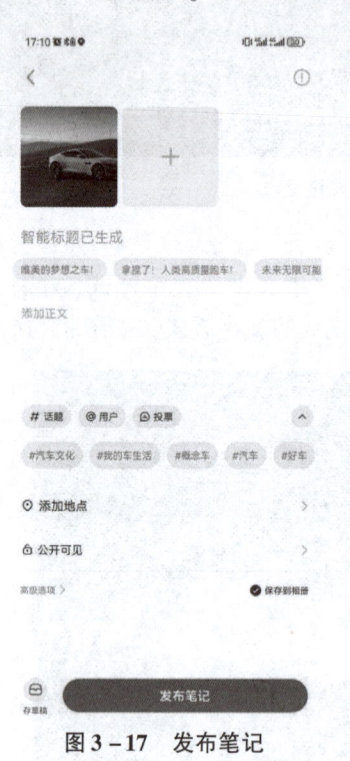

图 3-17　发布笔记

图 3-18　笔记管理

任务实施

实施背景：

图文营销平台是图文表现的载体，各个图文平台之间都有其独特的用户群体和风格基调。对于汽车企业或汽车经销商，如何选择适合自己的图文平台，如何管理账号，如何实现多平台之间的运营，是一个不小的挑战。

实施目标：

本任务将通过对汽车新媒体图文平台运营的研究以及模仿阅读小红书平台中热门汽车类账号，对其账号创建、内容亮点、图片封面等进行分析，以帮助读者加深对任务的理解。

实施过程：

建议按以下步骤完成任务：

第一步：通过 iOS 或者 Android 应用商城下载小红书 App，选择 10 个与汽车相关的优秀

项目三　汽车新媒体图文营销与运营

账号，对其账号定位（头像、账号名称及关键信息）进行总结。

第二步：模仿汽车类优秀账号，创建 1 个汽车相关内容的图文账号。

第三步：优化本项目任务 1 完成的"××品牌 4S 店双十一促销活动"的相关软文笔记的标题与标签。

第四步：在新创建的账号下发布本项目任务 1 完成的"××品牌 4S 店双十一促销活动"的相关笔记。

第五步：形成 PPT 在班级进行汇报、讨论和反馈。

任务工单

任务：汽车新媒体图文平台运营				实训时长：40 分钟	
姓名		班级		学号	
实训日期		教师		评分	

实训内容：

第一步：在班级内分组，一组人数不超过 4 人。采用教师管理分组流程，学生决定分组的方式完成分组。分组要兼顾个性及能力特长，完成：

（1）任务角色的定义：需要收集资料、不同运营内容分析等任务主要负责角色，并完成对各角色任务的阐述。

（2）任务角色的认领：经过角色的定义和阐述，学生根据自己的兴趣爱好，选择与能力匹配的角色。

1. 角色定义及阐述。

2. 角色分配。

小组成员	角色	特长	主要职责	目标技能

第二步：通过 iOS 或者 Android 应用商城下载小红书 App，选择 10 个与汽车相关的优秀账号，记录其相关数据。

续表

账号 项目	账号1	账号2	账号3	账号4	账号5	账号6	账号7	账号8	账号9	账号10
名称										
粉丝量										
类别										
特色点										

第三步：在小红书App上创建一个汽车相关内容的图文账号。可参考本项目任务1完成的"××品牌4S店双十一促销活动"的软文。（注：软文优化注重内容）

账号：

账号昵称：

优化后的软文：

第四步：在新创建的账号下发布优化后的软文，并附图，设置相应的话题。

软文标题：

附图（可打印）：

设置话题：

是否设置位置：

续表

第五步：形成PPT在班级进行汇报、讨论和反馈。

反思和总结：

任务评价

评分项	分项要素	评分细则	自我评价	小组评价	教师评价
纪律 （5分）	1. 不迟到； 2. 不早退； 3. 学习用品准备齐全； 4. 积极思考和回答课程问题； 5. 积极参与教学活动	未完成1项扣1分，扣分不得超过5分			
职业素养 （15分）	1. 积极与他人合作； 2. 积极帮助他人； 3. 遵守礼仪礼节； 4. 做事态度严谨、认真； 5. 具备劳动精神，能主动做到场地的6S管理	未完成1项扣3分，扣分不得超过15分			

续表

评分项	分项要素	评分细则	自我评价	小组评价	教师评价
专业技能（40分）	1. 能够正确注册汽车类相关的小红书账号； 2. 能够分析和借鉴优秀的小红书账号； 3. 能够选择合适的配图，进行图片编辑； 4. 能够对小红书笔记进行排版； 5. 能够为小红书笔记设置相应的话题； 6. 能够正确发布分享小红书笔记； 7. 具有团队交流、协作和汇报的能力； 8. 具有一定的创新思维和创意	未完成1项扣5分，扣分不得超过40分			
工具及设备的使用（20分）	1. 能正确使用电脑、iPad、手机进行资料检索、图片拍摄和处理； 2. 能正确使用场地工具	未完成1项扣10分，扣分不得超过20分			
任务工单填写（20分）	1. 字迹清晰； 2. 语句通顺； 3. 无错别字； 4. 无涂改； 5. 无抄袭； 6. 内容完整； 7. 回答准确； 8. 有独到的见解	未完成1项扣3分，扣分不得超过20分			

知识自测

一、单选题

1. "中国自己的高档车，到底值不值得买？"，这个标题属于（　　）类型。

　　A. 新颖式　　　　　　　　　　　　B. 利益式

　　C. 疑问式　　　　　　　　　　　　D. 真相式

2. 下列哪种说法，对文字排版描述不正确？（　　）

　　A. 文案不宜过长

　　B. 排版设计保持整体性

　　C. 文字大小、字体类型可根据喜好选择

D. 背景与文字颜色一致，保持整体性

二、多选题

1. H5 的传播特性包含（　　）。

A. 遗传属性　　　　　　　　　　B. 多媒体属性

C. 多元化属性　　　　　　　　　D. 跨平台属性

2. 下列哪些是新媒体图文平台？（　　）

A. 微信公众号　　　　　　　　　B. 头条号

C. 小红书　　　　　　　　　　　D. 抖音

三、判断题

1. 软文的营销效果比硬广告要差。　　　　　　　　　　　　　　　（　　）

2. 公众号文字排版时，段首需要空两个字符。　　　　　　　　　　（　　）

技能提升

知识拓展：

根据新榜有数提供的《小红书汽车行业报告》描述，汽车品牌定位的差异让营销内容更加多元化，从 TOP 互动笔记中可以看出，一线豪车品牌相关内容偏向于科技感、时尚颜值、运动性；二线豪车品牌侧重于营造安全性、舒适性的氛围，凸显实用性；普通车品牌则是主打性价比。

案例分析：

这是长安汽车为了品牌宣传而推出的一款 H5 页面，可以扫描下面的二维码查看。

思考题：

上述 H5 页面的亮点有哪些？哪些创意吸引人？有哪些是值得我们借鉴的？

项目四　汽车短视频营销与运营

项目介绍

在数字化浪潮下,短视频凭借其传播速度快、覆盖面广、用户参与度高等优势,成为汽车营销的重要阵地。随着短视频平台的崛起,用户获取信息的方式发生了根本性转变。汽车作为高价值、高关注度商品,其营销方式也需与时俱进。短视频能够直观呈现汽车外观设计、内饰细节、驾驶体验等关键信息,以生动有趣的形式吸引用户关注,激发其潜在购买欲望。同时,短视频平台庞大的用户基数为汽车品牌提供了广阔的市场空间,通过短视频营销,可有效拓展品牌影响力,增强用户黏性,为汽车销售转化奠定坚实基础。

为了更好地完成教学目标,达成教学效果,本项目选取汽车短视频内容策划、汽车短视频选题与脚本创作、汽车短视频内容拍摄制作与发布、汽车短视频平台运营四大工作任务。

汽车新媒体营销与运营技术

知识目标

1. 掌握汽车短视频选题的基本思路；
2. 熟悉汽车短视频的平台规则与用户偏好；
3. 了解汽车短视频拍摄与剪辑工具；
4. 了解汽车短视频拍摄与制作技巧。

技能目标

1. 能够掌握汽车短视频创意构思与脚本撰写；
2. 能够掌握汽车短视频拍摄与现场把控；
3. 能够掌握汽车短视频后期制作；
4. 能够掌握汽车短视频内容传输平台与短视频数据分析。

素养目标

1. 树立对建设数字中国、科技强国、网络强国的信心和责任，培养深厚的中华民族自豪感；
2. 培养职业道德和精益求精的工匠精神、创新思维和团队合作精神；
3. 增强学生的创造力与审美能力。

案例引入

任务1 汽车短视频内容策划 Mission one

任务1（1）微课：汽车短视频内容策划　　任务1（2）微课：汽车短视频内容策划

任务描述

在当下网络高速发展的时代，车企面临着激烈的市场竞争和不断变化的消费者需求。随着短视频平台的兴起，这种新兴的媒介形式已成为车企与消费者沟通的重要桥梁，尤其在短视频内容创作中，其重要性越发凸显。根据针对抖音高活跃群体的研究，他们对于汽车相关的短视频内容感兴趣的 TGI 大于 100，有特定的用户长期关注。与此同时，厂商也在利用短视频独特的视觉表现力和传播速度，快速吸引用户的注意力，从而激发其购买欲望。

车企在短视频策划与创作中有较多的发展方向，除广告制作之外，在短视频创作中需要关注短视频策划、短视频拍摄技巧、短视频剪辑、短视频运营等不同方面的知识。总而言之，汽车厂商不断创新，在进入数字新媒体营销时代后，需要拓展短视频创作的思路，增加信息在平台的传播效率。

请完成短视频内容设计研究，收集车企经典的短视频内容创作方向，理解汽车短视频的概念，熟悉各短视频平台，完成相关子任务。

项目四　汽车短视频营销与运营

任务目标

通过本任务的学习，需要达成以下目标：
1. 了解短视频的概念、特点；
2. 熟悉常见短视频类型和发展情况；
3. 了解短视频内容的价值；
4. 熟悉短视频内容的创作方式、结构和创意方法；
5. 培养个人的创造力与创新能力；
6. 培养团队合作精神，学会通过小组协作完成任务；
7. 培养法律意识，在设计短视频时能够推出大众喜闻乐见、蕴含中华民族优秀文化和时代精神的短视频。

任务分析

要完成本学习任务，可以按照以下流程进行：
1. 学习汽车短视频的内容定位和创意设计等知识点；
2. 根据所学内容制订小米 SU7 短视频内容方案；
3. 内容创意、头脑风暴：小组内进行头脑风暴，讨论短视频的内容构建，模拟一次短视频拍摄；
4. 方案汇报与反馈：在班级中进行方案汇报，收集同学和老师的反馈，对方案进行适当的调整。

相关知识

一、汽车短视频基础

1. 认识短视频

在艾瑞咨询发表的《2017 年中国短视频行业研究报告》中指出，短视频被定义为基于 PC 端和移动端传播的视频内容形式，其播放时长在 5 分钟以内。该定义明确规定了短视频的时长界限，后来逐渐被学界和行业接受，在之后关于短视频的研究分析报告中，多采用此定义。

2. 认识短视频的特点

2022 年 2 月，中国互联网络信息中心发布的《中国互联网络发展状况统计报告》中指出，截至 2021 年 12 月，我国网络视频用户规模达 9.75 亿人，占全网民总数的 94.5%；短视频用户规模达 9.34 亿人，占全网民总数的 90.5%。短视频如此受广大网友和商家的欢迎取决于其具有短、低、快、强的 4 个主要特点。

（1）短

短视频的播放时长短，有助于用户在一些零碎、分散的时间中使用手机等移动设备接收信息，例如，上下班途中、旅行休息间隙等。同时，短视频的内容简单直观，用户不用过多思考便能够理解其中的含义。此外，短视频简短、精练，对于产品的宣传和推广十分有利，能够快、准、狠地传达产品卖点，有助于快速传播信息、提升产品的传播效果。使用短视频宣传产品，既是目前网络时代信息传播的必然趋势，又迎合了当下用户的生活方式和思维方式。

（2）低

低主要表现在以下3个方面。

①成本低。短视频的制作和拍摄通常可以由一个人完成，对设备和人员的要求不高，甚至可以使用一台手机完成包括短视频拍摄、剪辑和发布在内的所有工作。

②门槛低。短视频更强调内容创作者与用户之间的互动，而且用户多在手机或平板电脑等移动设备上观看，对于短视频的拍摄水平并没有太专业的要求。

③操作简单。各大短视频App内置了各种特效、拍摄模板和快速剪辑等工具，这些工具操作简单和智能，即使用户第一次使用，也可以比较轻松地制作出一条特效丰富、剪辑清晰的短视频。

（3）快

快主要表现在以下两个方面。

①内容节奏快。短视频时长短，所以内容一般比较充实和紧凑，能够在极短的时间内向用户完整地展示产品的规格、用途、质量、产地和特征等重要信息。

②传播速度快。短视频主要通过网络传播，而且具备社交属性，使用户在社交活动时可以通过网络快速分享视频，实现短视频的裂变传播。

（4）强

强主要表现在以下4个方面。

①参与性。短视频的制作和传播，人人都可以参与。短视频内容创作者和观看者之间、短视频商家和用户之间并没有明确的界限。因此，内容创作者可以成为其他短视频的观看者，而观看者也可以创作自己的短视频。同时，商家可以成为其他商家的用户，用户也可以通过短视频销售自己生产出来的产品。

②互动性。短视频可以直接通过手机拍摄完成，然后发布并分享到网络社交平台、短视频平台或电商平台，实现多方用户的交流互动。一方面，对于内容创作者而言，短视频的互动性使内容创作者能够获取用户对短视频内容和产品信息的反馈，从而有针对性地提高短视频内容和产品运营的质量。另一方面，对于普通用户而言，用户可以通过互动进一步了解短视频内容的含义，加深对短视频内容的理解，并发表自己的意见和见解与创作者和别的用户共同讨论。

③社交属性。在当今社会，网络作为人们生活不可分割的一部分，已经成为人际交往的重要媒介和工具。很多用户需要借助网络展示自我个性，同时通过网络社交来弥补现实生活中归属感的缺失，而短视频强大的社交属性正好契合了用户的以上两种诉求。首先，短视频能够更加生动直观地传播信息，用户可以充分展示自己积极的形象。其次，用户可以通过点赞、评论或跟拍短视频，甚至直接通过短视频的链接购买宣传的产品，内容创作者、商家可以同用户进行双向交流，部分收到点赞和评论较多的用户还有机会获得短视频平台的推荐，从而更容易吸引其他用户的关注。

同时，短视频的强大社交属性，影响了其他社交平台的功能设计，使不少平台在原有功能的基础上新增了短视频功能。如微信推出了"视频号"，突出了短视频在社交中的重要属性，如图4-1所示。

项目四　汽车短视频营销与运营

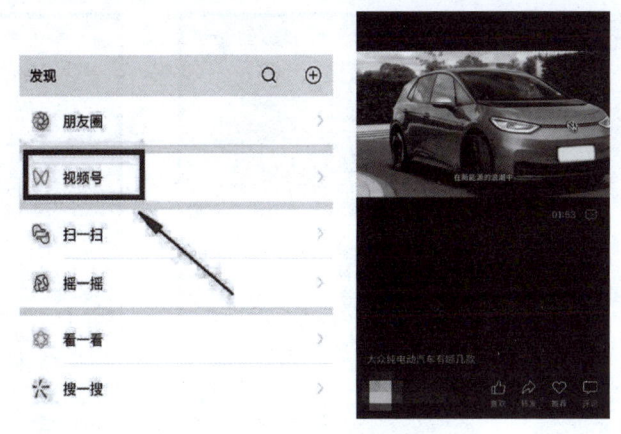

图 4-1　微信"视频号"

④营销能力。随着短视频与电商的不断融合，短视频的营销能力不断增强，也吸引了不少用户通过短视频进行消费购物。根据短视频和现在电商用户的主要人群年龄分布，25~35岁人群的特征十分相似，这种相似性能够大大提高短视频营销信息对目标用户的触达率和转化率，使短视频具备极强的营销和推广能力。同时，短视频具有比其他内容形式更直观和立体的特点，可以让用户获得更真实的感受，因此，使用短视频营销通常会获得更佳的推广效果。针对人类视觉的研究显示，90%的信息是通过可视化形式传到大脑的，其速度比文字信息要快 6 万倍。也就是说，人类的生理本能使人类比起文字更能接受短视频这种内容形式，选择短视频作为营销方式更符合人类的生理特点和需求。

二、短视频的类型

短视频的类型多样，通常可以根据生产方式、用途进行分类。

1. 根据生产方式分类

①用户生产内容（UGC）。这类短视频的拍摄和制作通常比较简单，制作的专业性和成本较低，内容表达涉及日常生活的各方面且碎片化程度较高。这类短视频社交属性更强，商业运营价值较低。这类短视频因为制作较为简单，没有太多技巧，常作为内容创作者初期发布的短视频种类出现，如图 4-2 所示。

②专业用户生产内容（PUGC）。这类短视频通常是由在某一领域具有专业知识技能的用户，或具有一定粉丝基础的网络达人或团队所创作，内容多是自主编排设计，且主角多充满个人魅力。这类短视频有较高的商业价值，主要依靠转化粉丝流量来实现商业盈利，兼具社交属性和商业属性，如图 4-3 所示。

③专业机构生产内容（PGC）。这类短视频通常由专业机构或企业等创作并上传，对制作的专业性和技术性要求比较高，且制作成本也较高。这类短视频主要依靠优质内容来吸引用户，具有较高的商业价值和较强的媒体属性，如图 4-4 所示。

2. 根据用途分类

①产品展示类短视频。产品展示类短视频以产品外观、功能展示为主。首先，多方位展示产品的外观，抓住用户的眼球，然后介绍产品的材质、功能和性能参数等，最后通过不同的场景来展示产品的日常使用方法。

107

汽车新媒体营销与运营技术

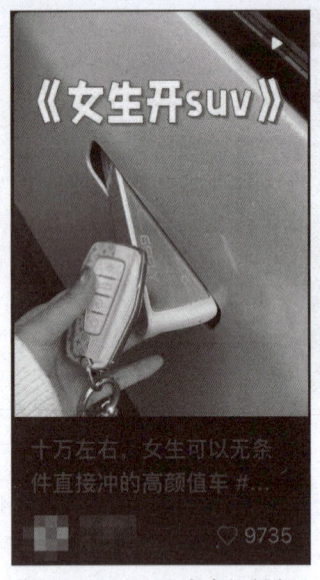

图 4-2　UGC 汽车短视频

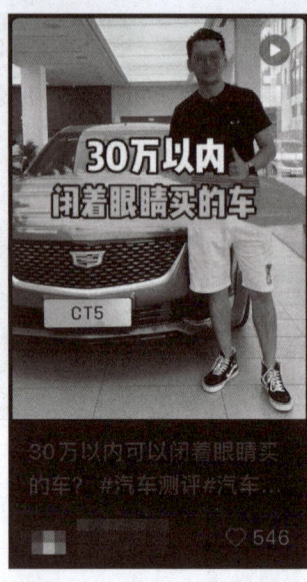

图 4-3　PUGC 汽车短视频

图 4-4　PGC 汽车短视频

②场景测试类短视频。场景测试类短视频以产品对比测评、使用场景模拟等为主。与产品展示类短视频相比，这类短视频的脚本更加复杂，不仅要模拟使用场景，还要全面且客观地展示产品的特点。

③广告类短视频。广告类短视频主要出现在电视、各大视频网站的贴片广告位，以及新媒体平台中，一些大品牌发布新品时也会使用这类短视频进行市场推广。视频内容不仅要突出产品和品牌，而且短视频设计具有赏心悦目的电影感。

④知识类短视频。知识类短视频的制作门槛和成本较低，对产品品类的包容性也更大（每款产品都可以去探讨其背后的制作原理等），可以通过科普知识来吸引用户的注意。

案例讨论

快手短视频在成都国际车展中的成功

2019 年成都国际车展在中国西部国际博览城落下帷幕。作为国内最具规模的车展之一，当年成都国际车展人流量突破了 72.5 万人。作为一场线下车展，虽然会场的主要活动集中于线下，但是作为短视频平台，快手的表现非常亮眼。据悉，快手平台上#成都车展#相关话题投稿作品已超 1.5 万个，相关活动及话题视频播放量超过 2.4 亿。

用户们通过快手平台上传的现场短视频，了解车展活动；随着快手平台的多位大咖一起掌握第一手车展资讯。在传递资讯的同时，大咖们的现场带货能力也十分活跃，单人便在一次团购中卖掉了 288 台车，迄今已累计在快手上出售 1 000 台车。

思考与讨论：

此次线上销售活动利用了短视频的哪些特点吸引用户？对于汽车行业中面临的困难，快手平台是如何让其焕发生机的？

三、汽车短视频内容的价值

短视频的内容除了能够直接产生物质价值外，还能影响用户的精神层面，具备功能价值、情感价值、社会价值和认知价值。

①功能价值。功能价值主要是指短视频内容能够对用户的日常生活起到促进作用。例如，关于新型电车的短视频中详细介绍了车辆的续航里程、充电速度、智能驾驶辅助系统等关键功能，并通过对比测试等形式突出展示了其在同类车型中的优势。这些功能价值的展示，有助于消费者对产品的性能和实用性有更直观的认识。

②情感价值。一些优秀的短视频能够向用户传递某种情感，或与用户产生情感共鸣。例如，车企可以通过已经购买的消费者分享的他们驾驶电动汽车的喜悦和满足感的短视频，传达汽车如何改变他们的生活方式。这些故事触动了消费者的情感，让他们对电动汽车产生了更加积极的情感认同。

③社会价值。人是社会性的动物，人的生存和生活都离不开社会，所以，人们通常对社会有着特别的关注。一旦短视频中涉及正在发生的、受人关注的社会事件等内容，用户就更容易关注。车企可以通过短视频展示其关注社会、贡献社会的价值。

④认知价值。认知价值是指短视频内容可以提升用户对某事物的认知。例如，部分车企向消费者传递关于电动汽车和绿色出行的知识时，同时介绍了电动汽车的工作原理、优势以及未来的发展趋势，可以帮助消费者更加全面地了解电动汽车。这些内容的展示，不仅提升了消费者对电动汽车的认知水平，还有助于他们在购买时作出合适的选择。

四、汽车短视频内容的创作方式

短视频的创作方式是影响短视频受欢迎程度的重要因素。当前比较流行且容易获得用户关注的创作方式有以下几种。

①汽车测评与对比。通过实地测试、对比等方式，对汽车的外观、内饰、性能等方面进行详细评价，为消费者提供购车参考。对于购车消费者而言，这类视频能够提供直接、客观的购车依据，帮助他们作出明智的购车选择。

②汽车文化与历史。汽车文化与历史短视频能够具体展示车企品牌的发展历程、经典车型、品牌故事等内容，让观众从汽车之美中深入了解车企的文化内涵。这类短视频在讲好品牌故事的同时，通过企业文化，提升品牌的知名度和美誉度。

③汽车生活与技巧。汽车生活与技巧短视频能够分享汽车驾驶技巧、保养知识、自驾游攻略等内容，帮助观众更好地享受汽车生活。例如，某汽车达人发布短视频，详细介绍了冬季某款汽车保养的注意事项和技巧。这类视频能够提供消费者实用的汽车保养和驾驶技巧，车企也可以利用这种方式帮助用户更好地使用和维护汽车，提升用户体验。

④创意广告与营销。创意广告与营销短视频能够通过创意的方式展示汽车的特点和优势，吸引消费者的注意力并提升品牌形象。例如，通过科幻风格的画面和音效展示了未来汽车的智能驾驶和智能交互功能，吸引更多消费者的关注，提升品牌形象和知名度。

五、汽车短视频内容的结构与创意

1. 内容的结构

（1）内容诱因

由于短视频时长的限制，为了加深用户的印象，内容创作者应该做好短视频内容结构的设计，充分发挥短视频在各个播放时间段的内容优势。

①制造悬念。短视频内容通常都有文案，用以预告内容亮点或制造悬念，让用户产生期待继续观看下去。

②明确告知。在短视频开头明确告知用户短视频的主题或主要内容，包括开场抛出问题、话题，或抛出利益点等。

③身份代入。用户如果在短视频中看到了与自己日常生活有关的内容，就容易与内容产生共鸣，并继续观看短视频。

④视觉冲击。短视频内容在视觉上的冲击能吸引用户继续观看。例如，镜头特写能产生极强的视觉冲击。

⑤人物魅力。有些用户很看重短视频演员的魅力，并会因此而继续观看短视频。人物魅力包括外貌、气质、妆容、穿着、谈吐、举止等多个方面。

⑥音乐。不同的音乐风格会带给用户不同的情绪反应，从而直接建立起相应的观看期待。例如，在短视频平台中被广泛使用过的热门音乐往往默认与某类短视频内容绑定，用户听音乐时会期待接下来将会出现的内容。

（2）内容结构

按短视频的播放进程，短视频的内容结构通常划分为四个步骤，每个步骤完成对应的目标，如图4-5所示。

步骤	时间	目标	示例
第一步	开头	吸引关注	精美外观
第二步	前20%	让用户看下去	主要卖点
第三步	剩下80%	引导评论、点赞、转发收藏、购买	详细性能和应用
第四步	结尾	引导关注	活动推广

图4-5 短视频内容结构

2. 内容的创意

现在，短视频已经与人们的日常生活息息相关，通过短视频宣传产品也是极为普遍的营销方式。但是随着短视频数量的增多，同质化的内容也越来越多，有创意的短视频内容才能更容易受到关注，因此短视频内容增加创意，是吸引用户的最佳手段。

（1）创意思维

短视频内容创作通常需要运用以下几种思维方式来生成创意。

①发散思维。发散思维指在创造和解决问题的思考过程中，从已有的信息出发，尽量发

挥想象力，求得多种不同的解决办法，衍生出各种新的设想、答案或方法的思维方式。

②聚合思维。聚合思维指从已知信息中产生逻辑结论，从现有资料中向着结论的一个方向思考，寻求正确答案的一种有方向、有条理的思维方式。

③横向思维。横向思维是一种打破逻辑局限，将思维往更宽广的领域拓展的思考模式，其最大的特点是打乱原来明显的思维顺序，从其他角度寻求新的解决办法。

④逆向思维。逆向思维也叫求异思维，是对几乎已有定论的或已有某种思考习惯的事物或观点进行反向思考的一种思维方式。

（2）创意方法

很多产品短视频会梳理外观、属性、特征、质量和应用等在内的产品卖点，并通过输出有创意的内容，充分展示和宣传产品，吸引用户关注和购买。

①罗列关键词。在主题的范围内，根据产品主体的不同特点和不同思考方向，罗列出相应的关键词，或者将关键词进行随意搭配，再根据搭配来形成灵感与想法，最终设计出创意内容。

②九宫格思考。在中间格子写入产品名称，将可帮助此产品销售的众多卖点写在旁边的 8 个格子内，反复思考、自我辩证直到得出最终的创意。图 4-6 所示为使用九宫格思考创意方法得出的新能源汽车的卖点。

环保节能	智能科技	强劲动力
舒适空间	新能源汽车	价格优势
安全可靠	品牌实力	售后服务

图 4-6　新能源汽车卖点

③要点延伸。要点延伸是将产品特点以单点排列开来，再针对单点展开叙述的方法。

④金字塔论证。金字塔论证是对短视频内容的逻辑阐述，是一种从上往下表达的论点与论据之间的层次关系，因各部分组成一个金字塔结构而得名。例如，以今年的新款新能源汽车为主题的短视频，下设高效节能、智能驾驶、紧凑灵活和优质售后 4 个论点，论点下又有论据进行层层支持，最终就能设计出有创意的短视频内容。

任务实施

实施背景：

小米 SU7 是小米汽车旗下的纯电动轿车，在 2021 年新能源汽车开发之初，小米就定下了要全栈自研算法的技术布局战略，并提出了在 2024 年冲到自动驾驶第一梯队的短期目标。在小米品牌影响力和雷军个人魅力的带动下，能够拍摄吸引更多消费者关注小米 SU7 的短视频，提升其在新能源汽车市场的知名度和竞争力。

实施目标：

本任务将完成小米 SU7 短视频拍摄的内容定位和规划分析，绘制其品牌内容定位和创意设计思维导图。

汽车新媒体营销与运营技术

实施过程：

建议按以下步骤完成任务：

第一步：选择小米 SU7 汽车的两个不同短视频平台，通过 iOS 或者 Android 应用商城下载其 App；

第二步：每人在选择的两个短视频平台上分别观看 3 个短视频，记录短视频主要的内容和结构；

第三步：根据第三步记录的内容分析该品牌在每个短视频中的内容价值和规划（内容创作方式）；

第四步：在两个不同的平台各选择 1 个的自己熟悉或感兴趣的车企/经销商账号，并进行深入了解和分析；

第五步：采用 Xmind 等思维导图工具将所有信息进行整合梳理，需包括短视频的内容和结构。

任务工单

任务：汽车短视频的内容定位和创意设计		实训时长：60 分钟	
姓名		班级		学号	
实训日期		教师		评分	

实训内容：

第一步：在班级内分组，一组人数不超过 6 人。采用教师管理分组流程，学生决定分组的方式完成分组。分组要兼顾个性及能力特长，完成：

（1）任务角色的定义：需要资料搜索、讨论主持、讨论记录者及软件制作等角色，并完成对各角色任务的阐述。

（2）任务角色的认领：经过角色的定义和阐述，学生根据自己的兴趣爱好，选择与能力匹配的角色。

1. 角色定义及阐述。

2. 角色分配。

小组成员	角色	特长	主要职责	目标技能

项目四　汽车短视频营销与运营

续表

第二步：选择小米 SU7 汽车的两个不同短视频平台，通过 iOS 或者 Android 应用商城下载其 App。

1. 通过知识学习和小组讨论，确定选择分工的短视频平台。

2. 小组分工找到该品牌的直播平台，通过 iOS 或 Android 等应用商城下载 App。
短视频平台 1：
短视频平台 2：

第三步：每人在选择的两个短视频平台上分别观看 3 个短视频，并记录短视频的主要内容和结构。

短视频平台 1 ＿＿＿＿＿短视频主要内容：
短视频 1：

短视频 2：

短视频 3：

短视频平台 2 ＿＿＿＿＿短视频主要内容：
短视频 1：

短视频 2：

短视频 3：

续表

第四步：根据第三步记录的内容分析该品牌在每个短视频中的内容价值和规划（内容创作方式）。

短视频平台1：
1. 短视频目标：

2. 创作价值：

3. 内容的创作方式：

短视频平台2：
1. 短视频目标：

2. 创作价值：

3. 内容的创作方式：

第五步：使用 Xmind 等软件，根据对汽车短视频的理解，绘制思维导图。思维导图需包括关于短视频内容结构的步骤。

反思和总结：
_____
_____
_____
_____

项目四 汽车短视频营销与运营

> 任务评价

评分项	分项要素	评分细则	自我评价	小组评价	教师评价
纪律 （5分）	1. 不迟到； 2. 不早退； 3. 学习用品准备齐全； 4. 积极思考和回答课程问题； 5. 积极参与教学活动	未完成1项扣1分，扣分不得超过5分			
职业素养 （15分）	1. 积极与他人合作； 2. 积极帮助他人； 3. 遵守礼仪礼节； 4. 做事态度严谨、认真； 5. 具备劳动精神，能主动做到场地的6S管理	未完成1项扣3分，扣分不得超过15分			
专业技能 （40分）	1. 能够明确小组成员角色分配并完成其职责； 2. 熟悉不同类型的短视频内容； 3. 了解各类汽车短视频的特点； 4. 熟悉四种短视频的内容价值； 5. 掌握创意的思维的方式； 6. 能够使用Xmind等软件绘制短视频的内容和结构； 7. 理解不同汽车新媒体平台的营销体系	未完成1项扣5分，扣分不得超过40分			
工具及设备的使用 （20分）	1. 能正确使用电脑、iPad、手机进行资料检索； 2. 能正确使用场地工具	未完成1项扣10分，扣分不得超过20分			
任务工单填写 （20分）	1. 字迹清晰； 2. 语句通顺； 3. 无错别字； 4. 无涂改； 5. 无抄袭； 6. 内容完整； 7. 回答准确； 8. 有独到的见解	未完成1项扣3分，扣分不得超过20分			

汽车新媒体营销与运营技术

任务2 汽车短视频选题与脚本创作
Mission two

任务2（1）微课：汽车短视频选题与脚本创作
任务2（2）微课：汽车短视频选题与脚本创作

任务描述

在当今的新媒体时代，汽车短视频已成为吸引消费者注意力、传递汽车品牌价值和产品特点的重要手段。短视频需要通过内容来吸引和打动用户，使用户贡献出自己的流量，从而推动短视频的传播。想要拍摄出优质的短视频，一篇内容精彩、引人入胜的短视频脚本是必不可少的。因此，在拍摄短视频之前，首要任务是策划短视频内容。

假如你是华为汽车的一名短视频策划，近日发现华为汽车短视频号的点击量和互动数据都不太好。为了提升视频号的点击量、评论数以及吸引更多用户停留并留下销售线索，你将如何围绕这个目标对短视频选题和文案进行策划？

通过资料收集及本任务相关知识的学习，完成比亚迪汽车的短视频选题和文案撰写，并完成相关子任务。

任务目标

通过本任务的学习，需要达成以下目标：
1. 熟悉短视频的选题角度；
2. 能够策划各种类型短视频的内容；
3. 能够使用公式确定短视频选题；
4. 熟悉短视频脚本的类型；
5. 能够掌握短视频脚本的写作思路和写作技巧；
6. 培养短视频创作者的使命感和责任感；
7. 培养团队合作精神，学会通过小组协作完成任务；
8. 培养法律意识，在设计短视频时能够创作出弘扬社会主义核心价值观和中华传统美德，传播社会正能量的短视频内容。

任务分析

要完成本学习任务，可以按照以下流程进行：
1. 学习汽车短视频的选题和文案撰写等知识点；
2. 选择一款华为汽车品牌车型；
3. 根据所学内容对其进行短视频选题方案的制订；
4. 内容创意、头脑风暴：小组内进行头脑风暴，讨论短视频脚本文案设计和撰写并执行落地，拍摄一个完整的短视频；

项目四　汽车短视频营销与运营

5. 方案汇报与反馈：在班级中进行方案汇报，收集同学和老师的反馈，对方案进行适当的调整。

> **知识准备**

一、汽车短视频选题的原则

确定短视频选题需要遵循一些核心原则，否则短视频可能不被用户所接受，甚至不能在短视频平台中发布。

①符合规则。选题需要符合短视频平台的规则，不能涉及短视频平台明确规定的违规内容。例如，图4-7所示为抖音短视频社区规则，在"抖音·规则中心"中的"抖音社区自律公约"中可进行查看。

图4-7　抖音短视频社区规则

②符合定位。内容需要符合短视频账号的定位，例如，账号定位为汽车测评人，则短视频选题就要与汽车的配置、性能、价格等信息相关，同时分享购车经验。

③体现创意。短视频内容要具有创意，即便只是做出了一点微小的创新也会带来截然不同的效果。例如，在常规的主题汽车介绍的短视频中增加一些品牌故事，或者有趣的汽车小知识等，这些创意就有可能提高用户对短视频的关注度。

④符合用户需求。短视频平台通常都具备用户画像功能，通过该功能，内容创作者就能查看目标用户的性别、年龄、地域、活跃度等具体特征，并利用这些特征分析出用户的需求。例如，欧拉芭蕾猫、五菱缤果等为女性设计的车型，用户以中等收入的女性为主，因此在短视频制作中需要突出展现车型精致、美观的外表和安全的性能。通过分析用户的特征，车企就可以在短视频中适当突出目标客户较为感兴趣的话题、汽车的小知识等内容，从而引导用户关注车企或购买相关产品，如图4-8所示。

117

汽车新媒体营销与运营技术

图 4-8 欧拉芭蕾猫和五菱缤果针对女性客户的短视频选题

二、建立短视频选题库

短视频选题库是一个集合了各种潜在视频主题的数据库,它包含了从热门话题、日常生活到专业领域的多种选题,旨在帮助创作者快速找到灵感和创作方向。建立短视频选题库的原因主要有三点:第一,建立选题库可以提高创作效率,避免创作者在寻找灵感时浪费大量时间,提高短视频内容的生产速度;第二,保证短视频的内容质量,选题库中的选题都是经过筛选和整理的,能够确保内容的质量和相关性,满足目标观众的需求。第三,灵活地应对灵感枯竭,当创作者面临创作瓶颈时,选题库可以提供备选方案,帮助创作者渡过难关。以下为常见的三种选题库:

(1) 建立热门选题库

热门选题的时效性非常强,除了关注各大平台的各类热门榜单,掌握热点话题,熟悉热门内容,还可以根据行业特点对热点进行划分,车企可以利用这种分类方式选择热门的主题进行短视频创作。表 4-1 所示为根据新抖和抖查查两个数据平台的资料,将汽车相关的选题按热度排列后挑选的相关选题,为客户建立了一个简单的热门选题库。

表 4-1 汽车相关热门选题库

话题榜	视频榜	热搜词榜
长续航智混 SUV 汽车	每天推荐好车	小米汽车

续表

话题榜	视频榜	热搜词榜
触手可及的高品质汽车	性价比超高的好车	汽车知识分享计划
新能源车	汽车好物推荐	新能源汽车
老年代步车	二手车搬运工	汽车分享

（2）建立常规选题库

建立常规选题库就是通过日积月累，将身上的人、事、物，以及每天接收的外部信息，通过价值筛选整理到选题库中。表4-2所示为在抖音 App 中搜索了多个汽车短视频账号，查看了短视频内容，收集了其中的标题、主要内容和话题等，建立的一个简单的汽车相关常规选题库。

表4-2 汽车相关常规选题库

标题	主要内容	话题
五菱宏光更换汽车蓄电池	汽车电池型号、更换电池价格	汽车电瓶
汽车抖动原因分析	指导如何测量汽车抖动数据	怠速抖动
汽车贴膜注意事项	指导汽车贴完膜后3~5天需要注意什么	汽车膜
沉睡中的幽灵跑车	科尼赛克汽车展示	汽车文化

（3）建立活动选题库

活动主要有节日类活动和话题活动两种形式。其中，话题活动来源于各类短视频平台官方不定期推出的各种热门话题，各短视频账号可以根据自身条件选择参与，在一定程度上会获得流量扶持和奖励。表4-3所示为汽车相关活动选题库。

表4-3 汽车相关活动选题库

端午节	国庆节	春节
2024长沙端午车展	国庆婚车	春节开新车
端午无锡国际车展	遵义国庆汽车装饰	春节汽车保养
端午节高速公路不免费	国庆汽车大放价	春节购车倒计时
皇冠风范粽情端午	国庆出行必备	捷途春节不打烊

三、选题的角度

合适的、优质的主题是短视频受欢迎的基础。内容创作者需要找准短视频内容的切入角度，找到了选题角度就找到了主题的突破口，常见的选题角度有以下几个。

①常规。分享个人日常驾驶的感受、长途旅行的经历或是介绍汽车历史、品牌故事、汽

车艺术等汽车的基本知识都属于常规的选题角度，用户观看后很可能会对短视频内容产生信任和期待，甚至可能产生相关汽车的消费意愿。

②价值。短视频内容需要具备一定的价值，要让用户在观看后获得精神层面或物质层面的收获。例如，在观看汽车短视频后，用户能够收获汽车新闻和事件、汽车技术、驾驶技巧、维护保养等知识。

③趣味。趣味是指短视频内容具备一定的趣味性，在让用户获得身心愉悦感受的同时，传递快乐、积极向上的生活态度和幽默感。从趣味角度制作的短视频包括满足好奇、生活记录、搞笑内容、美好事物、炫技调侃等内容。

④情感。情感是人适应生存的心理工具，也是人际交流的重要手段。从情感角度制作的短视频可以令用户产生共鸣，包括情绪上的共鸣、观念上的共鸣、经历上的共鸣、身份上的共鸣以及审美上的共鸣等，从而认同短视频内容，产生购买行为。

⑤热点。热点是指与账号定位有关联的热点事件，最好在事件出现后的两小时左右就确认选题并创作好内容。根据热点制作短视频需要时刻关注各大热门榜单，选择相关的热点进行创作，同时收藏热门的背景音乐等，以辅助选题。

四、选题的公式

在符合核心原则的前提下，内容创作者可以参考图4-9所示的短视频选题公式，从而更加轻松地确定短视频选题。

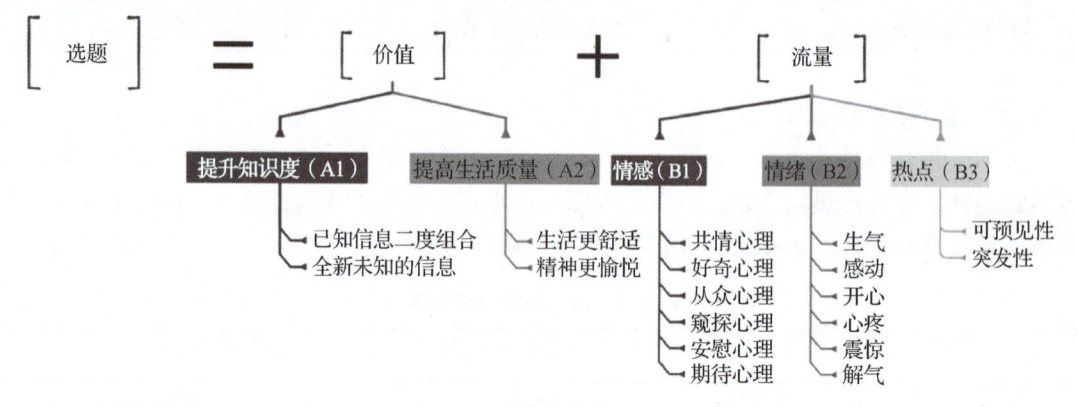

[选题] = [价值] + [流量]

价值：
- 提升知识度（A1）
  - 已知信息二度组合
  - 全新未知的信息
- 提高生活质量（A2）
  - 生活更舒适
  - 精神更愉悦

流量：
- 情感（B1）
  - 共情心理
  - 好奇心理
  - 从众心理
  - 窥探心理
  - 安慰心理
  - 期待心理
- 情绪（B2）
  - 生气
  - 感动
  - 开心
  - 心疼
  - 震惊
  - 解气
- 热点（B3）
  - 可预见性
  - 突发性

图4-9 短视频选题公式

五、内容中人的呈现形式

①以肢体或语音为主。以肢体或语音为主是指以肢体或语音作为内容的一个主体展示给用户，以视频画面为另一个主体，如被遮挡的面部、手部等。

②以真人为主。以真人为主往往有更大的创作空间，并容易形成非常深刻的记忆点。而且，真人也可以获得较大的知名度，更容易成为短视频达人，并获得一定的影响力和商业价值。

③以虚拟形象为主。以虚拟形象为主的呈现形式需要专业人员设计虚拟形象，通常会花费较大的人力和时间成本。但这种形式的短视频具有更高的可控性，内容创作者能够自己控

制短视频的内容走向,精准地表达情绪并流畅地推动剧情。

六、短视频脚本的类型

短视频脚本是介绍短视频的详细内容和具体拍摄工作的说明书,大多提前统筹安排了摄像和剪辑要做的工作,能够为后期工作开展提供流程指导。短视频脚本通常有提纲脚本、分镜头脚本和文学脚本三种不同的类型,适用于不同内容的短视频。

(1)提纲脚本

提纲脚本涵盖短视频内容的各个拍摄要点,通常包括对主题、视角、题材形式、风格、画面和节奏的阐述,如表4-4所示。提纲脚本对拍摄只能起到一定的提示作用,适用于一些不容易提前掌握或预测的内容。策划新闻或旅行短视频时经常使用提纲脚本,策划个人拍摄产品短视频或生活Vlog(视频日志)时也常用提纲脚本。

表4-4 汽车短视频的提纲脚本

提纲要点	要点内容
主题	问界M7现场的展示
汽车外观	①拍摄品牌标识、车辆的车头细节(特写为主),介绍车头位置的设计提升; ②正面转侧面的拍摄,介绍系统和雷达; ③展示汽车轮胎(特写)、内饰(特写),介绍新配色和内饰更新

(2)分镜头脚本

分镜头脚本主要以文字的形式直接表现不同镜头的短视频画面,其内容能够表现短视频前期构思时对短视频画面的构想。分镜头脚本的主要项目通常包括景别、拍摄方式(镜头运用)、画面内容、台词或字幕、背景音乐和时长。有些专业的短视频团队在撰写分镜头脚本时,甚至会涉及摇臂使用、灯光布置和现场收音等项目。分镜头脚本就像短视频创作的操作规范一样,为摄像提供拍摄依据,也为剪辑提供剪辑依据。

分镜头脚本又分为图文结合和纯文字两种类型。其中,图文结合和分镜头脚本比较专业,很多影视剧在拍摄前会由专业的分镜师甚至导演本人来绘制和撰写分镜头脚本。

①图文结合的分镜头脚本。图文结合的分镜头脚本通常由编剧或专业的分镜师负责,他们会先和导演沟通,听取其对短视频内容的描述,然后进行整理,绘制出导演心中的成片画面,并在其中添加一些必要的文字内容。这种类型的分镜头脚本的主要项目通常包括镜号、景别、画面、内容和台词等。其中,"画面"项目是指分镜图画,一般是16:9的矩形框,"内容"项目则是对"画面"项目的描述以及补充说明。

②纯文字的分镜头脚本。纯文字的分镜头脚本将短视频的整个内容用文字的方式呈现,在写作此类脚本时通常将所涉及的项目制作成表格的表头,然后按照短视频的预期成片效果将具体的内容填入表格中,供拍摄和后期剪辑时参照。纯文字的分镜头脚本也是短视频内容策划中十分常用的脚本类型,表4-5所示为某新能源汽车短视频的分镜头脚本(节选)。

汽车新媒体营销与运营技术

表4-5 某新能源汽车短视频的分镜头脚本（节选）

镜号	景别	拍摄方式	画面内容	台词	音乐	时长/秒
1	近景	侧面拍摄	男主播在家中洗手间里打理头发	男主播："今天和几个朋友约好了一起去野炊，这里准备了一些东西，比如这是一会儿要做烧烤的食材。"	轻快的背景音乐，营造活力四溢的氛围	10
2	近景	拉镜头（由近至远）	男主播走到门口，展示今日野炊要用的道具，道具包括帐篷、烧烤用食材			10
3	远景	正面拍摄	男主播走向自己的新车，将食材放入汽车后备箱，通过拍摄展示汽车的标识和汽车后备箱的容量	男主播："那么我们出发了，先去接几个朋友。"		15
4	远景	侧面拍摄	拍摄汽车在路上行驶的样子	无		5
5	中景	正面拍摄				5
6	远景	侧面拍摄	男主播的朋友已经在路边等待了。男主播在路边停车后，把车窗摇下，邀请朋友上车	男主播的朋友："你换新车了？" 男主播："是啊，最近换了五菱缤果SUV。来上车吧。"		10
7	近景	推镜头（由远至近）	拍摄汽车内部，男主播向朋友介绍新车	男主播的朋友："这车的后座很宽敞啊。坐在这里，腿部空间也很足，比一般的车要大不少。" 男主播："不仅如此，还配备了智能安全系统，你看这中控屏，不仅能导航、播放音乐，还能实时监测车辆状态，提醒我们注意行车安全。"	轻柔的音乐，营造舒适的氛围	15
8	特写	移镜头	拍摄内饰，包括皮质座椅、汽车方向盘和标志，以及车前的智能屏幕			20

项目四　汽车短视频营销与运营

（3）文学脚本

文学脚本中通常只需要写明短视频中的主角需要做的事情或任务、所说的台词和整条短视频的时长等。文学脚本类似于电影剧本，以故事开始、发展和结尾为叙述线索。简单地说，文学脚本需要表述清楚故事的人物、事件、地点等。

文学脚本是一个故事的梗概，可以为导演、演员提供帮助，但对摄像和剪辑的工作没有太大的参考价值。知识传播、产品评测和故事剧情短视频就经常采用文学脚本，很多个人短视频内容创作者和中小型短视频团队为了节约创作时间和资金，也会采用文学脚本。以下是某汽车短视频的文学脚本示例：

新款汽车介绍

1. 男主播首先介绍今日出门的行程，并选择衣服，打理仪表。

2. 镜头由远至近，男主播已经前往地下停车场，同时，男主播的朋友已经在地下停车场中一辆新车前等待男主播。男主播的朋友介绍新购入的车。

3. 介绍汽车的外形，如流线型的车身，车头和车尾处的细节特写，加上一些动态的摇移镜头，配上字幕作为解释。

4. 男主播要求试驾朋友的新车，朋友同意后落座开始驾驶，介绍汽车内饰中电子产品的升级部分，主要拍摄汽车行驶过程中的速度。

5. 切换至内饰画面，男主播在驾驶一段时间后，朋友建议来体验后座的舒适，介绍汽车内饰的座椅、储物空间。

七、脚本的写作思路

（1）确认主题

短视频的内容通常有一个主题，主题可以展示内容的具体类型。明确主题可以为后续的脚本写作奠定基调，让短视频内容与对应账号的定位更加契合，有助于提升短视频内容的吸引力，突出账号风格。所以撰写短视频脚本时，应当先确定主题。

（2）写作准备

写作准备是指为撰写短视频脚本进行一些前期准备，主要包括确定拍摄时间、拍摄地点和拍摄参照等。

①确定拍摄时间。确定拍摄时间有两个好处：一是能够落实拍摄方案，为短视频拍摄确定时间范围，从而提高工作效率；二是可以提前与摄像师约定拍摄时间，规划好拍摄进度。

②确定拍摄地点。提前确认拍摄地点有利于短视频内容框架的搭建和内容细节的填充，因为不同的拍摄地点对于布光、演员和服装等的要求不同，会影响最终的成片质量。例如，SUV等车型的短视频拍摄通常会选择旷野、盘山公路等能够展现汽车卓越性能的拍摄地点，提前确认这一点有助于在脚本中明确拍摄布光、演员服装等细节。

③确定拍摄参照。通常情况下，短视频脚本描述的拍摄效果和最终成片的效果会存在差异。为了尽可能避免这种差异，可以在撰写短视频脚本前找到同类型的短视频，与摄像师沟通，说明具体的场景和镜头运用，这样摄像师才能根据需求进行内容拍摄。

（3）确定要素。做好前期准备工作后，就可以根据设计好的短视频内容来确定脚本中需要展现出来的相关要素，也可以说是确定通过什么样的内容细节以及表现方式来展现短视频的主题，并将这些内容要素详细地记录到脚本中。

①内容。内容是指具体的情节，就是通过各种场景呈现的主题，而脚本中具体的内容就是将主题拆分成单独的情节，并使之能用单个镜头展现。

②镜头运用和景别设置。镜头运用是指镜头的运动方式，包括推、拉、摇、移等。景别设置是选择拍摄时使用的景别，如远景、全景、中景、近景和特写等。

③时长。时长是指单个镜头的时长。撰写脚本时，需要根据短视频整体的时长以及主题和主要矛盾冲突等因素来确定每一个镜头的时长，以方便后期剪辑处理，提高后期制作效率。

④人物。短视频脚本中要明确演员的数量，以及每个演员的人物设定、作用等。

⑤背景音乐。符合短视频画面气氛的背景音乐是渲染主题的有效手段。例如，展示汽车的速度，行驶加速、漂移时，可以选择快节奏的嘻哈音乐；汽车外观的静态展示、内饰的详细介绍、制造工艺的呈现时，可以选择慢节奏的古典音乐；展示汽车在城市道路、乡村小路或风景区的行驶画面，以及车主和乘客的互动场景时，可以选择轻松、愉快的轻音乐。在短视频脚本中明确背景音乐，可以让摄像师更加了解短视频的调性，也让剪辑的工作更加顺利。

（4）填充细节

①拍摄方式。拍摄方式是指拍摄设备相对于被摄主体的空间位置，包括正拍、侧拍或俯拍、仰拍等。

②台词。台词是为了镜头表达准备的，可起到画龙点睛、加强人物设定、助推剧情、吸引用户留言和增强粉丝黏性等作用。台词应精练、恰到好处，能够充分表达主题。

③道具。道具会影响短视频平台对短视频质量的判断，选择足够精准妥帖的道具会在很大程度上提高短视频的流量、用户的点赞数和评论数等。

④影调运用。在短视频脚本中，应考虑画面运动时影调的细微变化，以及镜头衔接时不同镜头的色彩、影调变化。简单地说，影调要与短视频的主题契合，例如，汽车的颜色要和环境色相匹配。

任务实施

实施背景：

华为汽车是指使用华为自动驾驶解决方案的汽车，由华为与多家车企合作推出。华为通过提供自动驾驶、智能网联等核心技术，与车企共同打造高端智慧汽车品牌。华为汽车将不断追求卓越的精神融入产品研发、生产制造和售后服务等各个环节中，致力于为用户提供更好的产品和服务。华为汽车已经推出了多款车型，包括问界 M5、问界 M7、问界 M9 等 SUV 车型。这些车型均搭载了华为自研的自动驾驶、智能网联等技术，具备高度智能化的特点。

实施目标：

在本任务中你将作为华为汽车的短视频策划和运营人员，以团队为单位选择一款车型并进行合适的选题，在完成文案的撰写后，团队将真实制作一个短视频。

项目四　汽车短视频营销与运营

实施过程：

建议按以下步骤完成任务：

第一步：选择 1 款华为汽车车型以及 1 个短视频平台，简单描述此短视频平台的特点；

第二步：对选择的华为汽车车型进行短视频创作方案的制订，包括短视频的定位、创意的展现、针对的用户需求、内容中人的呈现形式；

第三步：小组分工进行短视频脚本的撰写。

第四步：在两个不同平台上各选择 1 个的自己熟悉或感兴趣的车企/经销商账号并进行深入了解和分析；

第五步：采用 Xmind 等思维导图工具将所有信息进行整合梳理。

任务工单

任务：汽车短视频的选题和文案撰写		实训时长：80 分钟	
姓名		班级		学号	
实训日期		教师		评分	

实训内容：

第一步：在班级内分组，一组人数不超过 6 人。采用教师管理分组流程，学生决定分组的方式完成分组。分组要兼顾个性及能力特长，完成：

（1）任务角色的定义：需要资料搜索、讨论主持、讨论记录者及软件制作等角色，并完成对各角色任务的阐述。

（2）任务角色的认领：经过角色的定义和阐述，学生根据自己的兴趣爱好，选择与能力匹配的角色。

1. 角色定义及阐述。

2. 角色分配。

小组成员	角色	特长	主要职责	目标技能

第二步：选择 1 款华为汽车车型以及 1 个短视频平台，简单描述此短视频平台的特点。

汽车新媒体营销与运营技术

续表

1. 通过知识学习和小组讨论，选择并下载一个短视频平台。

所选择的华为汽车车型是：

短视频平台是：

2. 该短视频平台的特点是：

第三步：对选择的华为汽车车型进行短视频创作方案的制订，包括短视频的定位、创意的展现、针对的用户需求、内容中人的呈现形式。

1. 选题定位：

2. 体现创意：

3. 符合的用户需求：

4. 内容中人的呈现形式：

第四步：小组分工进行短视频脚本的撰写。

1. 短视频拍摄方式：

2. 短视频画面内容：

反思和总结：

项目四　汽车短视频营销与运营

> 任务评价

评分项	分项要素	评分细则	自我评价	小组评价	教师评价
纪律 （5分）	1. 不迟到； 2. 不早退； 3. 学习用品准备齐全； 4. 积极思考和回答课程问题； 5. 积极参与教学活动	未完成1项扣1分，扣分不得超过5分			
职业素养 （15分）	1. 积极与他人合作； 2. 积极帮助他人； 3. 遵守礼仪礼节； 4. 做事态度严谨、认真； 5. 具备劳动精神，能主动做到场地的6S管理	未完成1项扣3分，扣分不得超过15分			
专业技能 （40分）	1. 能够选择正确的品牌车型； 2. 能够根据车型制订短视频选题方案，包括短视频的定位、创意的展现、用户的需求、内容中人的呈现形式； 3. 能够正确进行短视频脚本撰写； 4. 能够设计短视频拍摄方式、画面内容； 5. 能够撰写短视频台词、选定音乐和确定视频镜头拍摄时长	未完成1项扣5分，扣分不得超过40分			
工具及设备的使用 （20分）	1. 能正确使用电脑、iPad、手机进行资料检索、视频拍摄和处理； 2. 能正确使用场地工具	未完成1项扣10分，扣分不得超过20分			
任务工单填写 （20分）	1. 字迹清晰； 2. 语句通顺； 3. 无错别字； 4. 无涂改； 5. 无抄袭； 6. 内容完整； 7. 回答准确； 8. 有独到的见解	未完成1项扣3分，扣分不得超过20分			

任务3 汽车短视频内容拍摄制作与发布
Mission three

任务3 微课：
汽车短视频内容
拍摄制作与发布

任务描述

车企为展示汽车的卖点或宣传品牌，通常会在多种推广渠道、多个短视频平台发布汽车或与汽车相关的短视频。这些短视频通常可以通过手机来拍摄。这种便利快速的拍摄方式，让所有人都能够轻松制作短视频，但是在拍摄短视频时，仍然需要通过设计镜头语言和构建美学价值体系来提高短视频的质量。精湛的拍摄技巧能够完美展现汽车的外观与细节，通过高清的镜头和巧妙的角度，让观众仿佛置身于实车之中，感受汽车的每一个线条与质感。通过运用各种拍摄手法和剪辑技巧，让视频更具观赏性和吸引力，从而吸引更多的观众点击和分享，扩大汽车品牌的影响力。

了解探索当下优秀的汽车短视频拍摄的技巧，了解短视频的基础名词，并尝试运用短视频拍摄后的剪辑技巧，完成相关子任务。

任务目标

通过本任务的学习，需要达成以下目标：
1. 熟悉短视频拍摄的专业术语；
2. 了解短视频拍摄设备和辅助设备；
3. 掌握短视频拍摄场景的布置方法；
4. 熟悉短视频常用的 App；
5. 熟悉景别、画面构成、拍摄角度及色彩渲染等基础知识；
6. 掌握短视频常用的构图方式和布光方式；
7. 掌握短视频拍摄中常用的运镜方式；
8. 培养实事求是的学习和工作态度，以及精益求精的工匠精神；
9. 培养健康审美情趣，提升个人审美能力。

任务分析

要完成本学习任务，可以按照以下流程进行：
1. 学习汽车短视频的制作等知识点；
2. 根据所学内容拍摄和制作校内汽车短视频；
3. 内容创意、头脑风暴：小组内进行头脑风暴，讨论短视频内容，构建模拟一次短视频拍摄；
4. 方案汇报与短视频制作：在班级中进行短视频展示，收集同学和老师的反馈，对短视频制作进行调整。

项目四　汽车短视频营销与运营

> 知识准备

一、短视频拍摄的专业术语

短视频拍摄涉及一些较为专业的名词术语，了解这些专业术语有利于创作者更好地进行短视频拍摄。

①时长。时长是指短视频的时间长度，时长单位有秒、分和小时等。

②帧。帧是影像动画中最小单位的单幅影像画面，一帧就是一幅静止的画面，连续的帧就形成动画。

③帧速率。帧速率是指每秒播放的图片帧数，也称帧率，单位为 f/s。视频画面的帧速率一般不小于 8 f/s，电影帧速率是 24 f/s，短视频帧速率通常不低于 24 f/s。

④宽高比。宽高比也被称为长宽比、像素比或画面比例，通常是指短视频画面宽度和高度的比例，主要有 9∶16（竖屏）、16∶9（横屏）、1∶1、4∶3、2∶1 等。其中抖音短视频的宽高比以 9∶16 为主。

⑤分辨率与像素。图像分辨率通常用帧的宽和高的像素数量表示，帧的尺寸越大，视频画面也越大，像素数量也越多。像素是数字图像中的单元点，在帧尺寸一定的情况下，像素越多视频画面越清晰。

⑥镜头。镜头有两种意思：一是指拍摄设备生成影像的光学部件；二是指从开机到关机所拍摄下来的一段连续的视频画面，或某个短视频的两个剪辑点之间的片段，也叫一个镜头。

⑦对焦。对焦也称为对光、聚焦，是指通过拍摄设备的对焦组件变动镜头焦点的位置，使拍摄对象成像清晰的过程。

⑧快门。快门是拍摄设备上用以控制曝光的重要装置，在拍摄时开启以允许光线进入，可使底片接受曝光。

⑨快门速度。快门速度通常是指拍摄设备的快门开合一次所需要的时间。拍摄短视频通常会将快门速度设定为帧速率的两倍。通常快门速度越快，则运动的拍摄对象在底片上呈现的影像越清晰，反之，快门速度越慢，则运动的拍摄对象的影像越模糊。

⑩感光元件。感光元件是一种将光学图像转换成电子信号的装置，主要功能是将从镜头射入的光线传送到取景器。感光元件是拍摄设备的成像核心部件，感光元件的好坏与拍摄设备的品质成正比关系。

⑪光圈。光圈是一个控制光线照射感光元件进光量的装置，光圈开得越大，拍摄设备的进光量就越多，反之，光圈开得越小，拍摄设备的进光量就越小。光圈大小通常用 F 值表示。在进行短视频拍摄时，F 值越小，光圈开得越大，短视频画面中远处的背景越模糊；F 值越大，光圈开得越小，短视频画面中远处的背景越清晰。图 4–10 展示了同一画面在不同的光圈（从左到右光圈增大）下拍摄后得到的结果。

129

图 4-10 光圈增大的图像

⑫感光度。感光度通常用 ISO 值表示，是一种衡量拍摄设备对光灵敏程度的数值。通常在光线不足的环境中拍摄短视频时，适当调高感光度能让短视频画面变得较为清晰。但需要注意的是，调高感光度后，短视频画面中产生的噪点（不应该出现的像素）就越多，画质也越差。图 4-11 展示了画面拍摄后，进行感光度调试后的结果。

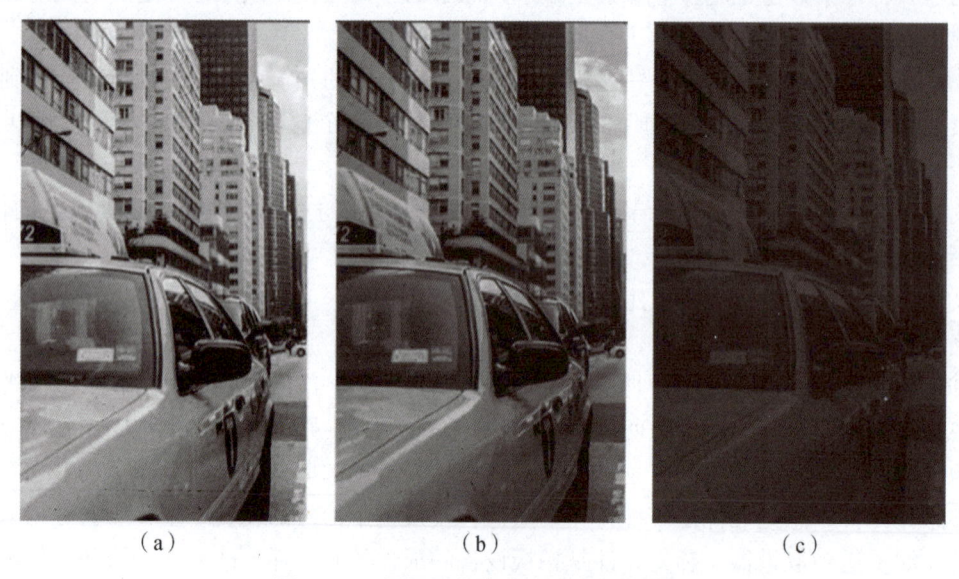

（a）　　　　　　　　　（b）　　　　　　　　　（c）

图 4-11　原图及调高感光度后图像呈现
（a）原图；（b）、（c）调高感光度后的图像

⑬曝光。曝光是指在拍摄过程中照射在感光元件上的光量，由光圈、快门速度、感光度共同控制。较高的曝光量表示视频画面较亮，视频画面太亮被称为过度曝光，而视频画面较暗被称为曝光不足。手机拍摄短视频通常会自动曝光，进行手动对焦则可以调整曝光。图 4-12 展示了图片在调整曝光量不同的情况下所得到的拍摄结果。

项目四　汽车短视频营销与运营

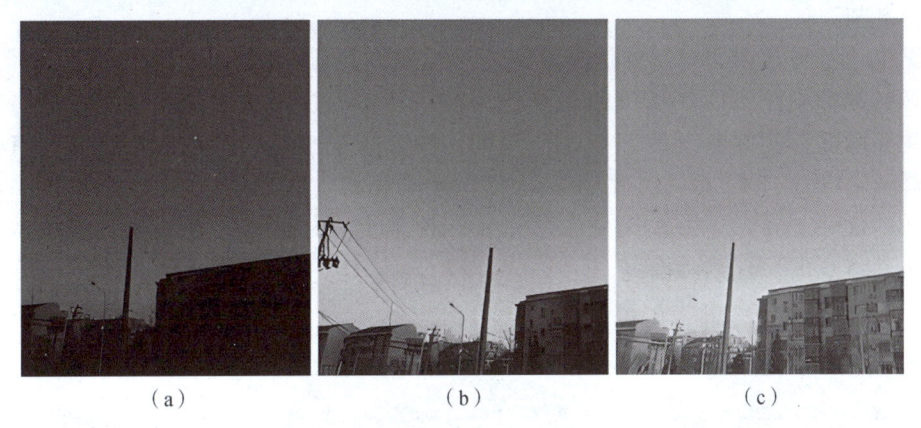

图 4-12　图片在调整曝光量不同的情况下所得到的拍摄结果
(a) 曝光不足；(b) 曝光正常；(c) 过度曝光

二、短视频拍摄的主要设备

（1）手机

手机在日常生活中几乎无处不在，人们可以直接使用手机拍摄短视频，也可以将拍摄的短视频通过手机发布到网上，非常方便。人们还可以通过手机中的短视频 App 拍摄短视频，通过设置滤镜等，提升短视频画面的视觉效果。手机短视频拍摄也具备一定的优势和短板，如表 4-6 所示。

表 4-6　手机拍摄短视频的优势和短板

手机拍摄短视频的优势	手机拍摄短视频的短板
拍摄方便。可以使用手机轻易捕捉和拍摄美丽的风景和有趣的事物	感光元件尺寸较小，手机机身纤薄，所以无法容纳太大尺寸的感光元件，导致拍摄短视频画面质量不足
操作智能。手机和短视频 App 的操作都非常智能化，操作较为简单、快捷	
编辑便捷。手机拍摄的短视频可以直接通过相关 App 来进行后期编辑，随后可以直接发布，而相机和摄像机的短视频拍摄，需要导入电脑后再进行剪辑处理，最后发布到网上	使用手机拍摄短视频过程中容易出现抖动现象导致成像效果不好。目前，手机具备的光学抖动功能通常应用于拍摄照片，还无法应用于拍摄短视频
互动性强。手机能够进行多窗口的设置，一个窗口显示拍摄画面的同时可以在另一个窗口进行实时信息交流	
美化功能强。很多手机自带美化工具，能够在拍摄短视频的同时，美化短视频画面	无法降噪。噪点过多会使短视频画面看起来混乱、模糊和粗糙，无法突出重点。通常相机可以通过调整感光度来降低噪点，而大部分手机的光圈是不能调整的
续航能力强。目前大部分手机的电池都支持多个小时的视频拍摄	

（2）相机

相机也是一种常用的短视频拍摄设备，除了能拍摄出各种漂亮的照片外，还能拍摄出媲美摄像机的短视频画面。相机的主要优点在于能够通过镜头更加精确地取景，拍摄出来的短视频画面与实际看到的几乎是一致的。拍摄短视频时，使用的相机主要有微单相机（见图4-13）、单反相机（见图4-14）、运动相机（见图4-15）3种类型。相机拍摄短视频的优势主要在于由大尺寸的感光元件带来更大分辨率和更换多种镜头从而拍摄出具有不同特点的短视频画面。

图4-13　微单相机　　　图4-14　单反相机　　　图4-15　运动相机

（3）摄像机

摄像机是专业的视频拍摄设备，通常在车企制作宣传推广类短视频时会使用摄像机。摄像机的类型较多，通常按照功能分为用于新闻采访、活动记录的专业摄像机（见图4-16）和适合家庭使用、便于携带的家用摄像机（见图4-17）。

（4）无人机

无人机摄影已经发展成为一种较为成熟的拍摄手法，主要设计航拍、全景、俯瞰视角等镜头时，往往会使用无人机作为拍摄设备。无人机拍摄短视频具有影像清晰、视角独特的优点。在较为开阔的地方可以自由地起飞和降落，受场地限制较小。但是其主要劣势在于成本较高且存在一定的安全隐患。

无人机（见图4-18）由机体和遥控器两部分组成。机体中带有摄像头或高性能摄像机，可以完成短视频拍摄任务；遥控器主要负责控制机体飞行和摄像。

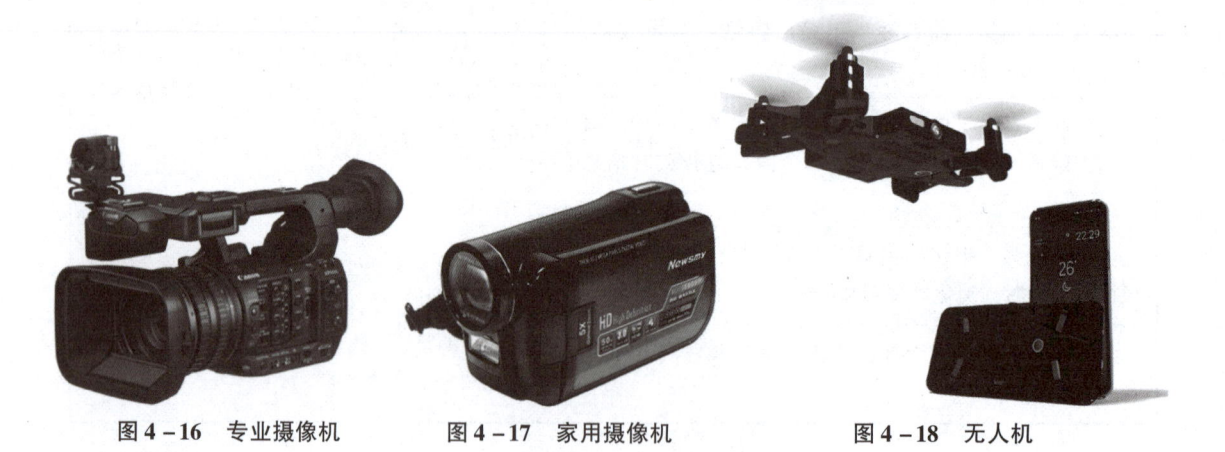

图4-16　专业摄像机　　　图4-17　家用摄像机　　　图4-18　无人机

三、短视频的拍摄技巧

1. 景别

景别是指由于拍摄设备与拍摄对象的距离不同，拍摄对象在视频画面中所呈现出的范围大小的区别。景别是视觉语言的一种基本表达方式，任何现代影视作品都是由不同景别的画面按照叙事规律组合而成的，短视频拍摄也遵守这样的拍摄规律。

景别通常由以下两个因素决定：

①视距。视距是指拍摄设备的位置与拍摄对象的距离，即视距。通常视距越大，景别越大，拍摄对象的细节越模糊，视频画面容纳的内容越多；视距越小，景别越小，拍摄对象越突出，环境因素越少。

②焦距。通常焦距越长，视角越窄，景别越小；反之，焦距越短，视角越宽，景别越大。也就是说，在拍摄短视频时，可以通过改变拍摄设备的视距或焦距来设置景别。

景别是视频画面空间的表达方式，不同的景别可以使视频画面呈现出不同的效果，从而产生画面节奏的变化，通常景别有远景、全景、中景、近景和特写5种类型，划分标准是根据拍摄对象在视频中画面所占比例大小，如图4-19所示。

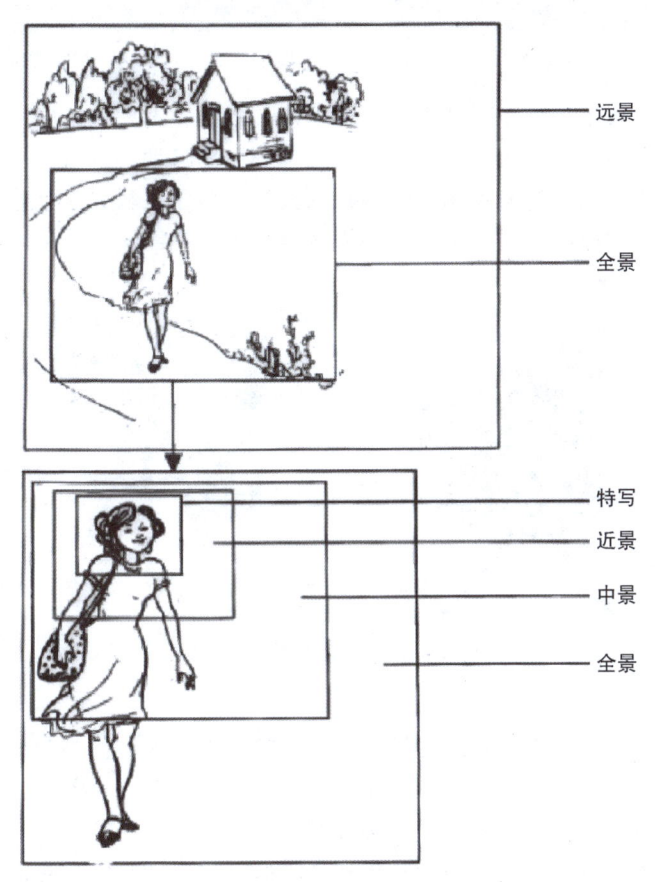

图4-19 常见景别种类

（1）远景

远景通常用来展现与拍摄设备距离较远的环境全貌，用于展示人物及其周围广阔的空间环境、自然景色和群众活动大场面等画面。远景相当于从较远的距离观看景物和人物，视野宽广，以背景为主要拍摄对象，整个画面突出整体，细节部分通常较为模糊。

远景通常可以分为两种：第一种是大远景，展示遥远的风景，人物或其他事物比例非常小，基本以"点"的形状出现或者不出现，如图4-20所示，大远景通常都是辽阔的自然景观；第二种是远景，拍摄距离相比于大远景距离稍微近些，但是镜头中的画面仍然深远，人物或其他事物在整体视频画面中只占很小的比例，但是基本能看清楚，如图4-21所示。

图4-20 大远景

图4-21 远景

短视频中的远景通常使用相机和无人机拍摄。相机具备专业的光学变焦功能，能够直接通过焦距的变化来拍摄远景画面。无人机航拍能给用户俯瞰地面的视觉感受，使画面更加辽阔和深远。使用手机拍摄远景需要掌握一些拍摄技巧，由于手机光学变焦功能相对较弱，可以通过外接长焦镜头拍摄的方式，来提高短视频清晰度，如图4-22所示。

图4-22 手机外接长焦镜头

(2) 全景

全景是用于展示某一具体场景的全貌或者人物的全身，来交代一个相对窄小的活动场景里人与周围环境或人与人之间的关系。从视觉上看，全景拍摄以对象为主，环境为辅。拍摄汽车展示类短视频时经常会选择全景作为主要的景别。

远景和全景都属于短视频中常用于开头和结尾部分的景别，但是它们有一些不同，通常远景展示的是更大范围里人或物与环境的关系，而全景中人物或者事物的活动信息会更加突出，在叙事和阐述人物与环境的关系方面起到独特的作用。

与远景相比，全景会有比较明确的内容中心和拍摄主体。当拍摄主体为人物时，全景主要凸显人物的动作、神态,同时视频画面中应该出现人物所处环境;当拍摄的视频画面要表现环境时,主体(人或物)在其中的高度不超过视频画面高度的1/5;如果拍摄主体为产品,产品应当超过视频画面高度的1/2,但是不能超出整个画面。图4-23所示为汽车短视频中的全景。

图4-23 汽车短视频中的全景

拍摄全景时,要将拍摄主体设置在一个明显的位置,以便展示其外观特征。要注意全景与其他景别的关联性。通常,在某一具体场景中,拍摄全景的目的是引出后面一系列中景、近景或特写镜头,全景镜头中的画面应当是后面相关景别镜头的叙事依据。例如,先拍摄汽车停放在迷人的城市风景中,随后通过流畅的剪辑过渡到中景,聚焦于汽车的前脸设计,最后拉近至近景,细节展示车标和精致的工艺线条,确保每个镜头都紧密关联。

(3) 中景

中景是指人物膝盖以上的画面或场景局部的画面。在所有景别中,中景重点表现的是人物的上身动作,环境相对处于次要地位。相较于全景,中景更能细致地推动短视频情节发展、表达情绪和营造氛围,所以中景具有较强的叙事性。

中景不仅能让用户看清楚拍摄对象,还能为镜头的变化起到过渡作用,主要的作用有以下三点:

①刻画人物。短视频中表现人物的身份、动作以及动作的目的,甚至多人之间的人物关系的镜头,以及包含对话、动作和情绪交流的场景都可以采用中景。

②展现关系。使用中景可以表现视频画面中人与物的关系。例如,在短视频拍摄中,中景通常展示了驾驶者在车内如何自信地操控车辆,体现出人与车之间的和谐统一。

③对称构图。双人中景中,可以将视频画面从中间一分为二,采用对称构图,用位置、动作等体现两人的状态和关系。

拍摄中景时,人物应当占据重要位置,即使是产品展示,也要注意人物的言行举止对展示产品产生的效果。拍摄中景时,尤其需要注意横屏和竖屏拍摄,如果使用横屏拍摄,画面会更有空间感;如果使用竖屏拍摄,画面会更紧凑和饱满。

(4) 近景

近景是人物胸部以上的画面,有时也用于表现景物或产品的某个局部。近景的可视范围较小，人物、景物或产品尺寸足够大，细节比较清晰，因此非常有利于表现人物面部细节的表情、神态或其他部位的细小动作，以及景物、产品的局部状态。正是由于这种特性，近景在短视频拍摄中应用得非常广泛，可用于表现人物面部表情，传达人物的内心世界。

短视频中，近景主要用于表现细节和刻画人物性格。

①表现细节。拍摄设备离拍摄对象越近，背景和环境因素的功能就越弱，视频画面中的内容也就越少。所以，为了呈现更多的内容，需要将镜头集中到一些细节之处，这时就需要使用近景。

②刻画人物性格。近景往往具有刻画人物性格的作用，通常以人物的面部表情和细微的动作来体现。

（5）特写

特写是指画面的下框在人物肩部以上的头像，或物体的细部。由于特写的画面视角最小，视距最近，整个拍摄对象充满画面，因此能够更好地表现拍摄对象的线条、质感和色彩等特征。短视频中使用特写能够更清晰地向用户展示产品细节，为剧情内容营造悬念，还能细微地表现人物的面部表情，在展示人物内心活动的同时给用户留下深刻的印象。

特写可以分为普通特写和大特写两种。

①普通特写。普通特写就是拍摄设备在很近的距离内拍摄对象，突出人物、景物或产品的某个部位。

②大特写。大特写又称为细部特写，主要针对拍摄对象的某个局部进行拍摄，更加突出局部的细节。

特写一般出现在产品展示类短视频中，特别是展示产品细节的时候。通常可以展示汽车短视频中最有价值的部分，以强化用户对事物的认识，并达到透过事物的深层内涵、揭示事物本质的目的。例如要展示汽车能够通过手机进行智能遥控或远程遥控的卖点，只需要拍摄手机中汽车遥控 App 的特写画面，如图 4-24 所示。

图 4-24 汽车手机遥控 App 特写画面

2. 画面构成

短视频画面通常由主体、陪体和环境三个要素构成。

项目四　汽车短视频营销与运营

（1）主体

主体是短视频中的主要拍摄对象，在短视频中起主导作用，是视频画面的表现中心，也是用户观看的视觉中心。短视频中的主体通常是单一的一个对象或一组对象，既可以是人，也可以是物，甚至是抽象的对象。从摄影摄像的角度出发，视频画面的行为中心就是主体，视频画面中的各种元素都围绕着主体展开。主体在画面构成中的主要作用就是表达内容和构建画面。在拍摄短视频时，一定要强调和突出产品的主体形象，让用户瞬间领会到摄像所要表达的意图。

（2）陪体

陪体作为主体的陪衬存在，是短视频中的次要拍摄对象。拍摄短视频时，通常会用与主体形成对比或起到反衬作用的陪体，以突出主体，美化、平衡视频画面，并渲染整体气氛。陪体在短视频拍摄中的主要作用有以下四种：

①画面构成中并不一定要有陪体，但恰当地运用陪体可以让视频画面更为丰富，而且可以渲染气氛，对主体起到解释、限定、说明、烘托的作用。

②主体在陪体的衬托下，更容易说明画面内容，即陪体的存在可以对主体起到解释说明的作用，有利于用户正确地理解画面内容。

③拍摄远景时，可以将陪体作为画面前景，用来增强视频画面的透视效果，使景深富有立体感、空间感。

④视频画面中存在陪体也是为了让用户在视觉上产生平衡感。

短视频中的陪体不能抢夺用户对主体的关注，所以需要进行一定的处理，常见的处理方式分为直接处理和间接处理。直接处理是指在视频画面中直接出现陪体，通过虚化或者暗化陪体的方法来分清主次，图4-25所示为利用虚化树木的方式，展示汽车的速度。间接处理是指将陪体设置在视频画面外，用户可以通过视频画面中某个线索的引导将其在脑中联想出来。间接处理可以调动用户的思维，同时也使短视频在内容和形式上产生空间延伸和意境，不适合产品展示类短视频。

图4-25　汽车短视频中利用虚化树木展示汽车的速度

（3）环境

环境是主体和陪体所处位置的物质和非物质因素的总和，包括人物、景物和空间等，是视频画面的重要组成部分。在画面构成中，环境的作用主要是烘托气氛，突出主体特点，强化主体表现力，丰富视频画面层次。环境通常包括前景、中景、背景和留白。

1）前景

前景是指位于主体前面或靠近镜头的景物，前景的设置通常会依据主体的特征和画面构成的需要来决定。

①通过前景丰富画面元素。前景可以丰富画面的构成元素，例如，拍摄旅游主体的汽车短视频时，可以利用花草、树木等对象作为前景来丰富视频画面。

②通过前景形成框架构图。框架构图是一种常用的画面构图方式，主要是巧妙地应用线条优美的门、窗或树等前景在视频画面中形成框架。

③通过前景引导视觉流向。拍摄时如果场景中有比较明显的线条，只要在画面构成中将线条指向主体，则能够使前景的线条具有明显的视觉导向作用。

2）中景

中景是主体的存在环境，在画面构成中用于放置主体，通常位于前景和背景之间，且中景在整个画面构成中所占比例应该更多。通常，在拍摄产品展示类短视频时，中景为产品放置环境，产品背后则是真实或虚幻的背景，使整个画面构成有层次感和空间感。

3）背景

背景是主体背后的景物，通常用于交代主体所处的位置、场景及渲染气氛。产品展示类短视频中，背景比前景重要，背景可以间接点明主题，起到画龙点睛的作用。

4）留白

留白是我国传统艺术的重要表现手法之一，在短视频画面构成中也较常出现，即在视频画面中留下一定的空白。例如，蓝蓝的天空中一架无人机在悬停，从画面构成的表象上只感觉天空格外空旷，但将广袤的天空与小小的无人机联系在一起，就可以突出无人机轻松飞到高空进行航拍的卖点。留白更多用于摄影和电影中，在短视频画面构图中应用留白可以提升短视频的美学价值。

3. 布光位置

光线是影响短视频画面质量的一个十分重要的环境因素。好的布光可以提升光线效果，从而有效地提高短视频的画面质量，特别是在拍摄产品展示类短视频时，通过光线的光位、光型和光比，能够更好地展现产品的材质和特点，拍摄出吸引用户关注的视频画面。

（1）光位

光位是指光照射的方向，分为水平光位和垂直光位两种类型。

1）水平光位

水平方向的光位包括顺光、侧光和逆光三种类型，如图4-26所示。

①顺光。顺光也叫做正面光，是指从拍摄对象的正前方打光，即来自镜头方向的光。顺光是较为常用的光位，光线直线投射到拍摄对象上，照明均匀，且阴影面少，可充分、细腻地展现出拍摄对象的色彩和表面细节。顺光的缺点是不易表现出拍摄对象的线条结构，缺乏立体感，如图4-27所示。

②侧光。侧光是指光源从拍摄对象的左侧或右侧

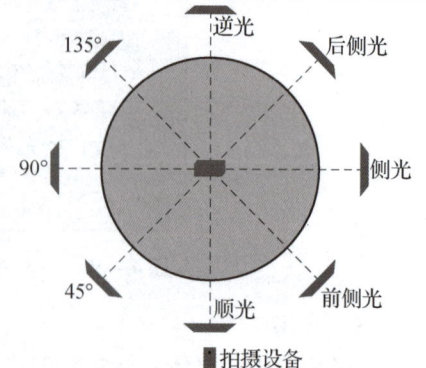

图4-26 拍摄短视频时的水平光位

射来的光线。侧光在拍摄对象上形成明显的受光面、阴影面和投影,画面有强烈的明暗对比,具有空间感和立体感,但是有较强的明暗反差不利于展示拍摄对象的全貌,可考虑使用反光板在另一侧进行补光。

③逆光。逆光也叫做后方布光,是指从拍摄对象的背面打光,拍摄对象与背景存在极大的明暗反差。在逆光的条件下,可隐去拍摄对象的结构细节,光源会在其边缘勾画出一条明亮的轮廓线,较好地表现纵深感,形成独特的光线结构,产生剪影、眩光等特殊艺术效果,如图 4 – 28 所示。

图 4 – 27　汽车的顺光拍摄　　　　图 4 – 28　汽车的逆光拍摄

2）垂直光位

垂直方向的光位主要有顶光和底光两种类型。

①顶光。顶光是指从拍摄对象的顶部打光,其光线与拍摄设备成 90°。用顶光拍摄,拍摄对象的底部会出现较深的影子,且影子很短。顶光一般只用作修饰光。

②底光。底光是指从拍摄对象的底部打光。这种光线形成自下而上的投影,一般用于表现透明物体或营造神秘、高级的气氛。底光也是一种常用的修饰光,可以减少拍摄对象底部的阴影。

（2）光型

光型是指各种光线在拍摄时的作用。在拍摄短视频的过程中,根据光线作用于拍摄对象的不同效果,可以分为主光、辅光、轮廓光和背景光四种主要光型,如图 4 – 29 所示。

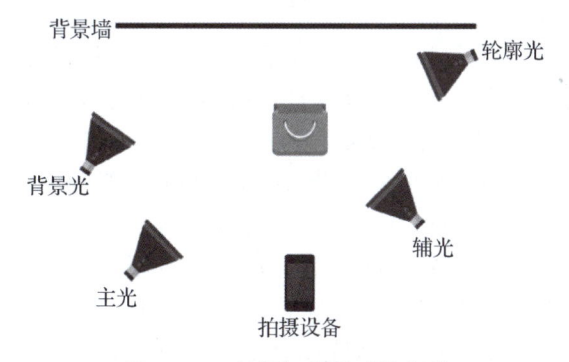

图 4 – 29　拍摄短视频时的光型

①主光。主光是布光中占支配地位的光,也常称为基调光或造型光,是拍摄对象的主要照明光线,对拍摄对象的形态、轮廓和质感的表现起主导作用。在短视频拍摄现场,主光通常是柔光灯发出的,这种类型的光线比较均匀。用主光作为基本照明和基调。主光只能有一

个，若同时将多个光源作为主光，多个主光会同时在拍摄对象上产生阴影，使画面显得杂乱无章，无法突出主体。

②辅光。辅光也称为补光，是一种用于照亮被摄物阴影的光线，其主要作用是辅助造型。辅光的主要作用是提高主光产生的阴影部位的亮度，以平衡和调节拍摄对象明暗两面的亮度差，体现阴影部位的更多细节。在运用上，辅光的强度要比主光强度小，否则拍摄对象会出现明显的辅光投影，即"夹光"现象。辅光不能抢夺主光的地位，所以两者之间要有一个最佳光比，这个比例需要通过反复试验来获得。

③轮廓光。轮廓光主要作用是勾画被摄对象轮廓，能体现拍摄对象的立体感与空间感。轮廓光的光位通常为逆光或者后侧光，轮廓光的强度通常比主光的强度更高，使用颜色较暗的背景有助于突出轮廓光。

④背景光。背景光是照射背景的光线，主要用来调整拍摄对象周围环境、背景的影调。背景光的运用需要考虑背景的色彩、距离与照明角度，在拍摄时应当对背景光进行反复调整。拍摄短视频时可以通过调节背景光的亮度来调整视频画面的基调。

(3) 光比

光比指拍摄对象亮部与暗部受光强弱（光照强度）的比例。光比越大，拍摄对象亮部与暗部之间反差越大；光比越小，拍摄对象亮部与暗部之间反差越小。通常情况下，光比大小由主光和辅光的强度以及光源与拍摄对象的距离决定。

①调节主光和辅光的强度。加强主光强度或减弱辅光强度使光比变大；反之，则光比变小。

②调节光源与拍摄对象的距离。缩小主光光源与拍摄对象的距离或加大辅光光源与拍摄对象的距离使光比变大；反之，则光比变小。

四、短视频剪辑

1. 剪辑软件

短视频剪辑软件有很多，通常根据剪辑设备的不同，分为移动端的短视频剪辑软件和PC端的短视频剪辑软件两种类型。

(1) 移动端的短视频剪辑软件

移动端的短视频剪辑软件指能够在手机或平板电脑中使用的剪辑软件，其优点是使用方便和快捷，操作也比较智能化，可应用软件自带的特效模板，轻松制作出短视频。

①剪映。剪映是一款比较全能的短视频剪辑App，具备视频拍摄和剪辑功能，自带多种功能的视频特效和模板，能够轻松完成拍摄、剪辑和发布短视频等相关操作。剪映具有同类型剪辑软件的诸多优点，包括模板众多、音乐特效丰富等特点。同时，剪映也有PC端版本，可下载后安装使用，是一款全终端使用的短视频剪辑软件。

②秒剪。秒剪是微信官方推出的短视频剪辑App，可以直接导入图片和视频素材，由App自动完成短视频的剪辑工作；也可以输入或录制几句话，同样由App自动将文字剪辑成短视频。

③巧影。巧影是一款功能齐备的专业级短视频剪辑App，其很多功能与PC端的视频剪辑软件类似。巧影的剪辑、特效和背景抠像功能非常强大，而且操作简单、易上手，可实现专业剪辑。

（2）PC 端的短视频剪辑软件

PC 端的短视频剪辑软件主要包括 Premiere、会声会影和快剪辑等，这些剪辑软件在视频定义、视频可操作性上具有很大的优势，能制作出具有多功能创意效果的短视频。

①Premiere。Premiere 是一款常用的专业视频剪辑软件，被广泛运用于电视节目、广告和短视频等视频剪辑制作中。Premiere 能够完成采集、剪辑、调色、美化音频、字幕添加、输出等一整套视频剪辑工作。

②会声会影。会声会影是一款功能强大的视频剪辑软件，具有图像抓取和编修功能，并提供了 100 多种的编制功能与效果，可导出多种常见的视频格式。

③快剪辑。快剪辑是免费的视频剪辑软件，支持给视频添加字幕、调色等功能，并具备操作简单、画质高清、运行速度快，以及特效和转场多样等优点。

2. 剪辑手法

短视频剪辑是指通过对视频素材进行一系列操作，包括剪辑、剪切、合并、特效处理、音乐配合等，将原始素材处理成一段短小精悍、富有创意的视频作品的过程。剪辑需要将多个拍摄的视频画面连接在一起，剪辑手法的作用就是在连接过程中改变画面视角，推动内容情节向目标方向发展，让短视频更加精彩。

①标准剪辑。标准剪辑是短视频剪辑中的常用手法，基本操作是使视频素材按照时间顺序拼接组合，制作成最终的短视频。

②J Cut。J Cut 是一种声音先入的剪辑手法，是指使视频画面中的声音在视频画面出现前响起，以达到一种未见其人先闻其声的效果，用于给视频画面引入新元素。例如，先响起汽车引擎声，然后出现行驶的汽车。

③L Cut。L Cut 是将上一个视频画面的音效一直延续到下一个视频画面中的剪辑手法，这种剪辑手法在短视频中很常见。例如，在汽车测评中，测评员对于汽车速度作出评级后，下一个视频画面中汽车行驶在宽广的公路上，而测评员的声音仍然在继续。

④匹配剪辑。匹配剪辑连接的两个视频画面通常动作一致，或构图一致。匹配剪辑经常用作短视频的转场，因为影像有跳跃的动感，可以从一个场景跳到另一个场景，从视觉上形成精彩的转场效果。

⑤跳跃剪辑。跳跃剪辑就是两个视频画面中的场景不变，但画面主体发生变化，其剪辑逻辑与匹配剪辑正好相反。跳跃剪辑通常用来表现时间的流逝，也可以用于关键剧情的视频画面中，以增加视频画面的紧迫感。

⑥动作剪辑。动作剪辑是指视频画面在人物角色或者画面主体仍在运动时进行切换的剪辑手法。需要注意的是，动作剪辑中的剪辑点不一定在动作完成后，剪辑时可以根据人物动作实施方向设置剪辑点。

⑦交叉剪辑。交叉剪辑是指不同的两个场景来回切换的剪辑手法，通过来回频繁地切换视频画面来建立角色之间的交互关系，在影视剧中打电话的镜头大多使用的就是交叉剪辑。短视频剪辑中，使用交叉剪辑能够增强节奏感，增强内容的张力并制造悬念，使用户对短视频产生兴趣。

⑧蒙太奇。蒙太奇（Montage）来自法语，本来用于建筑学中，意为构成、装配，后来被广泛应用于电影行业。蒙太奇指在描述一个主题时，将一连串相关或不相关的视频画面组接在一起，以产生暗喻效果。

3. 转场

短视频是由若干镜头序列组合而成的，每个镜头序列都具有相对独立和完整的内容。而在不同的镜头之间的过渡或衔接就称为转场。转场能够保证整条短视频节奏和叙事的流畅。

（1）技巧转场

技巧转场是通过电子特技切换台或后期软件中的特技技巧，对两个画面的剪辑来进行特技处理，完成场景转换的方法。

①淡入和淡出。淡入和淡出又称渐显和渐隐。淡入是指下一个视频画面的光度由零度逐渐增至正常的过程，类似于舞台剧的幕启；淡出则相反，是指视频画面的光度由正常逐渐变暗直到零度的过程，类似于舞台剧的幕落。

②叠化。叠化也称交叉淡化，是指两个视频画面层叠在一起，前一个视频画面没有完全消失，后一个视频画面没有完全显现，两个视频画面均有部分画面留存在屏幕上。

③划像。划像是指两个画面之间的渐变过渡，分为划出与划入。划出指的是前一画面从某一方向退出荧屏，划入指下一个画面从某一方向进入荧屏。通常会使用线条或圆、三角形等几何图形来改变视频画面的转场方式。

（2）无技巧转场

技巧转场通常带有比较强的主观色彩，而无技巧转场通常以前后视频画面在内容或意义上的相似性来转换时空和场景，客观性更强。

①根据动作的相似性转场。这种转场是以人物或动物相同或相似的运动为基础进行的画面转换。

②根据声音的相似性转场。利用声音的相似性转场是指借助前后视频画面中对白、音效、音乐等声音元素的相同或相似性来组接视频画面。

③根据具体内容的相似性转场。利用具体内容的相似性进行转场是指以视频画面中人物的形象或景物的相似性为基础组接视频画面。

④根据心理内容的相似性转场。利用心理内容的相似性转场是指前后视频画面组接的依据是由主角的联想而产生的相似性。

⑤空镜头转场。空镜头中没有人物，主要用于刻画人物性格、渲染气氛，可以用作两个视频画面之间的过渡镜头。

⑥特写转场。特写转场是指无论上场戏的最后一个镜头是何种景别，下场戏的第一个镜头都用特写景别拍摄。特写转场用于强调场景的转换，常常会带来自然、不跳跃的视觉效果。

⑦遮挡镜头转场。遮挡镜头转场是指在上一个镜头接近结束时，拍摄汽车与被拍摄者接近以致整个视频画面黑屏，下一个镜头被拍摄者被移出拍摄画面，实现场景或段落的转换。上、下两个镜头的画面主体可以相同，也可以不同。这种转场方式既能给观众带来强烈的视觉冲击，又可以造成视觉上的悬念。

4. 字幕

（1）字幕的功能

①增强用户对视频的理解力和记忆力。字幕能够帮助观众更准确地理解视频中的对话、

项目四　汽车短视频营销与运营

说明或故事情节，特别是对于听力有困难的观众或非母语族群来说，字幕的出现可以大大提高他们对视频内容的理解和接受度。观众通过字幕可以更清楚地接收信息，从而更好地吸收和理解视频内容，这有助于提高他们对视频内容的记忆能力。

②强化短视频的表现效果。字幕本身是形象直观的视觉符号，字幕适时、适地、适度的艺术性"亮相"，能够给予视频画面点缀、美化的作用，会在一定程度上提升视频画面的观赏效果。

③体现短视频类型。字幕是短视频的重要组成部分，字幕的文字、字体、样式、颜色等属性都可以进行灵活的修改和调整。此外，还可以选择预设的样式，使字幕更加符合视频的整体风格和主题。

④展示卖点。字幕可以清晰地展示产品的卖点，如产品展示类短视频中的字幕就主要用于展示产品或品牌的特色和卖点。

（2）制作字幕的注意事项

①字幕内容的准确性。字幕应准确地反映视频内容，避免出现错别字、病句等问题。另外，错误字幕容易对用户形成误导，造成负面影响。

②字幕格式与位置。短视频的标题和发布者的账号名称通常出现在屏幕的左下角，添加字幕时应该避免这个位置，否则会造成字幕遮挡的情况。通常，字幕的位置在视频画面上方四分之一处较为合理。

③字幕断句与样式。一条字幕一般控制在 15~20 字，文字太多会有换行的问题，也不利于观众的浏览。

④添加描边以突出字幕。当采用白色或黑色的纯色字幕时，字幕很容易与视频画面重合，影响观看，此时可以采用添加描边的方式来突出字幕。

任务实施

实施背景：

汽车短视频拍摄和剪辑已经成为车企录用新媒体专员的主要技能之一，掌握该技能可以帮助学生在求职市场提升竞争力。

实施目标：

本任务中你将作为某品牌汽车的短视频策划和拍摄人员，以团队为单位选择一款车型并进行合适的选题，根据基本要求，完成短视频文案扩写后，选择合适的拍摄设备、镜头，真实制作一个短视频。

实施过程：

建议按以下步骤完成任务：

第一步：选择一款校内汽车以及一个短视频平台，简单描述汽车的特点；

第二步：根据选择的车型，进行 3 分钟的分镜头脚本扩写；

第三步：根据脚本选择镜头布光方式；

第四步：将拍摄视频剪辑成时长为 5 分钟的短视频，并选择合适的转场方式和字幕排版方式。

汽车新媒体营销与运营技术

任务工单

任务：汽车短视频的制作		实训时长：80 分钟	
姓名		班级		学号	
实训日期		教师		评分	

实训内容：

第一步：在班级内分组，一组人数不超过 6 人。采用教师管理分组流程，学生决定分组的方式完成分组。分组要兼顾个性及能力特长，完成：

（1）任务角色的定义：需要资料搜索、讨论主持、讨论记录者及软件制作等角色，并完成对各角色任务的阐述。

（2）任务角色的认领：经过角色的定义和阐述，学生根据自己的兴趣爱好，选择与能力匹配的角色。

1. 角色定义及阐述。

2. 角色分配。

小组成员	角色	特长	主要职责	目标技能

第二步：选择 1 款校内汽车以及 1 个短视频平台，简单描述汽车特点。

1. 通过知识学习和小组讨论，选择并下载 1 个短视频平台。

所选择的汽车品牌是：

汽车类型是：

项目四　汽车短视频营销与运营

续表

第三步：根据选择的车型，进行 3 分钟的分镜头脚本扩写。

提纲要点	要点内容
主题	车型展示
汽车外观	①拍摄品牌标识、车辆的车头细节（特写为主），介绍车头位置的设计提升； ②正面转侧面的拍摄，介绍系统和雷达； ③展示汽车轮胎（特写）、内饰（特写），介绍新配色和内饰更新

1. 选定展示镜头拍摄：

2. 选择景别：

3. 选择画面镜头：

4. 选择台词：

第四步：根据脚本选择镜头布光方式。

光线位置：

主光：

辅光：

背景光：

145

续表

第五步：将拍摄视频剪辑成时长为 5 分钟的短视频，并选择合适的转场方式和字幕排版方式。

转场方式和字幕排版方式：

转场方式：

字幕：

反思和总结：

任务评价

评分项	分项要素	评分细则	自我评价	小组评价	教师评价
纪律 （5 分）	1. 不迟到； 2. 不早退； 3. 学习用品准备齐全； 4. 积极思考和回答课程问题； 5. 积极参与教学活动	未完成 1 项扣 1 分，扣分不得超过 5 分			
职业素养 （15 分）	1. 积极与他人合作； 2. 积极帮助他人； 3. 遵守礼仪礼节； 4. 做事态度严谨、认真； 5. 具备劳动精神，能主动做到场地的 6S 管理	未完成 1 项扣 3 分，扣分不得超过 15 分			

项目四　汽车短视频营销与运营

续表

评分项	分项要素	评分细则	自我评价	小组评价	教师评价
专业技能 （40分）	1. 能够根据短视频脚本提纲扩写分镜头脚本； 2. 能够选择合适的镜头拍摄； 3. 能够设计短视频拍摄景别、画面镜头、台词； 4. 能够选定音乐，确定视频镜头拍摄时长； 5. 能够剪辑拍摄视频	未完成1项扣5分，扣分不得超过40分			
工具及设备的使用 （20分）	1. 能正确使用手机、相机进行拍摄； 2. 能正确使用场地工具； 3. 能正确使用软件进行视频剪辑	未完成1项扣10分，扣分不得超过20分			
任务工单填写 （20分）	1. 字迹清晰； 2. 语句通顺； 3. 无错别字； 4. 无涂改； 5. 无抄袭； 6. 内容完整； 7. 回答准确； 8. 有独到的见解	未完成1项扣3分，扣分不得超过20分			

任务4　汽车短视频平台运营

Mission four

任务4微课：
汽车短视频
平台运营

任务描述

短视频运营通常需要先注册一个与短视频内容匹配的短视频账号，然后通过短视频账号发布剪辑好的短视频，最后通过各种营销推广方式来吸引用户关注短视频。车企在剪辑汽车推广短视频时，需要根据现有的短视频风格的运营形成一项精心策划、创意驱动且技术支撑的视觉盛宴，通过多元化的内容满足不同观众的需求和兴趣，提高视频的覆盖范围和吸引力，同时，应更好地与观众建立联系并传递其品牌形象和价值观。

在本任务中，我们将了解并探索当下优秀的汽车短视频平台运营的技巧，了解不同短视

汽车新媒体营销与运营技术

频平台运营与管理的区别，并尝试分析某一汽车品牌短视频推广、运营及管理技巧，完成相关子任务。

任务目标

通过本任务的学习，需要达成以下目标：
1. 熟悉短视频账号的用户定位、内容定位及人设标签设定；
2. 掌握注册并设置短视频账号的方法；
3. 熟悉发布短视频的操作；
4. 熟悉短视频推广的渠道和常用技巧；
5. 培养正确的营销意识和行业竞争观念；
6. 掌握通过富有创意的短视频回应用户诉求的方式；
7. 培养以高度责任感与使命感推广宣传中国品牌、传承中华文化的精神。

任务分析

要完成本学习任务，可以按照以下流程进行：
1. 学习汽车短视频运营技巧分析等知识点；
2. 选择一个粉丝数量超过 10 万的汽车品牌，收集其短视频传播推广的软文、视频等，并观看其短视频；
3. 根据所学知识对其短视频运营的相关内容进行分析（粉丝情况、账号定位、内容定位、作品特点、发布时间、推广方式等）；
4. 内容创意、头脑风暴：在小组内进行头脑风暴，讨论该品牌的短视频运营可以优化之处；
5. 方案汇报与反馈：在班级中进行方案汇报，收集同学和老师的反馈，对方案进行适当的调整。

知识准备

一、短视频的定位

1. 账号定位

短视频运营需要先明确目标用户，然后根据自身条件划分内容领域，并以此为基础来定位短视频账号。

（1）用户定位

短视频运营的目标通常是获得用户的关注和喜爱，因此，用户是短视频运营的基础。另外，不同内容的短视频针对的目标用户也不同，所以首先需要明确的是账号所面向的用户类型。

①确定用户的基本需求。基本需求是指用户观看短视频的目的，包括获取知识技能、休闲娱乐、寻求消费指导，以及获得自我归属感等。其中，获取知识技能的需求通常适用于短视频账号发展的中后期，休闲娱乐则通常适用于短视频账号发展的所有时期，寻求消费指导

项目四　汽车短视频营销与运营

的需求通常适用于短视频账号发展的中后期，获得自我归属感的需求通常适用于短视频账号发展的前中期。

②获取用户信息数据。用户信息数据是指用户在网络中观看和传播短视频的各种信息数据。用户的信息数据是组成用户画像基本框架的元素，能够展现出用户对短视频内容的需求差异，如图4-30所示。

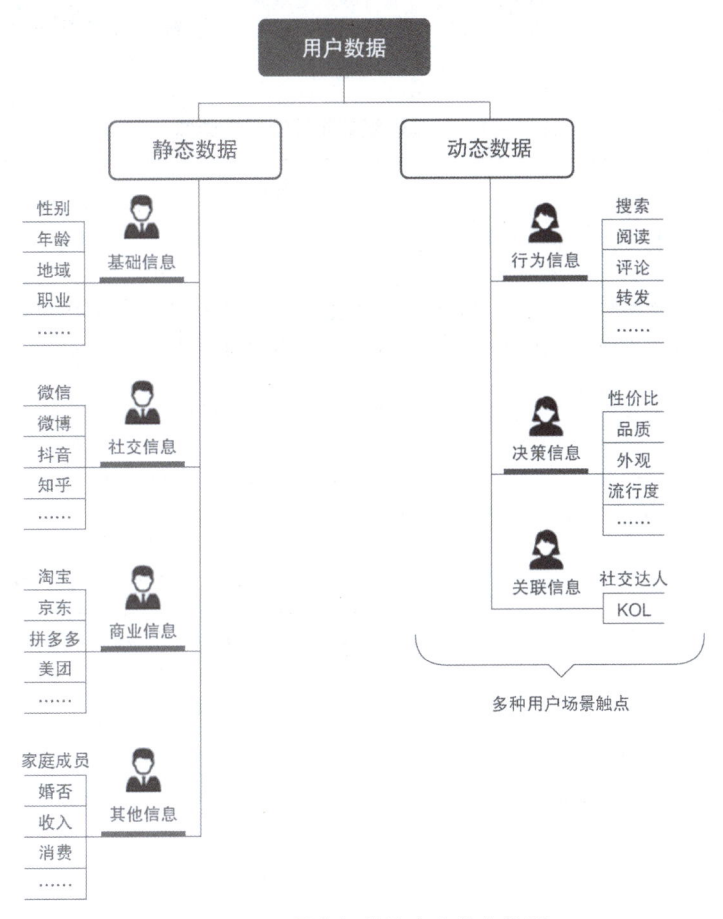

图 4-30　用户相关的个人信息数据

用户画像中的数据分为静态数据和动态数据。其中，静态数据是指用户相对稳定的信息，这些信息通常不会随时间发生显著变化，构成了用户画像的基础框架；动态数据是指用户不断变化的行为信息，反映了用户的实时状态和需求。通过收集和分析动态数据，可以更深入地了解用户的行为习惯、兴趣爱好和消费偏好等。

③确定使用场景。使用场景是指用户观看短视频的时间和地点等信息。进行用户定位时，通常需要将这些信息融入特定的场景中，从而更好地整理归纳用户的特征。例如，需要选购汽车的用户，一般会在选购之前观看测评相关的视频，目的是找到适合自己驾驶的汽车类型。确定用户的使用场景可以归纳出以下六个要素：

Who（何人）：谁在观看短视频？

What（何物）：观看的短视频内容有哪些？

When（何时）：什么时间观看短视频？

Where（何处）：用户分布区域，观看短视频的地点。
Why（为何）：用户观看短视频的目的或动机。
How（如何）：综合考虑，确定用户的具体使用场景。

（4）形成用户画像。用户画像通常是根据用户的属性、生活习惯、偏好和行为等信息抽象描述出来的标签化用户模型。例如，收集某汽车短视频相关用户信息数据融入使用场景中，再把相关数据按照一定类别分类，以此整理出汽车短视频账号的用户画像，如表4-7所示。

表4-7 汽车短视频账号的用户画像

属性	特点
性别	男性用户为主，占比约70%，女性用户占比较低
年龄	粉丝平均年龄为25.14岁，且普遍集中在30岁以下。18岁以下用户占比约5%，18~24岁用户占比约8%，24~40岁用户占比约71.28%
地域分布	主要集中在二线城市，一、三线城市占比相对较少
关注账号的决定性因素	信息的准确性、内容的实用性和趣味性，为自己提供汽车的相关知识，账号与用户的互动频率较高，持续发布优质内容等
活跃时间	工作日为12：00—14：00，16：00—23：00；节假日为10：00—24：00
感兴趣的话题	二手车选购、新车推荐、日常保养、故障排查
点赞及评论的条件	用户认为视频内容具有价值、实用，引起用户共鸣于某个驾驶场景或汽车文化
其他特征	喜欢看实拍测评

2. 内容定位

运营人员在为品牌运营短视频账号时，需要针对具体产品、品牌、目标用户和运营目标制订具体的内容定位方案。同时，针对不断变化的市场环境和用户需求，随时调整和更新内容定位方案，以创造更多符合品牌精神和用户需求的优质内容。

①确定品牌价值。首先需要了解品牌的核心价值和品牌定位，确定所代表的行业、目标人群、口号、文化等，以此为核心开展短视频创作。

②定义目标受众。在制定内容方向之前，需要详细分析品牌所面对的目标受众，包括年龄、性别、地域、兴趣爱好等。

③分析市场竞争。针对品牌所在行业，分析市场竞争情况，了解竞争对手的优、劣势，根据竞争对手情况汲取经验，同时优化创作。

④确定内容形式。结合短视频平台的特点，确定具体内容形式。

⑤制订定期计划。依据车企运营策略，将短视频营销活动计划集成到品牌运营的策略中，制订定期创作和发布计划，提高受众对品牌的关注度。

项目四 汽车短视频营销与运营

二、短视频的发布

1. 作品描述

作品描述以文案的形式出现在短视频画面的左下角，用于向用户传达内容创作者的思想和意图，带动用户的情绪，并吸引用户的关注。通常作品描述可以分为以下四种类型。

①叙述。叙述是指将短视频的内容和主题用平铺直叙的方式表述出来，大多数短视频采用这种类型。

②互动。互动是以疑问或反问的形式与用户互动。这种作品描述往往能够激起用户强烈的好奇心。

③悬念。悬念是用结果的未知或者直接以悬念故事开头等来撰写作品描述，从而吸引用户看完整个短视频。

④正能量。正能量是指作品描述中体现励志、真善美等，很多用户更愿意观看和分享这种类型的短视频。

2. 发布时间

发布时间是影响短视频发布效果的一个重要因素，即使是同一条短视频，如果在不同的时间发布，其发布效果也有可能会有很大的不同。内容创作者可以根据短视频账号的用户定位，在用户较为活跃的时间发布短视频。短视频的发布时间可以归纳为四个黄金时间段。

①6:00—9:00。在这个时间段，用户通常处于起床、吃早饭、上班和上学途中的状态，关于汽车保养知识、通勤与驾驶技巧等类型的短视频，可以在这个时间段发布。

②12:00—14:00。这个时间段的用户通常处于吃午饭或午休的状态，很多用户会选择浏览自己感兴趣的短视频。这个时间段是轻松幽默的驾驶故事等主题的短视频发布的最佳时间。

③18:00—20:00。这个时间段的用户通常处于下班、放学、吃晚饭的状态，大部分用户通过观看短视频来打发时间，在这个时间段发布的短视频更容易被用户看到。

④21:00—23:00。这个时间段的用户通常属于准备睡觉的状态，是用户较为活跃的时间段，这个时间段发布的短视频也容易被用户注意到。

三、汽车短视频的推广

1. 推广渠道

推广是短视频获取用户关注所必不可少的环节，在发布短视频后，及时推广才能有效聚集热度，获得更多流量。短视频的主要推广渠道分为三种，不同的推广渠道其推广方式不同。

（1）短视频平台

目前常见的短视频平台，如抖音、快手、小红书等，都拥有较大的流量，且都具有不同的推广渠道。以抖音为例，其推广渠道主要分为收费推广渠道和免费推广渠道两种类型。

①收费推广渠道。抖音官方推出的"DOU+"就是一项帮助内容创作者获取更多流量和曝光的付费推广服务。根据抖音官方的定义，"DOU+"是一款短视频加热工具，购买并使用后可将短视频推荐给更多感兴趣的用户，并提高短视频的播放量与互动量。

②免费推广渠道。免费推广渠道较常见的就是参加各种挑战，让短视频账号获得更多的曝光，从而推广账号中的各种短视频。"抖音小助手"账号通常会定期推送抖音中热门的挑战赛，这些热门挑战赛的关注用户数量通常达到几千万人甚至几亿人。

（2）社交媒体平台

社交媒体平台的代表是微博、微信等平台，这些平台的特点是传播性强、使用频率高，用户的信任度也较高，因此是较好的短视频推广渠道。其推广方式主要是将发布到平台的短视频分享和转发到社交媒体平台中。以微信为例，它可以将短视频发布到微信公众号、微信群和朋友圈。

①微信公众号推广。微信公众号主要包括订阅号、服务号、企业号和小程序四种类型，个人创作的短视频可以考虑申请服务号来推广，而一些短视频团队或企业创作的短视频则可以开通订阅号或企业号来推广。

②微信群推广。内容创作者可以通过建立微信群与用户交流和互动，以增强用户黏性，使用户产生凝聚力，从而提高用户的留存率。

③朋友圈推广。内容创作者可以在朋友圈中发布短视频，引导好友转发，达到推广的目的。

（3）资讯平台

资讯平台包括新闻聚合平台、垂直新闻资讯平台等。前者以传播新闻资讯为主，会在各种资讯中通过短视频的形式来增加信息的真实性和现场感，代表平台包括今日头条、一点资讯等；后者则属于行业性较强的平台，这些平台以发布专业的短视频来获得用户的关注，典型代表有汽车类的汽车之家等。内容创作者可以根据短视频内容选择与内容关联度大的垂直新闻资讯平台发布和推广短视频，例如，专门分享汽车使用和维护知识的短视频可以选择汽车之家作为推广渠道。

2. 推广技巧

除了上面描述的常见推广方式，对于大多数短视频账号来说，采用一些简单的推广技巧也可以促使短视频的有效传播，增强营销推广的效果。

①设置有吸引力的标题。标题具有唯一的代表性，且是用户快速了解短视频内容并产生记忆与联系的重要途径。即使是同一内容的短视频，也会因为标题的不同而产生截然不同的播放效果。想要短视频脱颖而出，获得更高的播放量，就需要注重标题设计。撰写短视频标题时最重要的原则是真实，即标题需要符合短视频的内容和主题，不能用过于夸大、严重失真的标题来引人注意，必须让短视频的标题与内容有关联，否则容易引起用户的反感。

②评论互动。短视频评论区是一个非常适合免费推广的渠道，很多新建的短视频账号由于用户有限，需要珍惜每一个在评论区留言的用户。内容创作者可以主动在短视频的评论区中发布引导性评论，让用户围绕该话题产生各种讨论。这些方式可以增加用户的参与感，增强用户的黏性，以提高短视频的热度。

③多渠道传播。内容创作者可以在多个平台建立账号，可将同一条短视频发布到多个平台中，以增加短视频的播放量。多渠道传播也要注意调研和分析不同平台的目标用户，根据不同平台用户的特征来进行调整。

④与他人合作推广。内容创作者可以与有影响力的短视频账号、达人合作，充分利用双方的用户资源和流量，共同推广短视频内容。

任务实施

实施背景：

在当前的数字化时代，汽车短视频运营正逐渐成为汽车行业推广和营销的重要一环。汽

项目四　汽车短视频营销与运营

车短视频运营团队需要精通汽车知识，熟悉短视频平台的运营规则，同时具备创新思维和敏锐的市场洞察力。完成视频制作后，团队将选择适合的短视频平台进行发布和推广。

实施目标：

通过本任务的学习，需要大家掌握汽车短视频运营内容以及技巧，熟悉各短视频平台运营与管理的区别，以及具备分析优秀车企短视频运营技巧的能力。

实施过程：

建议按以下步骤完成任务：

第一步：选择 1 个粉丝数量在 10 万以上的汽车品牌/经销商账号；

第二步：小组成员根据所学知识对其短视频运营的相关内容进行分析（包括粉丝情况、账号定位、内容定位、作品特点、发布时间、推广方式等）；

第三步：小组讨论该品牌的短视频运营可以优化之处；

第四步：形成 PPT 在班级进行汇报、讨论和反馈。

任务工单

任务：汽车短视频运营技巧分析		实训时长：60 分钟	
姓名		班级		学号	
实训日期		教师		评分	

实训内容：

第一步：在班级内分组，一组人数不超过 6 人。采用教师管理分组流程，学生决定分组的方式完成分组。分组要兼顾个性及能力特长，完成：

（1）任务角色的定义。需要资料搜索、讨论主持、讨论记录者及软件制作等角色，完成对各角色任务的阐述。

（2）任务角色的认领：经过角色的定义和阐述，学生根据自己的兴趣爱好选择与能力匹配的角色。

1. 角色定义及阐述。

2. 角色分配。

小组成员	角色	特长	主要职责	目标技能

续表

第二步：选择1个粉丝数量在10万以上的汽车品牌/经销商账号。

直播平台：

粉丝数量：

第三步：小组成员根据所学知识对其短视频运营的相关内容进行分析（包括粉丝情况、账号定位、内容定位、作品特点、发布时间、推广方式等）。

1. 粉丝情况：

2. 账号定位：

3. 内容定位：

4. 作品特点：

5. 发布时间：

第四步：小组讨论该品牌的短视频运营可以优化之处。比如，该短视频运营可以在哪些地方进行优化？提出一定的建议或意见。

项目四　汽车短视频营销与运营

续表

第五步：形成 PPT 在班级进行汇报、讨论和反馈。

反思和总结：
_____
_____
_____
_____

任务评价

评分项	分项要素	评分细则	自我评价	小组评价	教师评价
纪律 （5分）	1. 不迟到； 2. 不早退； 3. 学习用品准备齐全； 4. 积极思考和回答课程问题； 5. 积极参与教学活动	未完成 1 项扣 1 分，扣分不得超过 5 分			
职业素养 （15分）	1. 积极与他人合作； 2. 积极帮助他人； 3. 遵守礼仪礼节； 4. 做事态度严谨、认真； 5. 具备劳动精神，能主动做到场地的 6S 管理	未完成 1 项扣 3 分，扣分不得超过 15 分			

汽车新媒体营销与运营技术

续表

评分项	分项要素	评分细则	自我评价	小组评价	教师评价
专业技能 （40分）	1. 能够正确选择合适的短视频运营账号进行分析； 2. 能够正确判定短视频传播推广的形式； 3. 能够提炼总结短视频传播的内容和渠道； 4. 能够提炼、分析、总结直播间粉丝运营的情况（包含粉丝情况、账号定位、内容定位、作品特点、发布时间、推广方式等）； 5. 能够对分析的账号直播运营提出新的建议和见解	未完成1项扣5分，扣分不得超过40分			
工具及设备的使用 （20分）	1. 能正确使用手机、相机进行拍摄； 2. 能正确使用场地工具	未完成1项扣10分，扣分不得超过20分			
任务工单填写 （20分）	1. 字迹清晰； 2. 语句通顺； 3. 无错别字； 4. 无涂改； 5. 无抄袭； 6. 内容完整； 7. 回答准确； 8. 有独到的见解	未完成1项扣3分，扣分不得超过20分			

同步测试

一、单选题

1. 景别一般分为5种，由远及近分别为（　　）。
   A. 特写、中景、全景、近景、远景
   B. 远景、中景、全景、特写、近景
   C. 特写、近景、中景、全景、远景
   D. 远景、全景、中景、近景、特写

2. 在调整视频画面时，利用"亮度"可以调整（　　）。
   A. 画面的明暗　　　　　　　　　　B. 画面的色彩
   C. 画面的冷暖风格　　　　　　　　D. 画面最亮与最暗部分的差值

156

项目四　汽车短视频营销与运营

3. 以下关于撰写短视频脚本中要注意的点，不正确的是（　　）。

A. 受众　　　　　　　　　　　　B. 内涵

C. 风景　　　　　　　　　　　　D. 垂直

4. 以下软件适合用于短视频剪辑和编辑的是（　　）。

A. Premiere　　　　　　　　　　B. Photoshop

C. After Effects　　　　　　　　D. 3D Studio Max

二、判断题

1. 短视频是指各类自媒体平台中时长在 5 分钟以内的视频。（　　）

2. 拍摄视频素材时，人物全身出现，反映人物与环境的关系的景别是全景。（　　）

3. 一个账号既可以发有情类视频，也可以发有益类或有趣类的视频，这样可以实现观众多元化。（　　）

技能提升

知识拓展：

2024 年抖音平台迎来重要变革，为了鼓励并推动更多符合平台规范的内容创作，抖音推出了一系列新规定，主要包括以下几点：

1. 视频内容不能含有任何违法和违规内容，如暴力、色情、恶意攻击等。

2. 视频中不能出现医疗、食品、教育、保险、药品等财产类产品的广告，也不能涉及政治、选举等敏感话题。

3. 视频必须是竖屏拍摄的，不符合竖屏规范的视频会被裁剪。

4. 视频清晰度要求较高，建议分辨率不低于 720P。

案例分析：

五菱"超能打全能 SUV"创意内容营销事件

知家 DTC 从 2020 年起陪伴五菱成长，其与五菱合作组建项目团队，托管运营五菱 Social 矩阵资源，包括官方微信公众号、官方微博、直营店/经销商矩阵、达人矩阵和用户矩阵，高效整合多方资源，陪跑五菱汽车成长为国民大品牌，为本次品牌营销铺垫了基础传播媒介。

2022 年 7 月，五菱星辰混动产品正式发布，在产品相关微信文章多篇 10W＋爆款推文加持下，无不证明广大受众对五菱混动的持续关注。本次品牌合作配合该新品上市，创作社会化媒体创意内容并进行传播。

为适应短视频时代"短、平、快"的营销节奏，形成病毒式洗脑效果，知家 DTC 为五菱创作了 4 支幽默短视频，分别覆盖 4 大核心卖点，共计取材 12 个小场景，围绕"够××，才算×××"的主题口号进行创作，并通过重复五菱汽车广告素材片段与"够×××，才算超能打全能 SUV"超级符号，形成受众对品牌的关联记忆。

通过黑长直摸头杀、咖啡拉花和文件签名等 12 个小生活场景，分别为"够××，才算×××"进行填空造句，策划并制作"够懂你、够强劲、够省钱、够丝滑"4 部小短片。

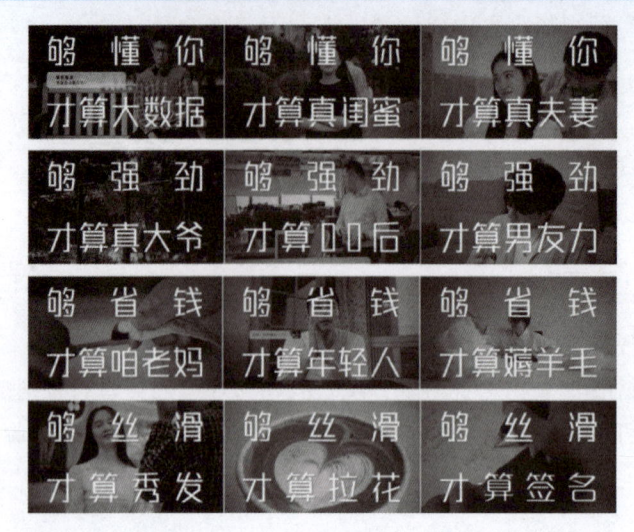

围绕"够×××，才算超能打全能SUV"，发起"够×××，才算×××"的开放留白话题，让用户产生具象化的品牌感知，鼓励其参与二次创作与社交媒体互动，打造话题裂变效果。

思考题：

上述案例的短视频运营亮点有哪些？哪些值得我们在日常短视频创作和推广中学习和借鉴？

项目五　汽车直播营销与运营

项目介绍

由于传统营销方式已经无法满足新一代用户数字化、个性化的消费习惯，直播等新媒体形式逐渐成为用户获取信息的主要方式，越来越多的车企开始通过直播平台建立品牌官方账号，发布直播内容，重塑与用户的沟通方式，直播营销与运营的汽车领域综合型人才越来越被需求和重视。

为了更好地完成教学目标，达成教学效果，本项目选取汽车直播营销内容定位和规划、汽车直播营销策划流程及文案撰写、汽车直播运营技巧三大工作任务。

汽车新媒体营销与运营技术

任务 1 汽车直播营销内容定位和规划
Mission one

案例引入

任务 1 微课：
汽车直播营销
内容定位和规划

知识目标

1. 掌握汽车直播营销的概念和特点；
2. 了解内容定位的基本内容；
3. 掌握汽车直播营销策划的流程和要点；
4. 掌握汽车直播营销和运营的概念及区别；
5. 了解直播运营的技巧；
6. 了解不同直播平台运营与管理的区别。

技能目标

1. 能够分析车企品牌的直播内容定位和规划；
2. 能够进行汽车直播营销的策划并组织实施；
3. 能够撰写汽车直播文案；
4. 能够真实演绎一场完整的汽车直播；
5. 能够对某一汽车品牌进行直播运营与管理的分析。

素养目标

1. 树立对建设数字中国、科技强国、网络强国的信心和责任，培养深厚的中华民族自豪感；
2. 培养"经世济民"的家国情怀和职业品格，理解直播营销在促进经济发展和社会进步中的作用；
3. 了解直播营销相关的法律法规，增强法治意识，确保直播营销活动的合法合规；
4. 培养职业道德和精益求精的工匠精神、创新思维和团队合作精神。

任务描述

请分析五菱汽车跨界直播的内容定位，并通过抖音、快手等平台研究五菱汽车在不同平台账号的直播情况，绘制其品牌的内容定位和规划的思维导图，完成相关子任务。

任务目标

通过本任务的学习，需要达成以下目标：
1. 掌握直播营销的概念和特点；
2. 了解内容定位的基本内容以及其对直播营销的重要性；

项目五　汽车直播营销与运营

3. 具有对某一汽车品牌进行直播内容定位、规划和分析，并进行初步内容策划的能力；

4. 培养基础的策划和创意思维。

任务分析

通过本任务的学习可以熟悉直播营销的概念和特点，内容定位的策划和规划的方法和流程，完成该学习任务时，要求学生以小组为单位，用新媒体营销运营思维以及宏观、微观不同角度思考和解决问题。

要完成本学习任务，可以按照以下流程进行：

1. 学习汽车直播营销内容定位、内容规划等知识点；
2. 了解五菱汽车品牌，并进入其直播平台观看直播；
3. 根据所学知识对其直播的内容定位进行分析；
4. 内容创意、头脑风暴：在小组内进行头脑风暴，讨论可以为该品牌策划的直播内容；
5. 方案汇报与反馈：在班级中进行方案汇报，收集同学和老师的反馈，对方案进行适当的调整。

相关知识

一、认识汽车直播营销

汽车直播营销是指在现场随着事件的发生、发展，同时制作和播出节目的营销方式。该营销活动以直播平台为载体，以达到帮助车企获得品牌提升、销量增长、线索收集的目的。其特点有直观、便捷、内容丰富、表现形式好、交互性强、地域不受限制、受众可划分、支持点播和重播。

直播作为一种新的品牌营销方式，主要用于塑造品牌形象和提升产品销量。

直播营销具有广泛的传播能力和更强的互动性，对于汽车公司而言，直播覆盖了大规模消费者并扩大了汽车公司的品牌效应。此外，通过直播前、中、后期巧妙的营销闭环设计，可以更好地提高客户交易效率。

案例讨论

哈弗×罗永浩直播卖车首秀

2020年4月10日，第二次直播的罗永浩，联合汽车品牌哈弗直播卖车首秀，订单总金额超15亿元。在老罗独特的直播方式下，消费者从外向内逐渐接触哈弗F7的硬核和内在，从了解到认同迅速被圈粉，进一步提升了哈弗的品牌情怀、美誉度。在完成直播间转化的同时，在消费者心中也埋下了营销线索。

早在疫情前期，哈弗便已展开线上营销布局。在云上沟通渠道选择方面，哈弗精准捕捉当下消费者的线上注意力风向，早早确立直播＋短视频两大热门形态；哈弗的线上直播看车模式，采用"1＋K＋N＋X"方式，即由哈弗品牌发起，多位KOL深度参与，抖音直播团购全程扶持赋能。哈弗H6销量突破300万之际，哈弗展开"全民掘金，轻松赚钱"活动，将

161

品牌侧的庆祝转化为用户侧的狂欢。同时哈弗也已形成品牌自有IP——"合伙人计划"，推荐购车成功不仅有机会获得现金奖励、精美车模、车品代金券等惊喜大礼，还将有机会获邀参加哈弗汽车新品上市发布会和工厂。

思考与讨论：

你认为哈弗汽车这场直播的成功之处有哪些？

二、内容定位：找准目标与受众

内容定位是汽车直播营销的核心，它决定了直播内容的方向和目标受众。找准目标与受众，是内容定位的首要任务，也是实现营销目标的关键。

1. 确定直播营销目标

确定直播营销目标是内容定位的基础。不同的营销目标决定了直播内容的侧重点和形式。例如，如果目标是提高品牌知名度和认知度，那么直播内容可以围绕品牌故事、品牌文化和品牌形象展开，以增加观众对品牌的了解和认同；如果目标是产品展示，那么直播内容可以聚焦于新车型的特点和优势，通过详细展示和讲解，让观众深入了解产品的特点和优势；如果目标是活动促销，那么直播内容需要不断强化活动的优惠力度，通过一些直播间氛围和技巧的把控，不断强化活动利益点，从而引导观众到店参与活动。

目前汽车直播的活动目标主要是获取有效线索、留下客户资源、吸引客户到店，因此直播营销的目标往往不是单一的，通过产品展示和活动促销留下客户资源是车企直播营销的常规目标。

2. 找准目标受众

在确定营销目标的基础上，分析目标受众是至关重要的。通过分析目标受众的画像，了解他们的年龄、性别、地域和消费习惯等信息，有助于更好地把握他们的需求和喜好。此外，研究受众的兴趣点也是关键，因为不同受众对汽车外观、性能、内饰等方面的关注点不同。只有深入了解受众的兴趣点，才能更好地定制内容，满足他们的需求。

用户画像分析的基本要素主要是从其社会属性、心理属性、兴趣特征、消费特征、位置特征、设备特征、行为数据、社交数据等维度进行分析。

（1）目标人群画像的步骤

定位目标人群的"样子"就是从目标客户群身上找出共同的特征，如年龄、爱好、受教育程度、生活环境、经济收入等。通过这些特征可以快速在网络世界中找到他们，然后有针对性地去解决他们的痛点。

1）产品优势和卖点

首先要列出产品本身的主要优势和卖点。以某品牌新能源汽车产品为例，先将其卖点和优势罗列成：可油可电，续航里程高达1 500千米；快充仅需要1小时，完全没有长途旅行的里程焦虑；价格实惠10万出头；空间宽敞，一家7口人出行都能装下；展示达人测评、真实案例、媒体推荐、认证信息等。

2）解决用户痛点，引起情感共鸣

罗列出优势和卖点后，就可以从优势和卖点出发，思考以下两点：产品能帮助用户解决什么困难？如何让用户在情感上找到共鸣？

项目五　汽车直播营销与运营

①客户忧虑：油费太贵了，买得起车，养不起、用不起车。

②情感共鸣：二胎家庭出行，带上老人就坐不下了，现在一辆车解决所有问题，免去了用户每次无法装下全家人出行的遗憾，幸福全家等。

3) 定位目标用户属性

针对以上用户痛点和情感共鸣进行延伸，定位目标人群所具备的属性。可以通过以下四种方法来定位目标人群的属性：

①自我假设。自我假设就是自问自答，可以从多个角度去假设，来判断什么样的群体会有上面所说的困难和焦虑，如性格、年龄、学历、区域、爱好、工作、经济收入、业余活动、崇拜偶像等。

假设一（年龄）：多大年龄的用户有二胎、有全家出游的用车场景？应该是"75后""80后"比例较多。

假设二（收入）：对于买得起 10 万元左右的车但是又焦虑油费的用户，收入水平大致怎样？应该是除去日常开销后相对来说不会太宽裕的，所以收入中等偏低。

假设三（爱好）：喜欢经常全家出游的用户一般喜欢浏览哪些网上平台？应该喜欢浏览一些旅游、自驾游的社区，经常会关注旅拍达人的微博、微信公众号等；或是亲子出游的一些的 App、QQ 群、微信群等。

还有很多其他的假设，就不一一举例了，大家可以拓展自己的思维，任意想一种产品，然后沿着这种思路去发现该产品目标用户群的形象定位。

②询问朋友。可以咨询身边的朋友，尤其是产品目标人群范围内的那些朋友，可以与他们多交流，挑选一些比较好的建议，具有普遍性的可以作为定位精准目标人群画像的思路。

③用户反馈。从用户的反馈中来分析之前的用户群定位是否准确，是否已经解决大部分用户的痛点，或者他们身上还有哪些潜在需求是没有注意到的，可以进一步去满足的？所以，一定要利用好用户反馈，它可以帮助我们改进产品，还能帮助我们拓展更多的精准用户群。

④网上查找资料。通过网上查找资料的方式来定位目标人群，可以下载与产品相关的统计报告（如艾瑞、易观国际、抖音的巨量数据）、搜索指数（如百度指数、抖音热点宝等）、数据统计后台（新抖、飞瓜）等。

4) 细分卖点

筛选目标用户群的大致属性分类后，可以说基本上找到了目标人群的轮廓，但是这种大致的人群属性，竞争很大，所以要选择一个比较好做的市场，也就是细分需求或者细分人群（也称细分卖点），这样定位才会更加精准，客户的需求才会更加强烈。

所以，为了筛选出更加精准的目标人群，要在产品卖点和优势上加入市场和竞争这两个维度。换言之，就是人无我有，人有我优，这样才能得到目标用户的认可。

5) 针对目标用户进行营销

细分市场和卖点后，网站运营中对目标人群的定位就基本上成功了。套用营销中的俗语，就是"鱼塘已经找到了"，针对这些人群做的营销才是最合适的，转化率才会大幅提升，最终起到事半功倍的效果。然后要做的就是找到这些"鱼"，并且将它们钓上钩。

三、内容规划：从大局出发

内容规划是汽车直播营销中至关重要的一环，它决定了直播内容的整体方向和质量。一个好的内容规划需要从大局出发，综合考虑品牌、受众和市场等多方面因素。

1. 制定内容主题

在内容主题的制定上，可以参考以下几种类型：

①新车发布直播：详细介绍新车型的特点、技术规格和价格。

②技术解析直播：深入剖析汽车的某一技术点，如自动驾驶或新能源技术。

③使用教程与演示直播：教观众如何使用某些车载功能或进行日常维护。

④车主分享直播：邀请真实车主分享他们的驾驶体验和故事。

当然，除了以上内容还有其他主题，例如某个新店开业、车展现场、某节日促销等，大家可以根据直播营销目标具体制定直播主题。

2. 选择合适的直播营销方式

常见的直播营销方式有颜值营销、采访营销、明星营销、对比营销、稀有营销、利他营销、才艺营销等。

（1）颜值营销

在直播经济中，"颜值就是生产力"的说法已经得到多次验证。高颜值的容貌吸引着大量粉丝的围观与打赏，而大量粉丝围观带来的流量正是能够为品牌方带来曝光量的重要指标。

（2）采访营销

采访营销是指主持人采访名人、路人、专家等，以互动的形式，通过他人的立场阐述对产品的看法。采访名人，有助于增加观众对产品的好感；而采访路人，有利于拉近他人与观众之间的距离，增强信赖感。

（3）明星营销

顾名思义，就是请明星来到直播间，借助其自身的流量来宣传产品，促进产品的销量提升。

（4）对比营销

对比营销就是企业通过各种直观的方法将本企业的产品或服务与竞争对手的产品或服务在实际功能、质量上的异同清晰地展示在消费者面前，方便消费者判断、选购。

（5）稀有营销

稀有营销适用于拥有独家信息渠道的企业。其包括独家冠名、知识产权、专利、版权、唯一渠道方等。稀有产品往往备受消费者追捧，而在直播中稀有营销不仅仅体现在直播镜头为观众带来的独特视角，更有利于利用稀有内容直接提升直播室人气，对于企业而言也是最佳的曝光机会。

（6）利他营销

直播中常见的利他行为主要是知识的分享和传播，旨在帮助用户提升生活技能或动手能力。与此同时，企业可以借助主持人或嘉宾的分享，传授产品使用技巧、分享生活知识等。

（7）才艺营销

直播是才艺主播的展示舞台，无论主播是否有名气，只要才艺过硬，都可以带来大量的

项目五　汽车直播营销与运营

粉丝围观。

汽车直播营销的内容规划需要从大局出发，综合考虑品牌、受众和市场等多方面因素。通过明确内容主题、选择合适的直播营销方式入手，打造出高质量的汽车直播内容，吸引更多的目标受众，提升品牌知名度和销售量。

任务实施

实施背景：

五菱汽车品牌诞生于1985年，是企业"艰苦创业，自强不息"精神的体现，现已成为中国汽车行业最具价值的品牌之一。近几年五菱汽车通过直播营销，与用户快速建立信任关系，在其日常运营和销售中发挥着越来越重要的作用。请分析五菱汽车跨界直播的内容定位，并通过抖音、快手等平台研究五菱汽车在不同平台账号的直播情况，绘制其品牌的内容定位和规划的思维导图，完成相关子任务。

实施目标：

本任务将完成五菱汽车直播营销的内容定位和规划分析，并研究其在不同直播平台账号的运营情况，绘制其品牌内容定位和规划的思维导图。

实施过程：

建议按以下步骤完成任务：

第一步：找到五菱汽车的主要直播平台，如抖音、快手等；

第二步：每个直播平台观看至少3场直播并记录主要内容；

第三步：总结分析五菱汽车品牌在每个直播平台的内容定位和规划；

第四步：采用Xmind等思维导图工具将分析出来的内容定位和规划绘制出来。

任务工单

任务：汽车直播营销内容定位和规划研究				实训时长：60分钟	
姓名		班级		学号	
实训日期		教师		评分	

实训内容：

第一步：在班级内分组，一组人数不超过6人。采用教师管理分组流程，学生决定分组的方式完成分组。分组要兼顾个性及能力特长，完成：

（1）任务角色的定义：需要资料搜索、讨论主持、讨论记录者及软件制作等角色，并完成对各角色任务的阐述。

（2）任务角色的认领：经过角色的定义和阐述，学生根据自己的兴趣爱好，选择与能力匹配的角色。

续表

1. 角色定义及阐述。

2. 角色分配。

小组成员	角色	特长	主要职责	目标技能

第二步：选择五菱汽车的两个不同直播平台，通过 iOS 或者 Android 应用商城下载其 App。

1. 通过知识学习和小组讨论，确定选择分工的直播平台。

2. 小组分工找到该品牌的直播平台，通过 iOS 或 Android 等应用商城下载 App。
直播平台 1：
直播平台 2：

项目五 汽车直播营销与运营

续表

第三步：每人在选择的两个直播平台上分别观看 3 场直播，并记录相应的直播主要内容。

直播平台 1 _____ 直播主要内容：
直播 1：

直播 2：

直播 3：

直播平台 2 _____ 直播主要内容：
直播 1：

直播 2：

直播 3：

第四步：根据第三步记录的内容分析该品牌在每个直播平台的内容定位（直播目标和用户画像）和规划（内容主题和直播营销方式）。

直播平台 1：
1. 直播目标：

2. 用户画像：

3. 直播内容主题：

4. 直播营销方式：

直播平台 2：
1. 直播目标：

2. 用户画像：

3. 直播内容主题：

4. 直播营销方式：

167

续表

第五步：下载 Xmind 软件，根据对上述任务的理解，绘制思维导图。思维导图需包括五菱汽车子品牌、选择的直播营销平台、内容定位（目标和受众用户画像）、内容规划（内容主题、直播营销方式）等要素。

反思和总结：

任务评价

评分项	分项要素	评分细则	自我评价	小组评价	教师评价
纪律（5分）	1. 不迟到； 2. 不早退； 3. 学习用品准备齐全； 4. 积极思考和回答课程问题； 5. 积极参与教学活动	未完成 1 项扣 1 分，扣分不得超过 5 分			

项目五　汽车直播营销与运营

续表

评分项	分项要素	评分细则	自我评价	小组评价	教师评价
职业素养 （15 分）	1. 积极与他人合作； 2. 积极帮助他人； 3. 遵守礼仪礼节； 4. 做事态度严谨、认真； 5. 具备劳动精神，能主动做到场地的 6S 管理	未完成 1 项扣 3 分，扣分不得超过 15 分			
专业技能 （40 分）	1. 能够正确选择主流的直播平台； 2. 能够提炼、总结每个直播平台的直播目标； 3. 能够提炼、总结每个直播平台的用户画像； 4. 能够提炼、总结车企直播的内容定位； 5. 能够区分不同的直播营销方式； 6. 能够初步策划适合车企品牌定位的直播活动； 7. 策划的直播活动具有可执行性； 8. 策划的直播活动具有一定的创新思维和创意	未完成 1 项扣 5 分，扣分不得超过 40 分			
工具及设备的使用 （20 分）	1. 能正确使用电脑、iPad、手机进行资料检索、图片拍摄和处理； 2. 能正确使用场地工具	未完成 1 项扣 10 分，扣分不得超过 20 分			
任务工单填写（20 分）	1. 字迹清晰； 2. 语句通顺； 3. 无错别字； 4. 无涂改； 5. 无抄袭； 6. 内容完整； 7. 回答准确； 8. 有独到的见解	未完成 1 项扣 3 分，扣分不得超过 20 分			

任务 2 汽车直播营销策划流程及文案撰写
Mission two

任务描述

假如你是五菱汽车的一名主播兼运营人员，近日发现五菱直播间的互动以及观看停留时长数据都不太好。为了提升直播间的互动率以及吸引更多用户停留并留下销售线索，你将如何围绕这个目标对直播内容进行策划呢？

通过资料收集及本任务相关知识的学习，完成五菱汽车某一款具体车型的直播策划和直播文案撰写，并完成相关子任务。

任务 2 微课：汽车直播营销策划流程及文案撰写

任务目标

通过本任务的学习，需要达成以下目标：
1. 掌握汽车直播营销策划的流程和要点；
2. 具有汽车直播营销的策划并组织实施的能力；
3. 具有根据汽车直播内容定位和规划撰写汽车直播文案的能力；
4. 具有真实演绎一场完整直播的能力。

任务分析

要完成本学习任务，可以按照以下流程进行：
1. 学习汽车直播营销策划流程设计、直播文案设计等知识点；
2. 选择一个五菱汽车品牌车型；
3. 根据所学知识对其进行直播方案的制订；
4. 内容创意、头脑风暴：在小组内进行头脑风暴，讨论主播人设策划以及脚本文案设计并执行落地，模拟一场完整的直播；
5. 方案汇报与反馈：在班级中进行方案汇报，收集同学和老师的反馈，对方案进行适当的调整。

知识准备

一、汽车直播营销策划

1. 直播方案的制订

一次完整、成功的直播，离不开前期详尽的直播方案。完整的直播方案包括直播目的、直播简述、人员分工、时间节点、预算控制五大要素，如图 5-1 所示。

项目五　汽车直播营销与运营

（1）直播目的

方案正文首先需要向参与员工传达本次直播需要达到的具体可衡量的目标，例如销量增加、观看直播人数达到某一量级、线上直播引流线下××人等。因此，一个完整的直播目的的陈述应该是这样的：恰逢春节来临前夕，是全国人民购车的一个小高峰，为了增加××车的知名度以及扩大消费市场，将销量提升××%，特举行一场网络直播。

图 5-1　直播营销方案五大要素

（2）直播简述

方案正文需要对直播的整体思路进行简要描述，精简正文内容使其显示在一页通告上，要点包括直播主题、平台、亮点、形式等。例如，图 5-2、图 5-3 所示为两则直播的宣传通告，可以清晰地从海报上看到直播的具体内容、主播、直播平台、直播的入口、直播的具体时间和形式。

图 5-2　奔驰直播预告

图 5-3　一汽大众直播预告

（3）人员分工

直播需要按照执行环节流程对人员进行项目分组，包括道具组、渠道组、内容组、摄制组等，每个项目组需要承担的任务内容，以及负责人的姓名和联系方式都要予以事先确认。

（4）时间节点

时间节点包括直播前、直播中以及直播后。直播前，包括物料准备的时间节点、前期各项筹备工作完成的时间节点（包括邀请嘉宾、广告宣传制作、前期发酵）；直播中，包括抽奖环节的时间节点、观众参与的时间节点、嘉宾介绍产品的时间节点；直播后，撰写直播图文简介的发酵时间点、对直播内容的复盘时间点等。对每一个节点的有效把控都是对直播质量的保障。

171

(5) 预算控制

项目的每一个环节及进度都应有大致的预算控制，对预算的控制应贯穿直播的整个过程，如果出现预算超支，要迅速诊断原因，根据具体情况，或调整方案，或临时增加预算。产品及服务因其本身的特性，在使用新媒体平台进行营销策划及活动的过程中，需遵循平台的交易规则。

2. 主播人设策划

主播是直播营销的灵魂，优秀的主播自带流量，鲜明的主播人设是高转化的先决条件。

人设是什么？人设就是对人物的设定，主播通过人设可以让自身的定位更加鲜明、立体，让粉丝通过一个动作或一句话就能记住自己。塑造人设对直播营销有非常重要的作用，主播在打造自身人设时，要着重考虑如图 5-4 所示的五点，并进行内容设计。

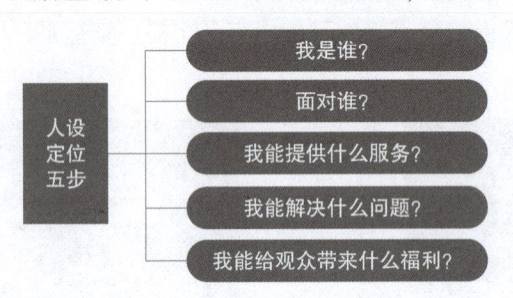

人设定位五步：
- 我是谁？
- 面对谁？
- 我能提供什么服务？
- 我能解决什么问题？
- 我能给观众带来什么福利？

图 5-4　主播人设定位图

每个人身上都有自己的闪光点，挖掘自身优势，以自身特点出镜。在竞争日益激烈的直播行业，主播只有不断提高自身才艺水平或专业能力，才能在这个行业有立足之地，否则只会被市场淘汰。

二、直播脚本文案设计

直播脚本就是对正常直播的每一个环节进行设计和安排，包括直播设备、直播间设计、直播节奏、直播产品等。一场完整、成功的直播一定离不开优秀脚本的文案创作。那么，直播脚本怎么写呢？下面将详细介绍这部分内容。

1. 直播时段和直播节奏

（1）直播时段选择

新开直播的商家不要在热门时间段开直播。因为在热门时间段，已经被很多头部商家霸占，新商家很难获得粉丝关注。因此，冷门时间段更适合新开直播的商家，直播时间通常在 24 点至次日的 10 点。对于新主播来说，冷门时间段可能会比较辛苦，但是只要积累了精准粉丝，就可根据流量的稳定程度来选择直播时间段。

（2）直播节奏把控

一份合格的直播脚本都是具体到分钟，如 8 点开播，8 点到 8 点 10 分就要进行直播间的预热，与观众打招呼之类；另外，还包括产品的介绍，一个产品介绍多久，尽可能地将时间规划好，并按照计划来执行。例如，每个整点截图有福利，点赞到 10 万或 20 万提醒粉丝截图、抢红包等，所有在直播中的内容都是需要在直播脚本中全部细化出来的。

2. 直播话术

很多人在刚开始直播的时候不知道如何讲述，直播之前一定要准备好直播话术，做好直

项目五　汽车直播营销与运营

播脚本，下面分别从直播开场、产品卖点提炼、直播互动和下播话术四块内容进行介绍。

（1）直播开场

1）欢迎话术

直播话术从开场就需要注意，开播时会陆续有人进入直播间，主播可以看到观众的等级和名字，因此，直播运营者可以用这些话术：

欢迎朋友们来到我的直播间，主播是新人，希望朋友们多多支持，多多捧场哦！

欢迎××（名字）进入直播间，点击关注，不迷路，上点关注下点赞，生活越过越灿烂！

欢迎各位帅哥美女来到我的直播间，进来直播间的是美女，还是帅哥呢？刷刷评论让我看到你哦！

多使用语气词，更能使观众感受到亲切。直播运营者使用这些话术的目的就是让观众知道进入了直播间后，主播在关注他们，让观众觉得你关注到他了，让观众有被重视的感觉，更有参与感，这样观众才能留下来看直播。

2）关注话术

当观众进入直播间之后，如何通过一些话术，让其顺手关注自己的直播间，为直播间涨粉呢？那就是不时地给自己打个广告，不断给新粉丝传递自己的直播简介。例如：

感谢××的关注，还没有关注的抓紧时间关注哟，主播每天给大家带来不同惊喜噢！

关注一下主播，主播每天×点分享××（根据自己的定位，每天分享有趣的内容或者实用的技能等），喜欢主播的可以帮忙分享一下哦！

观众关注主播的直播间，肯定是想在主播的直播间里得到些什么或收获些什么。例如，想在主播的直播间获得短暂的快乐，或想在主播的直播间学到什么，又或者想在主播的直播间买到最实惠的车型，因此，关注话术中要能透露出直播能提供给粉丝的价值。

开场时特别要注重互动，开场互动设计有五大要素，分别是平台资源支撑、渗透营销目的、引发观众兴趣、带入直播场景、促进观众推荐。直播活动的开场技巧有以下几种：

①直白介绍：主播可以在直播开场时，直接告诉观众直播相关信息，包括主持人自我介绍、主办公司简介、直播话题介绍、直播大约时长、本次直播流程等。一些吸引人的环节（如抽奖、彩蛋、发红包等）也可以在开场中提前介绍，促进观众留存。

②提出问题：开场提问是在一开播就制造参与感的好方法。一方面，开场提问可以引导观众思考与直播相关的问题；另一方面，开场提问也可以让主播更快地了解本次观众的基本情况，如观众所处地区、爱好、对于本次直播的期待等，便于在后续直播中随机应变。

③抛出数据：数据是最有说服力的。主播可以将本次直播要素中的关键数据提前提炼出来，在开场时直接展示给观众，用数据说话。特别是专业性较强的直播活动，可以充分利用数据开场，第一时间令观众信服。

④故事开场：我们从小就爱听故事，直播间的观众也不例外。相对于比较枯燥地介绍、分析，故事更容易让不同年龄段、不同教育层次的观众产生兴趣。通过一个开场故事，带着听众进入直播所需的场景，能更好地开展接下来的环节。

⑤道具开场：主播可以根据直播的主题和内容，借助道具来辅助开场。开场道具包括企业产品、团队吉祥物、热门卡通人物、旗帜与标语、场景工具等。

⑥借助热点：上网的人，尤其是参与直播的观众，普遍对于互联网上的热门事件和热门词汇有所了解。直播开场时，主播可以借助热点，拉近与观众之间的心理距离。

（2）产品卖点提炼

直播运营者需要理解产品和使用场景，才能挖掘出需求痛点，刺激需求。需求痛点包括价格、颜色、款式、大小、轻重、品牌、材质、档次、防水、安全、容量、内部功能、发货时间、店铺评分、客户服务等。

在进行产品卖点介绍时，直播运营者要规划好每个产品的直播话术，包括欢迎、关注、问答、追单话术，帮助主播进行销售转化。

以汽车产品为例，产品卖点介绍的基本原则如图5-5所示。

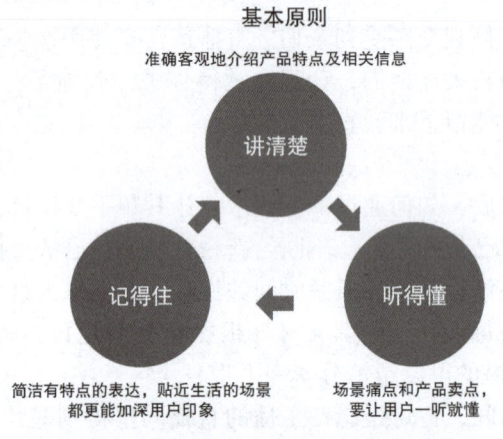

图5-5 汽车产品卖点介绍的基本原则

介绍汽车产品时最核心的技巧是用好FABE法则，如图5-6所示，如基于此法则再结合讲故事、列数据和举例子，对你的销售主张做更加完美的解读。

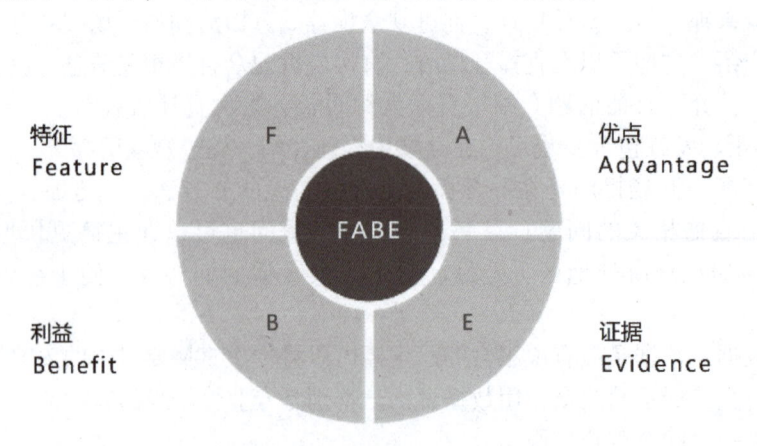

F: Feature（属性、特点） → 是什么？
A: Advantage（优点、作用） → 有什么优势？
B: Benefit（好处、益处） → 能为用户带来什么好处？
E: Evidence（证据、证明） → 有哪些证据？

图5-6 FABE法则

项目五 汽车直播营销与运营

汽车产品提炼卖点的方法是 USP 理论（独特的销售主张），如图 5-7 所示，针对自家品牌车型进行卖点提炼，可以给消费者以信任感，主要方向有以下三点：

①强调产品具体的特殊功效和利益；
②这种特殊性是竞争对手无法提出的；
③有强劲的销售力。

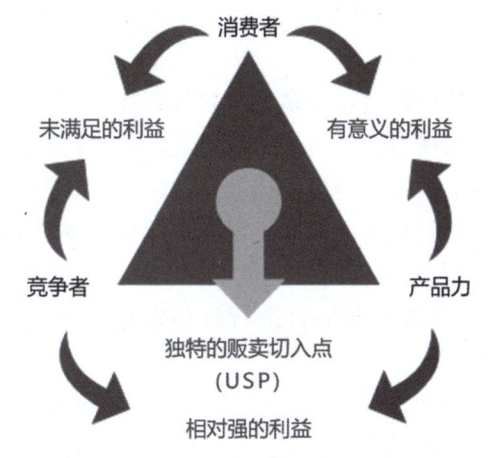

图 5-7 USP 理论（独特的销售主张）

客户需求提炼有明确和不明确的情况，需要合理应对，如图 5-8 所示。

图 5-8 客户需求提炼及应对方法

合理的需求探寻举例如表 5-1 所示。

表 5-1 对直播观众合理需求探寻问题

需求内容	探寻问题
车型需求	您是准备买哪个型号呢？
购车用途	您买车是家用还是商务用途呢？一般是谁开得多一些？
购车性质	是第一次购车吗？是增购还是置换呢？
购车预算	您购车预算大约是多少呢？是分期还是一次性付款呢？
客户的期望值	优惠力度，成交底价等
兴趣点	①外观/颜色②安全性③操控性④舒适性⑤配置⑥售后……
其他用车信息	职业、兴趣、环境、用车经历等背景的了解与探究

(3) 直播互动

直播过程中的互动模式由发起和奖励两个要素组成。其中，发起方决定了互动的参与形

175

式与玩法；奖励则直接影响互动的效果。主要互动模式有以下几种：

①弹幕。弹幕即大量以字幕弹出形式显示的评论，这些评论在屏幕上飘过，所有参与直播的观众都可以看到。直播中要及时回复反馈粉丝的弹幕，特别是与直播产品相关的问题，一定及时回复。例如，"主播多高，多重？坐进去会不会空间不够""车机系统演示一下？""这辆车适合女生开吗？"等问题。如果观众问到产品相关问题，说明他们对产品产生了兴趣，主播一定要耐心解答。相同的问题会不停地有人询问，这个时候最重要的是要有耐心。

②观众参与剧情。观众参与剧情互动多见于户外直播。主播可以邀请网友一起参与策划直播下一步的进展方式，增强观众的参与感。邀请观众参与剧情发展，一方面可以使观众充分发挥创意，令直播更有趣；另一方面可以让被采纳建议者获得足够的尊荣感。

③直播红包。直播红包就是直播间观众可以为主播或主办方赠送"跑车""游艇""玫瑰"等虚拟礼物，表示对其认可与喜爱；但此类赠送只是单向互动，其余观众无法参与。为了聚集人气，主播可以利用第三方平台进行红包发放或福袋发放，与更多的观众进行互动。

④发起任务。主播在直播间发起任务，任务包括建群快闪、占领留言区、晒出同步动作。在直播过程中，出于对主播的喜爱，观众会进行礼物赠送或打赏，同时为维护企业形象，主播应在第一时间读出对方昵称、予以感谢。

常见的汽车直播互动话术示例如下：

心动不如行动，动动您的金手指，点击下方小风车，留下您的黄金十一号码，会有专人提供1V1专属VIP讲解服务。

大家动动金手指，点赞点起来，点赞到×万了，主播给你上福袋，点赞不断，福利不断。

感谢×××送出的×××，感谢×××送出的××××，主播因为你们更努力……

到第一个整点来，我们公布今天的直播间福利，一起倒计时，54321，上限时折扣代金券的链接！（具体优惠内容），只有×个名额，仅有×个名额，抢到就是赚到！

（4）下播话术

下播前可以再次催单或追单，很多观众在下单时会犹豫，直播运营者就需要主播用追单话术来刺激观众下单。主播可以用以下几种追单话术来刺激观众下单：

今天的直播还有最后5分钟了，线上抢购的人数多，以收到款项的时间为主，大家看中了抓紧时间下单哈！

这款产品数量有限，如果看中了一定要及时下单，不然等会儿就抢不到啦！

这波优惠折扣仅限本次活动进行，错过了，我们就不会再给这个价格啦！抓紧时间哦！

还有最后3分钟哦，没有购买到的亲赶紧下单哦！

此外，下播前需要表达感谢并且预告下次直播时间。感谢话术要真诚，真诚的反馈也会让观众有被重视的感觉，鼓励他们更多地参与到直播中，例如：

感谢朋友们今天的陪伴，感谢所有进入直播间的朋友们，谢谢你们的关注、点赞哦，今天很开心！

最后给大家播放一首好听的歌曲，播完就下播了。感谢大家，希望大家睡个好觉，做个

项目五　汽车直播营销与运营

好梦,明天新的一天好好工作,晚上×点不见不散。

需要注意的是,脚本不是一成不变的,是需要不断优化的。一场直播在按照脚本执行的时候,可以分时段记录下各种数据和问题,结束后进行复盘分析,对不同时间段里的优点和缺点进行优化与改进,不断地调整脚本。

任务实施

实施背景:

五菱汽车的市场定位主要是满足广大人民群众的基本出行需求,以及城乡二元经济中的短途物流需求。它以"造百姓喜爱的车"作为品牌使命,秉持着"以用户为中心"的理念,推出了各种老百姓买得起、用得好的车型,包括宏光MINIEV、五菱宏光S3(中型SUV)、五菱730(紧凑型MPV)、五菱宏光(微面系列)、五菱荣光(微面+小卡系列)、五菱征途(皮卡)、五菱星辰(紧凑型SUV)、五菱星光(中型家轿)、五菱缤果(小型车)等,通过持续的科技创新、机制创新、理念创新,历经拼搏与沉淀,最终成为百万用户的忠实选择。

实施目标:

本任务你将作为五菱汽车直播间的主播兼运营人员,以团队为单位选择一款车型进行直播营销策划,在完成直播文案撰写后,真实演绎一场直播。

实施过程:

建议按以下步骤完成任务:

第一步:选择一个五菱汽车的品牌;

第二步:对其进行直播方案的制订,包括直播目的、直播简述、人员分工、时间节点、预算控制五大要素;

第三步:小组讨论进行主播人设策划;

第四步:小组分工进行直播脚本撰写;

第五步:根据上面策划的内容模拟一场完整直播,并提交直播视频。

任务工单

任务:汽车直播营销策划及文案撰写		实训时长:80分钟	
姓名		班级		学号	
实训日期		教师		评分	

实训内容:

第一步:在班级内分组,一组人数不超过6人。采用教师管理分组流程,学生决定分组的方式完成分组。分组要兼顾个性及能力特长,完成:

(1) 任务角色的定义:需要直播方案制订、主播人设定位、脚本文案创作等任务主要负责角色,并完成对各角色任务的阐述。

(2) 任务角色的认领:经过角色的定义和阐述,学生根据自己的兴趣爱好,选择与能力匹配的角色。

续表

1. 角色定义及阐述。

2. 角色分配。

小组成员	角色	特长	主要职责	目标技能

第二步：选择 1 款五菱汽车车型以及 1 个直播平台，简单描述此直播平台特点。

1. 通过知识学习和小组讨论，选择并下载 1 个直播平台。

所选择的五菱车型是：

直播平台是：

2. 该直播平台的特点是：

第三步：对选择的五菱汽车车型进行直播方案的制订，包括直播目的、直播简述、人员分工、时间节点、预算控制五大要素。

项目五 汽车直播营销与运营

续表

1. 直播目的：

2. 直播简述：

3. 人员分工：

4. 时间节点：

5. 预算控制：

第四步：小组讨论进行主播人设打造。

根据图 5-4 所示的主播人设定位图，分别回答以下五个问题，打造主播人设。

1. 我是谁？

2. 我直播面对的是谁？

3. 我能为直播间的观众提供什么服务？

4. 我能在直播间解决什么问题？

5. 我能给直播间的观众带来什么福利？

续表

第五步：小组分工进行直播脚本撰写。

1. 直播时段和直播节奏选择：

2. 直播开场设计：

3. 产品卖点提炼（运用 FABE 法则和 USP 理论）：

4. 直播互动设计：

5. 下播收尾文案：

第六步：根据上面策划的内容模拟一场完整直播，并提交直播视频。

反思和总结：

项目五　汽车直播营销与运营

任务评价

评分项	分项要素	评分细则	自我评价	小组评价	教师评价
纪律 （5分）	1. 不迟到； 2. 不早退； 3. 学习用品准备齐全； 4. 积极思考和回答课程问题； 5. 积极参与教学活动	未完成1项扣1分，扣分不得超过5分			
职业素养 （15分）	1. 积极与他人合作； 2. 积极帮助他人； 3. 遵守礼仪礼节； 4. 做事态度严谨、认真； 5. 具备劳动精神，能主动做到场地的6S管理	未完成1项扣3分，扣分不得超过15分			
专业技能 （40分）	1. 能够选择正确的品牌车型； 2. 能够根据车型制订直播方案，包括确定直播目的、直播简述、人员方案、时间节点、预算控制； 3. 能够根据主播人设打造五步法完成人设打造； 4. 能够正确选择合适的直播时段和直播节奏； 5. 能够设计有氛围的直播开场和收尾话术； 6. 能够设计符合内容定位的直播互动环节； 7. 能够运用FABE法则和USP理论进行产品卖点提炼； 8. 能够团队合作，同心协力模拟完成一场直播	未完成1项扣5分，扣分不得超过40分			
工具及设备的使用 （20分）	1. 能正确使用电脑、iPad、手机进行资料检索、图片拍摄和处理； 2. 能正确使用场地工具	未完成1项扣10分，扣分不得超过20分			

续表

评分项	分项要素	评分细则	自我评价	小组评价	教师评价
任务工单填写（20分）	1. 字迹清晰； 2. 语句通顺； 3. 无错别字； 4. 无涂改； 5. 无抄袭； 6. 内容完整； 7. 回答准确； 8. 有独到的见解	未完成 1 项扣 3 分，扣分不得超过 20 分			

任务3 汽车直播运营技巧 Mission three

任务3 微课：汽车直播运营技巧

任务描述

随着"汽车直播+"的到来，直播成为诸多商家的重点，但也反映出了诸多问题。没有直播的专业人才，直播内容粗糙，对直播的本质认识不到位，不知道重点该落在哪里；直播1.0时代，营销场景从传统的4S店搬到了虚拟的直播间，而且直播间不一定是物理意义上的直播间，它可以是任何场景。它可以创造前所未有的直接沟通和互动，向消费者直接释放决策信息，解答用户用车问题，使用户从被动挖掘沉淀信息，到主动获取、互动，实现了汽车内容营销的新载体、新升级。

了解探索当下优秀的汽车直播运营的技巧，了解不同直播平台运营与管理的区别，并尝试分析某一汽车品牌/经销商直播运营与管理技巧，完成相关子任务。

任务目标

通过本任务的学习，需要达成以下目标：
1. 掌握直播运营的概念以及直播营销与运营的区别；
2. 了解直播运营的基本内容；
3. 理解直播运营的技巧；
4. 了解不同直播平台运营与管理的区别；
5. 能够对某一汽车品牌进行直播运营与管理的分析。

项目五　汽车直播营销与运营

任务分析

要完成本学习任务，可以按照以下流程进行：

1. 学习汽车直播运营技巧相关知识点；
2. 选择一个直播粉丝数量超过10万的汽车品牌，收集其直播前传播推广的短视频、软文等，并观看其直播；
3. 根据所学内容对其直播运营的相关内容进行分析（包括直播传播、短视频和软文推广、粉丝运营等）；
4. 内容创意、头脑风暴：小组内进行头脑风暴，讨论该品牌的直播运营可以优化之处；
5. 方案汇报与反馈：在班级中进行方案汇报，收集同学和老师的反馈，对方案进行适当的调整。

知识准备

一、直播运营的含义

直播运营是指在直播平台上，负责直播节目的策划、制作、推广和运营管理等工作的一系列活动。直播运营的目的是提高直播的观看量和用户黏性，增加用户互动和参与度，提高直播的效益和收益。具体来说，直播运营的主要内容包括：直播传播计划的制订、执行；根据计划进行短视频或者软文推广直播活动、直播间粉丝运营、直播社区运营等。

直播运营与直播营销的区别主要在于直播运营更注重平台的日常维护及优化，比如直播节奏控制、首页设置、爆品选择等；而直播营销则更加聚焦于直播期间的推广宣传活动或产品本身的价值效果，以刺激用户下单。

二、直播运营技巧

1. 制订直播传播计划

好的直播运营一定离不开前期的直播宣传，因此做好直播宣传是直播运营的第一要义。

直播活动的传播计划包括确定目标、选择形式、组合媒体三部分。直播传播计划的形式与媒体组合如表5-2所示。

表5-2　直播传播计划的形式与媒体组合

传播形式	媒体组合	媒体示例
视频	自媒体+视频平台	官方微博、微信公众号、视频号、抖音号、懂车帝等
软文	媒体+论坛	汽车之家、易车等汽车垂类网站、知乎、百度贴吧等
H5	自媒体+社群	官方微博、微信公众号、微信群、QQ群等

2. 直播短视频剪辑与传播

在直播时，建议全程录播。将直播过程进行浓缩，将有趣或者重点的片段一一截取，经过剪辑制作成短视频。

如今网络直播行业和短视频行业逐渐形成相互融合的趋势。直播与短视频融合的优势有

183

时间和内容上取长补短以及功能上取长补短。两者的融合也形成了两种模式，即"短视频+直播"和"直播+短视频"。

优秀的短视频宣传将会对直播活动推广起到明显的促进作用。以微信视频号为例，在微信生态下，用户也可以在微信朋友圈发布短视频，但仅限于用户的朋友圈好友观看，属于私域流量，而微信视频号则意味着微信平台打通了微信生态的社交公域流量，将短视频的扩散形式改为"朋友圈+微信群+个人微信号"的方式，放开了传播限制，让更多的用户可以看到短视频，形成新的流量传播渠道。因此打造适合社交传播的短视频是对直播活动推广的极大助力。运用分享功能多渠道分享视频，可以在微博、抖音、快手等各大平台进行发布，提高视频的曝光率。

另外，还可以借助 KOL 为短视频做宣传，KOL 是营销学上的一个概念，即关键意见领袖，指的是拥有更多、更准确的产品信息，且为相关群体所接受或信任，并对该群体的购买行为有较大影响力的人。在做短视频宣传时，要找的 KOL 是那些可以发挥社交媒体在覆盖面和影响力方面的独特优势，具有较强的用户黏性和号召力的账号。

3. 直播引流文案撰写技巧

有创意的直播内容是直播视频形成有效流量的关键，通过增强直播内容的创意性，可以让直播内容变得更有新鲜感和吸引力。

直播是一种内容呈现方式，要想吸引观众、聚拢人气，最重要的是提升直播内容对观众的吸引力。在提升直播内容吸引力的策略上，主播可以从三方面入手：一是坚持直播内容的原创性；二是注重直播内容的真实性；三是提升直播内容的文化内涵。

为了覆盖不同特点的人群，直播软文的常用撰写有五类技巧，包括行业资讯、观点提炼、主播经历、观众体验及运营心得。

（1）行业资讯

行业资讯类软文常见于严肃主题（新闻发布会、媒体推介会等）直播后的推广，主要面向关注行业动态的人群。通过行业资讯，将直播活动以"本行业最新事件""业内大事"等形式发布于互联网媒体平台，吸引业内人士关注。

另外，可以挖掘垂直度高的内容。垂直性策略是针对某个特定领域、特定人群或者某些特定需求来提供信息或服务，例如比亚迪刀片电池发布会等。

（2）观点提炼

观点提炼类软文需要提炼直播核心观点并撰写成文。互联网资讯铺天盖地，而网民时间有限，更希望直接看到最核心的内容，因此，观点提炼类软文是较受网民欢迎的软文形式之一。软文中可以提炼的核心观点包括企业新科技、创始人新思想、团队新动作等。

（3）主播经历

主播经历类软文不是从企业角度出发，而是以主播的第一人称角度，类似主播的一篇日记，对直播进行回顾。

与一般性介绍的企业文章相比，主播撰写的文章更有温度，更容易拉近与读者之间的距离。因此，在主播的文章中植入企业核心信息，可以更有效地将核心内容覆盖读者，可以从自己擅长的领域入手。

（4）观众体验

观众体验类软文是指完全以第三方语气讲述一场直播。由于与主办方、主播都没有关

项目五　汽车直播营销与运营

系，因此，文章撰写可以更贴近用户体验、更博人眼球。直播时，主播可以发动忠实度高的粉丝，撰写直播观感或是超值体验的文案，并发布到朋友圈等自媒体账号上，吸引其他用户的观看。

（5）运营心得

运营心得类软文是从组织者的角度分享一场直播幕后的故事，主要面向直播从业人员及相关企业策划人员。此类软文可以从"我是如何策划一次直播的""一场万人参与的直播筹备5部曲"等角度进行直播运营的心得分享，文章可以在知乎网、直播交流论坛、策划交流网站等平台发布与推广。

4. 直播粉丝运营技巧

主播的成功离不开粉丝。粉丝是主播的支持者，也是支持主播继续直播的动力。

（1）粉丝吸引

若要得到粉丝的拥护，首先要学会尊重粉丝。主播接受粉丝赠送礼物后，不要做"马大哈"，应当在心中常存一份感激，这会使主播的人际关系更加和谐。主播与粉丝之间，如果能主动寻找共鸣点，使自己的"固有频率"与粉丝的"固有频率"相一致，就能够使彼此之间增进友谊，结成好朋友。当粉丝有值得褒奖之处时，应毫不吝啬地给予诚挚的赞许，使主播与粉丝的交往更加和谐而温馨。赞美，不但会将铁杆粉丝团结得更加紧密，而且可以使观众转化为自己的粉丝。在与粉丝聊天中，机智风趣、谈吐幽默的主播往往拥有更多的粉丝，大多数观众不愿同动辄与人争吵，或者郁郁寡欢、言语乏味的主播聊天。主播与粉丝交流，难免会有磕磕碰碰的现象。在这种情况下，多一分宽容，就会使主播赢得一个绿色的人际环境。不要对别人的过错耿耿于怀、念念不忘。正是因为有了宽容，路才会越走越宽。如果不小心得罪了粉丝，应当真诚地向粉丝道歉，这样不仅可以化解矛盾，而且能促进双方心理上的沟通，缓解彼此的关系。

吸粉的渠道有以下几方面：

①参加活动和比赛：作为主播，增加曝光量非常有必要，观众不会主动跑到主播的直播间，所以有机会的时候可以多参加平台的活动和比赛。平台的比赛一般场面较大，参加的人数也多。参加比赛可以让更多的人看到主播的努力，看到主播的才艺，看到不一样的主播。将自己推销出去，就离成功不远了。

②直播间串门：大部分观众都喜欢凑热闹，没有自己支持的主播的粉丝，基本上都会是处于到处跑的状态，所以，当主播只窝在自己直播间的时候，是很少能够接触到更多的人的。然而，若主播主动出去跑，出去"串门"时，把自己作为一个粉丝与其他粉丝聊天交朋友的时候，也许就能将其他主播的粉丝转变成自己的粉丝，主播与主播之间能认识，并能成为朋友也是不错的选择。这样，粉丝也许就能分享，主播也可以得到一些意想不到的收获。

③PK活动：直播的时候多参加PK活动，增加与其他主播之间的粉丝交换，会有明显的叠加效果。

（2）粉丝活跃

①粉丝传播。积极调动粉丝的热情，激励粉丝，促使粉丝帮助主播并在群里、微博、微信、贴吧、直播间为主播摇旗呐喊，分享主播的美、主播的好、主播的滑稽、主播的搞笑、主播的截图、主播的视频。

②直播间多玩法。在自己的直播间举办粉丝活动、红包玩法、粉丝接龙等,也可以每月设置自己的粉丝活动日。

③节日送粉丝礼物。过年、过节等重大节日回馈粉丝,可以为粉丝发放一些粉丝福利、小礼品等。

④粉丝见面会。举办一些线下粉丝活动,粉丝见面会的场合可以进一步加深与粉丝的关系,并对彼此留下更深、更好的印象,也可能会结识许多新朋友。

(3) 转化

在直播间中主播是核心,观众绝大部分是为了娱乐。粉丝不会平白无故地送礼物给主播,可以使粉丝从直播间得到娱乐或者心理上的需要,而且懂得如何带动气氛,懂得通过与粉丝交流和互动给粉丝带来娱乐的主播,更容易受到粉丝的喜爱。互动和交流才是粉丝运营的根本,才是主播发展的基础。

5. 直播社群运营技巧

通过直播获取的粉丝和客户,可以组建粉丝社群(粉丝团),根据其观看时长和活跃程度,进行意向分级,参考分层客户运营等级体系,根据级别引入内部粉丝社群。

主播想要长期发展,需要建设好粉丝社群,为人气增长做好发展策略。粉丝社群是需要主播用心经营的,不要因为一时头脑发热组建了粉丝社群,但后期却不去经营也不与粉丝互动,这样粉丝社群的建立也就毫无意义了。

建立粉丝社群让主播快速接触和认识粉丝,对粉丝画像有个大概的了解,只有了解粉丝才能够与粉丝更好地沟通。新主播可以建立自己的粉丝群,慢慢地积累粉丝,当粉丝积累比较多的时候,就需要对粉丝做个分类,例如,老粉丝和新粉丝的互动群,运营起来也会有目标性。

(1) 粉丝社群的管理和维护

与粉丝真诚地交流,关心粉丝的需求,耐心听取粉丝的意见,让粉丝愿意和主播敞开心扉地交流。与老粉丝沟通也一定要放低姿态,可以和他们讲述自己的烦心事,如自己遇到黑粉攻击,让他们知道自己是真心地将他们当作朋友,从而使其更愿意帮助和保护主播。例如:

①引导粉丝进入社群,在直播间放置二维码或社群账号。

②可以通过拉票和发红包的方式调动粉丝活跃度。

③推广自己的粉丝社群,做到有效拉新。

④必要时可以制定一些群规和明确的奖惩规定,粉丝也可以做等级划分。

⑤培养粉丝的团队荣誉感。

以汽车品牌的粉丝社群为例,可以按照表 5-3 来培养粉丝价值。

表 5-3 如何培养粉丝价值

类型	玩法	具体
激活社群	群主管理	新人入群欢迎、车友活动组织、试驾活动组织、问题解答等
	创新话题	利用近期热点、品牌热点、营销热点营造话题,激活交流氛围,需要提前安置几个配合人员

项目五　汽车直播营销与运营

续表

类型	玩法	具体
群聊福利	创新话题	限定群聊、限定时间、限定数量，发布优惠秒杀链接
	提前购	VIP群内客户尊享，可以限时提前享受商品购买链接
	复购、介绍新客福利	复购、介绍新客返现/福利
群内促活	红包/卡券	做好周期性红包预告，定时召回，提升群内打开率
	视频输出	激励发布品牌相关视频、产品反馈，视频点赞较多者可有福利
引流互通	直播	直播预告，直播中同步到群内
	挑战赛	发起全民任务，定制相关激励模式，瓜分现金流量

注：1. 为了吸引这些粉丝入群，可增设进群礼、升级礼，如价值300元的原厂精品、落地价、提车周期、按揭等（除实物现金价值外，也可提供信息价值）；
2. 为了保持群内潜在用户的持续关注，需要持续做社群用户培育。

（2）直播后的互动

直播结束后是主播维护粉丝的最好时间，主播可以在下播之后在粉丝群里了解粉丝对自己今天的表现，今天的才艺表演是否满意。

直播结束后可以私信送礼的粉丝表达感谢，或者在社群里向不太活跃的粉丝主动互动。

①记住特殊的日子。若想与粉丝积极地保持联系，主播还需要记住那些重要的日子，例如，粉丝的生日或者重要纪念日、六一节日、家族活动等比较有意义的日期。在这些重要的日子里可以给粉丝发信息，在群里发放红包、礼物；定时地回馈粉丝，增加粉丝黏度，巩固双方的关系。

②及时互动。在与粉丝互动中，需要主播放下包袱，陪粉丝一起疯玩，让粉丝感受到自己的真实；主播需要及时地更新直播内容，讲述当下流行的事物，给粉丝多点新鲜感，只有自己和其他主播有不同的闪光点，粉丝黏度才会更高。

任务实施

实施背景：

过去企业要与顾客沟通，成本很高昂，直播和短视频最大化地突破了汽车经销商与客户沟通的障碍，通过分层运营为不同层级的消费者提供内容，进而更好地维护商家与客户的关系。

实施目的：

通过本任务的学习，需要达成以下目标：

1. 掌握汽车直播运营内容以及技巧；
2. 熟悉各直播平台运营与管理的区别；
3. 具有分析优秀车企直播运营技巧的能力。

实施过程：

建议按以下步骤完成任务：

第一步：选择1个粉丝数量在50万以上的汽车品牌/经销商账号；
第二步：收集其直播前传播推广的短视频、软文等，并观看其直播；
第三步：小组根据所学内容对其直播运营的相关内容进行分析（包括直播传播、短视频和软文推广、粉丝运营等）；
第四步：小组内进行头脑风暴，讨论该品牌的直播运营可以优化之处；
第五步：形成PPT，进行班级汇报、讨论和反馈。

任务工单

任务：汽车直播运营技巧分析		实训时长：80分钟	
姓名		班级		学号	
实训日期		教师		评分	

实训内容：

第一步：在班级内分组，一组人数不超过6人。采用教师管理分组流程，学生决定分组的方式完成分组。分组要兼顾个性及能力特长，完成：

（1）任务角色的定义：需要收集资料、不同运营内容分析等任务主要负责角色，并完成对各角色任务的阐述。

（2）任务角色的认领：经过角色的定义和阐述，学生根据自己的兴趣爱好，选择与能力匹配的角色。

1. 角色定义及阐述。

2. 角色分配。

小组成员	角色	特长	主要职责	目标技能

第二步：通过知识学习和小组讨论，选择1个粉丝数量在50万以上的汽车品牌/经销商账号。

项目五　汽车直播营销与运营

续表

　　直播平台：

　　账号名称：

　　粉丝数量：

第三步：小组根据所学内容对其直播运营的相关内容进行分析（包括直播传播形式、短视频和软文推广、粉丝运营等）。

1. 直播传播推广形式（视频、软文、H5 等）：

2. 短视频传播内容和渠道：

3. 直播软文推广内容和渠道：

4. 粉丝运营情况（直播间粉丝互动技巧、吸粉技巧、粉丝社群运营等）：

第四步：小组讨论其直播运营可以在哪里地方进行优化？提出一定的建议或意见。

第五步：形成 PPT，进行班级汇报、讨论和反馈。

续表

反思和总结：

任务评价

评分项	分项要素	评分细则	自我评价	小组评价	教师评价
纪律 （5分）	1. 不迟到； 2. 不早退； 3. 学习用品准备齐全； 4. 积极思考和回答课程问题； 5. 积极参与教学活动	未完成1项扣1分，扣分不得超过5分			
职业素养 （15分）	1. 积极与他人合作； 2. 积极帮助他人； 3. 遵守礼仪礼节； 4. 做事态度严谨、认真； 5. 具备劳动精神，能主动做到场地的6S管理	未完成1项扣3分，扣分不得超过15分			
专业技能 （40分）	1. 能够正确选择合适的直播运营分析账号； 2. 能够正确判定直播传播推广的形式； 3. 能够提炼、总结直播传播中短视频传播的内容和渠道； 4. 能够提炼、总结直播传播中软文、H5的内容和渠道； 5. 能够提炼、分析、总结直播间粉丝运营情况（包含直播间粉丝互动技巧、吸粉技巧、粉丝社群运营等）； 6. 能够根据分析的直播运营账号设计直播间的互动运营； 7. 能够正确对待和处理直播间各种突发状况； 8. 能够对分析的账号的直播运营提出新的建议和见解	未完成1项扣5分，扣分不得超过40分			

项目五　汽车直播营销与运营

续表

评分项	分项要素	评分细则	自我评价	小组评价	教师评价
工具及设备的使用（20分）	1. 能正确使用电脑、iPad、手机进行资料检索、图片拍摄和处理； 2. 能正确使用场地工具	未完成1项扣10分，扣分不得超过20分			
任务工单填写（20分）	1. 字迹清晰； 2. 语句通顺； 3. 无错别字； 4. 无涂改； 5. 无抄袭； 6. 内容完整； 7. 回答准确； 8. 有独到的见解	未完成1项扣3分，扣分不得超过20分			

同步测试

一、单选题

1. 下列关于直播的说法错误的是（　　）。
   A. 网络直播是互联网时代的产物
   B. 网络直播具有较强的时效性
   C. 网络直播可以更好地与客户进行互动
   D. 网络直播跟电视直播没有任何区别

2. 汽车直播营销中，以下不属于其优势的是（　　）。
   A. 实时互动　　　　　　　　　　　B. 体现用户群的精准性
   C. 深入沟通　　　　　　　　　　　D. 内容不需要严格地审核

3. 下列哪一项不属于直播平台的内容分类？（　　）
   A. 游戏类　　　　B. 综合类　　　　C. 商务类　　　　D. 广告类

二、多选题

1. 汽车企业在直播平台的选择建议是（　　）。
   A. 小红书　　　　B. 抖音　　　　C. 淘宝　　　　D. 懂车帝

2. 直播营销的优势包括（　　）。
   A. 更低的营销成本　　　　　　　　B. 更精准的用户覆盖
   C. 更实时互动的营销场景　　　　　D. 更有效的销售效果反馈

三、判断题

1. 由于汽车直播的及时互动性较好，所以可以放弃线下门店的获客资源，全部专注到线上直播。（　　）

2. 汽车直播因为汽车产品的特殊性和专业性，应注重知识内容的深度垂直和持续输出，

所以主播一定要保持严肃风格。　　　　　　　　　　　　　　　　　　　　（　　）

> **技能提升**

知识拓展：

抖音直播违禁词（常用违规词已标蓝）

1. 严禁使用国家级、世界级、最高级、第一、唯一、首个、首选、顶级、国家级产品、填补国内空白、独家、首家、最新、最先进、第一品牌、金牌、名牌、优秀、顶级、独家、全网销量第一全球首发、全国首家、全网首发、世界领先、顶级工艺、王牌、销量冠军、第一（NO1 \ Top1）、极致、永久、王牌、掌门人、领袖品牌、独一无二、绝无仅有、史无前例、万能等。

2. 严禁使用最高、最低、最具、最便宜、最新、最先进、最大程度、最新技术、最先进科学、最佳、最大、最好、最大、最新科学、最新技术、最先进加工工艺、最时尚、最受欢迎、最先等含义相同或近似的绝对化用语。

3. 严禁使用绝对值、绝对、大牌、精确、超赚、领导品牌、领先上市、巨星、著名、奢侈、世界/全国×大品牌之一等无法考证的词语。

4. 严禁使用100%、国际品质、高档、正品、国家级、世界级、最高级、最佳等虚假或无法判断真伪的夸张性表述词语。

5. 违禁时限用语：限时必须有具体时限，所有团购必须标明具体活动日期，严禁使用随时结束、仅此一次、随时涨价、马上降价、最后一拨等无法确定时限的词语。

6. 严禁使用国家×××领导人推荐、国家××机关推荐、国家××机关专供、特供等借国家、国家机关工作人员名称进行宣传的用语。

7. 严禁使用质量免检、无须国家质量检测、免抽检等宣称质量无须检测的用语。

8. 严禁使用人民币图样（央行批准的除外）。

9. 严禁使用老字号、中国驰名商标、特供、专供等词语（唯品会专供除外）。

10. 严禁使用疑似欺骗消费者的词语，例如"恭喜获奖""全民免单""点击有惊喜""点击获取""点击试穿""领取奖品""非转基因更安全"等文案元素。

11. 严禁使用刺激消费词语或激发消费者抢购心理的词语，如"秒杀""抢爆""再不抢就没了""不会再便宜了""错过就没机会了""万人疯抢""抢疯了"等词语。

案例分析：

一鹿新车助力"长城哈弗 H6 嗨购直播季"

大搜车一鹿新车直播助力的"长城哈弗 H6 嗨购直播季"项目针对哈弗新车引爆需求，采用创新的汽车电商直播形式，以单车型探店直播和多车型卖场直播形式，通过短视频＋直播的"组合拳"，将车播线索盘活，利用多元化的体验场景以及颠覆传统的营销模式，实现了哈弗 H6 在购车旺季"金九银十"的高效获客。

直播前，通过自有百万粉丝达人为哈弗 H6 定制多支短视频，在预告直播场次的同时，完成新车种草和直播蓄客；直播季期间，利用旗下达人开展探店直播，同时将直播场景植入线下多个汽车直播基地，配合生动的讲解，以高场观收获大量的互动和线索，进一步唤醒潜

项目五 汽车直播营销与运营

力顾客的购买欲望，让消费变得水到渠成。

这一套将自有媒体矩阵和线下卖场结合的营销策略，让哈弗 H6 直播强势霸屏，以较低的营销成本，获得了超出行业均值超 100% 的转化效果，达成了品效合一的生意闭环，成为新车新零售的样板。

思考题：

上述案例的直播营销亮点有哪些？哪些值得我们在日常直播中学习和借鉴？

项目六　汽车新媒体营销与运营综合应用

项目介绍

在当前的汽车市场，消费者行为和市场竞争的变化促使新媒体营销成为关键技能。消费者通过互联网获取信息，注重个性化体验，而市场竞争的加剧和新能源汽车的崛起要求品牌进行精准营销。新媒体平台的多样化和互动性强，使品牌能够通过图文、视频等形式与用户互动，实时了解需求。技术发展如大数据和智能网联汽车的应用，也推动了新媒体营销的必要性。因此汽车主机厂以及经销商需整合线上、线下资源，重视私域流量的管理和运营，以提升用户忠诚度和品牌影响力。

为更好地完成教学目标，达成教学效果，本项目选取构建汽车新媒体营销矩阵、汽车经销商 DCC 运营技巧两大工作任务。

项目六　汽车新媒体营销与运营综合应用

知识目标

1. 了解汽车新媒体矩阵和汽车经销商 DCC 的含义；
2. 了解汽车经销商 DCC 运营的主要阵地；
3. 熟悉汽车新媒体矩阵和汽车经销商 DCC 的作用；
4. 掌握汽车新媒体矩阵的类型与构建步骤；
5. 掌握汽车之家与懂车帝等平台的运营技巧。

技能目标

1. 能够建立新媒体营销思维，强化创新意识；
2. 能够构建汽车新媒体营销矩阵的能力；
3. 能够在汽车之家等垂直平台运营推广的能力。

素养目标

1. 树立对建设数字中国、科技强国、网络强国的信心和责任，培养深厚的中华民族自豪感；
2. 培养数据驱动的决策能力；
3. 增强新媒体营销与运营从业人员遵纪守法、规范经营的法治意识；
4. 培养职业道德和精益求精的工匠精神、创新思维和团队合作精神。

案例引入

任务1　构建汽车新媒体营销矩阵
Mission one

任务1微课：
构建汽车新媒体营销矩阵

任务描述

为推广某企业汽车品牌的产品以及增强品牌知名度，新媒体团队决定实施一项全面的新媒体营销计划，构建新媒体营销矩阵，实现在各大主流新媒体平台全面曝光和推广的效果。

任务目标

通过本任务的学习，需要达成以下目标：
1. 理解新媒体营销矩阵的概念；
2. 熟悉新媒体营销矩阵的作用；
3. 熟悉新媒体营销矩阵的类型；
4. 能够根据品牌定位构建新媒体营销矩阵；
5. 能够小组协作完成任务，培养团队合作精神。

汽车新媒体营销与运营技术

📖 任务分析

要完成本学习任务,可以按照以下流程进行:
1. 学习新媒体营销矩阵概念、构建步骤等知识点;
2. 通过收集、阅读行业调研报告、行业论坛等资料,了解新媒体营销矩阵产生背景、发展现状与趋势;
3. 任选一个车企品牌,查阅资料,分析总结其新媒体营销矩阵的架构,分析它在各大平台运营的特点;
4. 采用 Xmind 等思维导图工具绘制该品牌汽车新媒体营销矩阵架构及特点;
5. 通过对其新媒体营销矩阵的分析,在组内交流、讨论,并进行头脑风暴,提出优化建议;
6. 内容汇报与反馈:在课堂上进行讨论、汇报,小组汇报讨论结果,收集同学和老师的反馈,拓展汽车新媒体营销矩阵知识。

📖 相关知识

一、汽车新媒体营销矩阵的概念

汽车新媒体营销矩阵是指汽车品牌通过在多个新媒体平台上建立和运营官方账号,形成一个协同运作的传播体系。其核心在于通过不同平台的互补性和多样化内容,实现对目标用户的全方位覆盖和精准触达。

这种矩阵式营销能够满足用户多样化的需求,增强品牌与用户的互动,提高品牌影响力和市场竞争力。例如,车企品牌可以在抖音、小红书等平台发布创意短视频和种草内容,同时通过公众号和视频号进行深度内容营销。

这种策略不仅有助于降低营销成本,还能提高用户线索的留存率和转化率。根据账号的不同定位进行多类粉丝覆盖,从而影响受众,实现全方位、立体化的传播效果。在新媒体营销矩阵中,各个账号相互协作,形成互补关系,共同推动品牌传播,同时保持独立性,确保在不同平台上都能传递独特的品牌价值和内容,吸引不同类型的粉丝群体,从而扩大汽车品牌的影响力和覆盖范围。这样的战略布局使汽车品牌能够在新媒体领域实现更加全面、立体化的营销效果。

二、汽车新媒体营销矩阵的作用

汽车新媒体营销矩阵不仅提升了品牌的市场竞争力,还为品牌的长期发展提供了有力支持。通过新媒体营销矩阵,车企可以实现以下目标:

①通过多平台发布内容,覆盖更广泛的受众,从而增加车企品牌曝光度和传播范围。

②根据不同平台和账号的特点及受众定位,汽车企业可以制定精准的营销策略,向目标客户传递个性化的信息,以增加营销效果。同时新媒体营销矩阵也为车企提供多样化的线索来源,降低营销成本的同时,增强线索留存率和销售转化率。

③创新营销方式新媒体营销矩阵为车企提供了多渠道互动,多样化内容在不同平台上提供多样化的内容,如文章、图文和视频等形式,以满足不同用户的信息需求,从而提高用户

参与度和品牌忠诚度。

④通过新媒体营销矩阵，车企可以及时收集用户的反馈和建议，快速了解市场动态和用户需求，为产品创新提供依据，通过不同平台的反馈，优化产品和营销策略。

⑤新媒体矩阵可以实现线上、线下的无缝连接，可以将线上的流量和数据与线下的销售和服务相结合，实现资源的整合和优化。通过线上活动引导用户到线下体验，如线上直播展示新车、线下安排试驾活动等。

⑥数据驱动优化通过对矩阵中各个平台的数据进行分析和监测，车企可以实时掌握营销效果，了解受众反馈，从而有针对性地优化营销策略，提高广告投放效果和ROI。

综合来说，汽车新媒体营销矩阵是汽车企业在数字化时代应对多样化用户需求和竞争环境的战略选择，通过多渠道、多平台的综合运作，实现全方位、立体化的品牌传播和营销效果，提升品牌影响力和市场竞争力。

三、汽车新媒体营销矩阵的类型

汽车新媒体营销矩阵可划分为横向与纵向两大矩阵体系。

1. 横向矩阵体系

横向矩阵体系聚焦于企业在广泛媒体生态中的战略布局，涵盖自有App、官方网站，以及微信、微博、抖音、快手、淘宝、小红书、今日头条等多元化新媒体渠道，并延伸至汽车之家、易车网等专业电商平台。此策略着重于跨平台全面渗透，旨在触及更广泛的受众基础，实现品牌信息的全方位辐射与传播。此布局模式被赋予了"外部矩阵"之名，因其核心在于企业在多个外部平台上的扩展与影响力构建。具体而言，汽车企业通过在此类外部矩阵中灵活调配营销资源，针对微信、微博、抖音等平台制定差异化营销战略，旨在吸引多元用户群体，进而提升品牌认知度与市场影响力。

2. 纵向矩阵体系

纵向矩阵体系则侧重于企业在特定媒体平台内部的深度布局，体现为在该平台上构建多层次、全方位的产品线生态。此战略强调在选定平台上的深耕细作，通过丰富的产品线与精细化的内容策略，全面覆盖并响应用户的多元化需求。这一布局模式被形象地称为"内部矩阵"，因其核心在于特定平台内的内部优化与发展，旨在提升用户体验与忠诚度。

以汽车企业为例，在某一专业汽车论坛实施纵向矩阵布局时，会精心规划不同车型讨论区、售后服务专区、配件推荐板块等多元化产品线，以满足用户在该平台上的多样化汽车信息需求。通过此纵向布局，企业能够深度洞察用户偏好与需求，提供定制化内容与服务，从而有效增强用户黏性与品牌忠诚度。

综上所述，横向矩阵与纵向矩阵构成了新媒体营销战略中的两大核心布局模式，企业可根据自身实际情况灵活选择或并行采用，以期达成全面且立体化的新媒体营销成效。

四、构建汽车新媒体营销矩阵的步骤

步骤一：市场调研与目标用户分析

深入研究汽车行业的新媒体趋势，包括用户行为、热门平台、内容偏好等，为矩阵构建提供数据支持。

绘制目标用户画像，明确目标用户群体，包括年龄、性别、兴趣爱好、购车需求等特征，以便精准定位营销内容。

步骤二：新媒体营销平台选择

精准选择新媒体平台是汽车企业构建新媒体矩阵的关键环节。各平台具有独特属性和用户群体，需要依据目标受众特征及营销目标进行选择，以实现与目标受众的有效沟通并达成优质营销成果。以下是车企在横向矩阵构建时需考虑的因素：

目标受众特征：深入洞察目标受众的年龄、性别、地域、兴趣等维度。不同平台用户活跃度及互动偏好各异，需根据目标受众喜好及行为习惯精准选择平台，明确其在哪些平台更频繁活动、乐于分享互动。如年轻群体偏爱抖音、快手等短视频平台，中老年人倾向于微信，女性用户更青睐小红书等。

平台特性：各新媒体平台功能与优势不同。抖音、快手以短视频见长，适合呈现趣味、创意内容；微信、微博则更利于图文发布及用户互动。汽车企业应选择与品牌形象、产品特性相契合的平台。

受众匹配度：将目标受众特征与平台用户群体进行精准匹配，选择高度契合的平台，能有效吸引目标受众关注与参与。

营销目标与品牌形象：不同平台营销效果及适用场景有别。车企需确保所选平台与品牌形象、营销目标一致。如高端豪华品牌可聚焦知名专业汽车论坛、垂直媒体，彰显品牌专业度与高端形象。

竞争态势：深入研究竞争对手在各平台的营销活动与策略，借鉴其成功经验，同时寻找差异化平台。若竞争对手在某平台已建立强大品牌影响力，企业需权衡是否加入或另寻他路。

预算与资源：选择平台时兼顾企业营销预算与资源。部分平台运营成本较高，企业需确保资源充足。可先在少量平台测试，依据反馈优化策略。即只考虑纵向矩阵平台深挖，可在选定的1～2个核心平台上，如汽车之家等汽车专业论坛或App，进行深入布局，规划不同功能板块，以满足用户细分需求。最后进行资源整合与分配。根据平台特性和用户偏好，合理分配营销资源，包括内容创作、广告投放、活动策划等。

步骤三：布局新媒体矩阵

新媒体矩阵布局主要有两种模式：先构建纵向矩阵再拓展横向矩阵，或直接打造横向矩阵。

（1）先构建纵向矩阵，再拓展横向矩阵

汽车企业首先在一个或少数几个媒体平台上构建纵向矩阵，即在特定平台上进行深度运营，建立品牌形象和用户基础。例如初期仅在汽车之家等垂直电商平台布局，当纵向矩阵建设较为稳固后，企业再将注意力转移到其他媒体平台，打造横向矩阵，实现多平台、多风格同时运营。如抖音以短视频为主，注重创意与趣味性，适合展示汽车的动态性能和趣味改装；微信公众号适合发布深度文章和品牌故事，适合传递汽车品牌文化和技术优势；小红书注重原创内容和KOL合作，适合种草汽车产品和打造口碑；在微博上通过图文和短视频结合的方式发布汽车资讯和活动信息；在视频号上进行汽车直播，展示产品细节和使用方法等，从而覆盖更广泛的受众群体，实现跨平台合作和联动。

（2）直接打造横向矩阵

汽车企业直接在多个媒体平台上同时打造横向矩阵，即在多个平台上进行广泛运营和推

项目六 汽车新媒体营销与运营综合应用

广。这种方式可以更快地覆盖更广泛的受众群体,但需要更多的资源和运营能力。在横向矩阵布局中,车企在不同平台上需要保持一致的品牌视觉风格和语言表达,确保用户在不同平台接触到的品牌信息是一致的,增强品牌辨识度。

同时,需制定不同平台的策略,在不同平台之间实现内容的互相引流和互动。例如,在抖音发布短视频后,将视频链接分享到微博和微信公众号,扩大传播范围;在微信公众号发布深度文章后,将文章摘要或精彩片段制作成短视频发布到抖音和快手。同时还需要整合营销活动,将线下的汽车活动与线上的新媒体平台相结合,实现线上、线下联动推广。例如,在线上发布新车上市的预告和直播,吸引用户参与线下的新车发布会和试驾活动,因为不同平台的用户特点和行为习惯有所差异,需针对性地制定内容和互动方式。图 6-1 所示为企业横向矩阵示例。

图 6-1 企业横向矩阵示例

步骤四:创建统一且有个性的账号

第一,创建车企品牌官方账号作为品牌与用户沟通的主阵地,发布官方资讯、活动信息、品牌故事等内容,塑造品牌形象,传递品牌价值观。

第二,开设产品系列账号,针对不同车型或产品系列设立专门账号,发布与该车型相关的详细信息、评测、用户评价等内容,满足用户对特定车型的关注需求。

第三,设置区域或经销商账号,根据地域划分,设立区域或经销商账号,发布本地化的汽车资讯、促销活动、售后服务信息等,增强与本地用户的互动和联系。

第四,打造个性化账号形象。例如从视觉上统一主品牌设计和主色调的前提下,不同账号设计独特的视觉元素,如 Logo、配色、字体等,使其在视觉上具有辨识度,符合品牌调性和平台风格。同时根据账号的定位和目标受众,选择合适的语言风格。例如,品牌官方账号的语言风格可以正式、专业，以展现品牌权威性；而针对年轻用户的产品系列账号，语言风格可以轻松、幽默，以增加趣味性。

步骤五：持续迭代与策略升级

建立用户反馈机制，定期收集并分析用户意见，持续优化内容和服务。与时俱进不断关注新媒体技术动态，如 AI、大数据、VR／AR 等，探索新技术在营销中的应用，提升用户体验。同时还要加强横向与纵向矩阵间的协同，如跨平台联动活动、内容互推，形成品牌合力。

任务实施

实施背景：

面对市场竞争越来越激烈的车企，新媒体从业人员应当学会构建汽车新媒体营销矩阵，深入挖掘各类新媒体平台的特点，创建账号，优化营销方式。

实施目标：

本任务将结合知识学习与运用，通过分析某车企平台的新媒体营销矩阵，查看其发布的内容、功能和特点，学生能够掌握如何布局汽车新媒体营销矩阵以及制定相应的内容策略。

实施过程：

建议按以下步骤完成任务：

第一步：选择 1 款知名的车企品牌，建议选择国产新能源汽车，查阅资料，分析总结其新媒体营销矩阵的架构，判定矩阵的类型，分析它在各大新媒体平台运营的特点；

第二步：分析车企如何通过横向／纵向矩阵的布局实现在多个新媒体平台的协同合作，形成整体营销效果的提升；

第三步：分析车企在不同新媒体平台统一且有创意的账号特点；

第四步：通过对其新媒体营销矩阵的分析，组内交流、讨论进行头脑风暴，提出优化建议；

第五步：采用 Xmind 等思维导图工具绘制该品牌汽车新媒体营销矩阵架构及特点。

任务工单

任务：学会构建汽车新媒体营销矩阵			实训时长：60 分钟	
姓名		班级	学号	
实训日期		教师	评分	
实训内容： 第一步：在班级内分组，一组人数不超过 4 人。采用教师管理分组流程，学生决定分组的方式完成分组。分组要兼顾个性及能力特长，完成： （1）任务角色的定义：需要收集资料、主持讨论、记录及成果制作等角色，并完成对各角色任务的阐述。 （2）任务角色的认领：经过角色的定义和阐述，学生根据自己的兴趣爱好，选择与能力匹配的角色。				

项目六　汽车新媒体营销与运营综合应用

续表

1. 角色定义及阐述。

2. 角色分配。

小组成员	角色	特长	主要职责	目标技能

第二步：选择 1 款知名的车企品牌，建议选择国产新能源汽车，查阅资料，分析总结其新媒体营销矩阵的架构，判定矩阵的类型。

车企品牌：

该品牌目前覆盖的新媒体营销矩阵的架构：

矩阵类型：

各平台运营的特点：

201

续表

第三步：分析车企如何通过横向/纵向矩阵的布局实现在多个新媒体平台的协同合作，形成整体营销效果的提升。

第四步：分析车企在不同新媒体平台统一且有创意的账号特点。

续表

新媒体平台1：
账号名：
账号数据情况（粉丝、点赞、关注等）：
内容特点：

新媒体平台2：
账号名：
账号数据情况（粉丝、点赞、关注等）：
内容特点：

新媒体平台3：
账号名：
账号数据情况（粉丝、点赞、关注等）：
内容特点：

新媒体平台4：
账号名：
账号数据情况（粉丝、点赞、关注等）：
内容特点：

第五步：小组头脑风暴讨论其新媒体营销矩阵的优化建议，并采用 Xmind 等思维导图工具绘制梳理该品牌汽车新媒体营销矩阵的架构及特点。

续表

反思和总结：

任务评价

评分项	分项要素	评分细则	自我评价	小组评价	教师评价
纪律 （5分）	1. 不迟到； 2. 不早退； 3. 学习用品准备齐全； 4. 积极思考和回答课程问题； 5. 积极参与教学活动	未完成1项扣1分，扣分不得超过5分			
职业素养 （15分）	1. 积极与他人合作； 2. 积极帮助他人； 3. 遵守礼仪礼节； 4. 做事态度严谨、认真； 5. 具备劳动精神，能主动做到场地的6S管理	未完成1项扣3分，扣分不得超过15分			
专业技能 （40分）	1. 能够掌握新媒体营销矩阵的概念； 2. 能够掌握汽车新媒体营销矩阵的分类； 3. 能够分析车企品牌的新媒体营销矩阵的布局和特点； 4. 能够分析其新媒体营销矩阵中各个平台账号的特点和运营技巧； 5. 能够根据不同新媒体平台的特点和受众制定对应的内容策略； 6. 能够对车企新媒体营销矩阵提出优化建议； 7. 能够小组协作完成任务，培养团队合作精神； 8. 具有一定的创新思维和创意	未完成1项扣5分，扣分不得超过40分			

续表

评分项	分项要素	评分细则	自我评价	小组评价	教师评价
工具及设备的使用（20分）	1. 能正确使用电脑、iPad、手机进行资料检索、图片拍摄和处理； 2. 能正确使用场地工具	未完成1项扣10分，扣分不得超过20分			
任务工单填写（20分）	1. 字迹清晰； 2. 语句通顺； 3. 无错别字； 4. 无涂改； 5. 无抄袭； 6. 内容完整； 7. 回答准确； 8. 有独到的见解	未完成1项扣3分，扣分不得超过20分			

任务 2　汽车经销商 DCC 运营技巧　Mission two

任务2微课：汽车经销商 DCC 运营技巧

任务描述

当前车企经销商到店客流量不足与有效线索量低、线索转化率不理想、潜客流失风险加剧有关。经销商呼叫中心（Dealer's Call Center，DCC）作为目前经销商不可或缺的重要销售渠道之一，有效开展 DCC 线索渠道业务成为提升到店客流量的重要一环。本任务旨在通过学习和实践，掌握汽车经销商 DCC 运营技巧，提升到店客流量和销售转化率。

任务目标

通过本任务的学习，需要达成以下目标：
1. 了解汽车经销商 DCC 的概念和职责；
2. 识别 DCC 运营的主要平台，如汽车之家垂直媒体等；
3. 掌握 DCC 运营的核心指标和业务逻辑；
4. 掌握提升 DCC 运营的技巧，实现有效线索转化。

任务分析

要完成本学习任务，可以按照以下流程进行：
1. 学习汽车经销 DCC、DCC 运营技巧等知识点；

2. 选择一家车企品牌，在汽车之家平台搜索其下的经销商；
3. 通过搜索结果，结合所学，分析其在汽车之家不同经销商推广运营的区别；
4. 总结归纳同一品牌车企不同经销商在汽车之家运营的优势和劣势；
5. 采用 Xmind 等思维导图工具绘制梳理后，分组交流、讨论，进行头脑风暴，对其提出优化建议。

相关知识

一、汽车经销商 DCC 的概念和职责

DCC，全称为 Dealer's Call Center，即经销商呼叫中心。在汽车行业中，DCC 专员通常出现在汽车品牌授权的4S店中，主要负责通过电话和网络平台与潜在客户进行互动，实现快速精准的营销。DCC 模式是一种低成本、高效率的营销模式，顺应了数字时代的发展趋势。

DCC 销售的核心理念是为客户提供更加便捷、个性化和透明的汽车购买和维护服务。通过数字化手段，DCC 销售能够实现客户与汽车销售顾问之间的无缝对接，提高客户满意度，增加客户黏性，从而提升汽车销量和品牌形象。

DCC 专员的主要职责包括：

①接听客户电话：DCC 专员需要接听来自各大网络和新媒体平台潜在客户的电话，了解客户需求、解答疑问以及处理投诉等。

②预约安排：根据客户的需求，为客户安排看车、试车、维修和保养等服务。

③跟踪销售线索：对收集到的销售线索进行跟进，确保线索能够转化为实际的销售业绩。

④市场活动推广：参与或协助品牌和市场部门开展各类营销活动，提高品牌知名度和影响力。

⑤数据录入与报告：将客户信息、销售数据等录入系统，并定期生成报告以供管理层参考。

⑥培训与支持：接受公司内部培训，不断提高自己的业务水平和沟通能力，同时为其他同事提供支持和帮助。

⑦客户关系维护：通过电话、微信、其他社媒等方式与客户保持联系，了解客户需求变化，提高客户满意度和忠诚度。

二、DCC 推广运营技巧

DCC 推广运营共总结了十六式，是针对汽车经销商运营推广的具体方法和措施，是汽车经销商获得集客的重要举措，如图 6-2 所示。

1. 文章发布和推送

发布文章标题需要有足够的吸引力，保证消费者在众多的推广中关注文章，从而关注店铺及相关信息。促销文章需要每日更新，以便于完善考核分或根据实时的信息和热点进行促销，如图 6-3 所示。

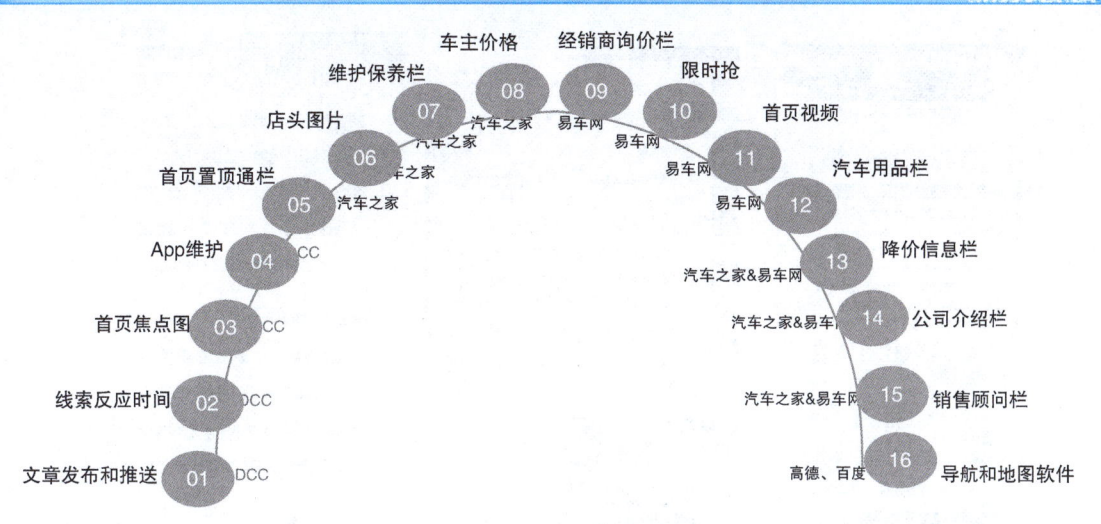

项目六　汽车新媒体营销与运营综合应用

图6-2　DCC运营推广十六式

图6-3　文章发布和推送

问题呈现：

• 促销信息未及时更新

• 标题不具备吸引力

运营技巧与操作：

①文章推送时间：整点前4分钟内。

②推荐文章时间：每日9：00—18：00。

③文章的推送时间越靠近更新时间，排名越靠前。

④每日必有推荐文章，不能出现漏推情况。

⑤自定义文章最晚要在每日17点前发布。

⑥文章应坚决避免出现敏感词汇。

⑦17：00后使用推荐名额需发布模板文章。

⑧每篇文章都有独立ID，不能将之前的文章编辑后再推荐。

⑨推荐文章应使用全新文章。

⑩豪华版：7次/周，可使用自定义文章5次。

⑪标准版：4次/周，可使用自定义文章2次。

文章发布推送时，会在首页当地行情和首页本地购车上面出现，所以文章尽可能做好质量，吸引消费者，如图6-4所示。

207

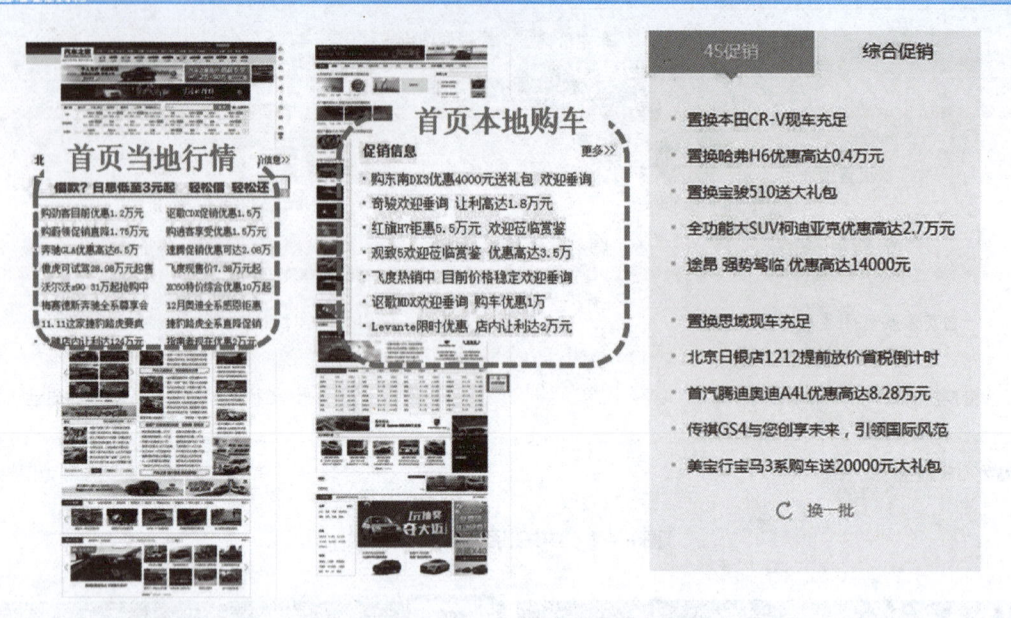

图 6-4　首页当地行情及首页本地购车

需要注意的是，经销商新闻资讯、促销信息分站页展示点位：焦点图、促销、商情、优惠促销/到店预订、热门商家、经销商新闻资讯、经销商促销信息，这些关键信息是经销商集客环节的重要因素之一，如图 6-5 所示。

图 6-5　新闻资讯、促销信息分站页展示点位

项目六 汽车新媒体营销与运营综合应用

2. 线索反应时间

400来电接起率反映了服务能力，及时接起潜在客户的来电，将提高客户邀约到店率。经销商400电话接起率平均分均未达满分（100分），原因是400电话接起率降低，可能和400有效来电量较高有关。电话等待时长平均分过低会影响动态服务评价（DSR），从而影响店铺在汽车之家的排名与露出。

建议经销商运营操作如下：

①400有效来电：9：00—18：00成功通话，及客户选择400按键音后等待时长≥10秒；

②400有效接起：9：00—18：00接通成功来电，400呼叫等待时长＜12秒；

③400电话绑定的首部座席为座机并有专人固定接听，座席全部繁忙时，必须在5分钟内用App回拨；

④可通过短时间内店内自呼方式进行分值提升。

3. 首页焦点图

首页焦点图是经销商最重要的展示环节，也是吸引客户留资的重要渠道，所以经销商在首页焦点图上应注意风格统一，信息高效，具有吸引力，本店的优势要体现出来。图6-6所示为经销商首页焦点图问题点。

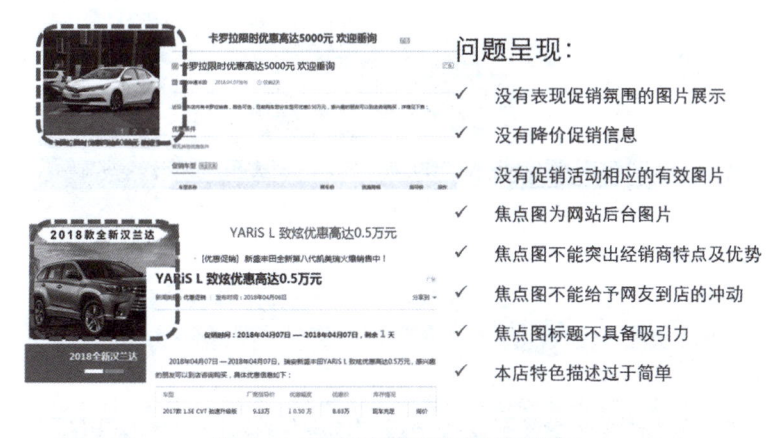

图6-6 经销商首页焦点图问题点

运营技巧与操作：

①焦点图必须重点突出；

②焦点图必须精心设计排版和配色；

③有车型优惠信息；

④有金融保险相关商务政策；

⑤有二手车、售后等商务政策；

⑥显示400电话和自店销售热线电话；

⑦地址信息齐全，最好有定位语；

⑧显示自店二维码。

4. App 维护

各大汽车DCC网站都建有App小程序，以汽车之家为例，其经销商后台为i车商，如果7天没有登录后台,店铺将被降权;如没有使用i车商App,将影响动态服务评价(DSR),从而影响店铺在汽车之家页面的展示及排名。

汽车经销商运营技巧与操作:提高App活跃度平均分,即平均每天活跃度的分值累加/天数。只需要登录后手动向下滑动刷新"待联系客户列表"即可,任意权限登录操作都可以。

5. 首页置顶通栏

图6-7所示为经销商首页置顶通栏。第一栏只显示网站默认图片,因此很多汽车经销商没有或者忘记首页置顶通栏,从而没有广告宣传定位语,如图6-7(a)所示。首页置顶通栏可以展示店内商务政策和当期优惠促销活动,加上经销商400电话和销售热线电话,把自己的店面位置及具体信息加上,也可以放上店员的二维码,促进直接沟通。

(a)

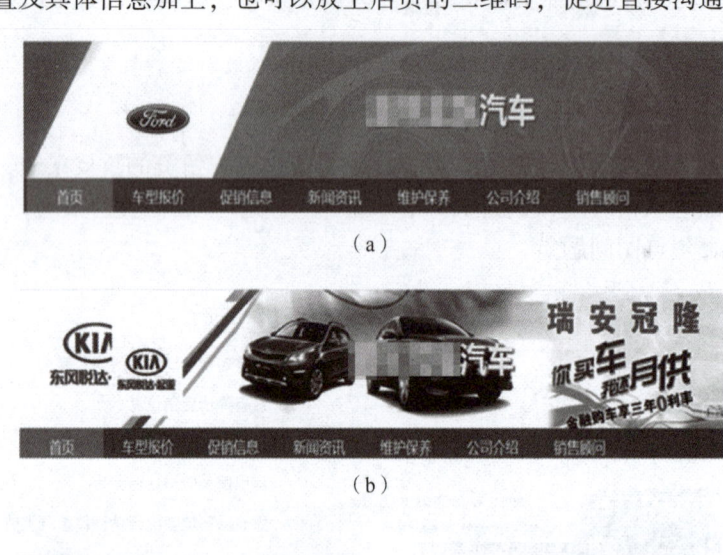

(b)

(c)

图6-7 经销商首页置顶通栏

运营技巧与操作:

将上述没有展示的信息通过制图软件设计图片素材,从网站后台上传最新的首页置顶通栏图片,首页置顶通栏更新应与店内活动同步,如图6-7(b)、图6-7(c)所示。

6. 店头图片

很多客户在搜索品牌时,会出现当地的店头图片,店头图片代表着汽车经销店的形象与专业,但很多经销商往往忽视了店头图片,如图6-8所示。

图6-8所示的经销商没有设置合适的店头图片,此入口客户无法辨别是4S店还是二级经销商,导致客户留资率明显下降。

项目六 汽车新媒体营销与运营综合应用

图6-8 经销商店头图片

运营技巧与操作：从网站后台上传光线亮度高、广角拍摄、内容整齐有序、体现专业和经销商实力的店头图片，如图6-9所示。

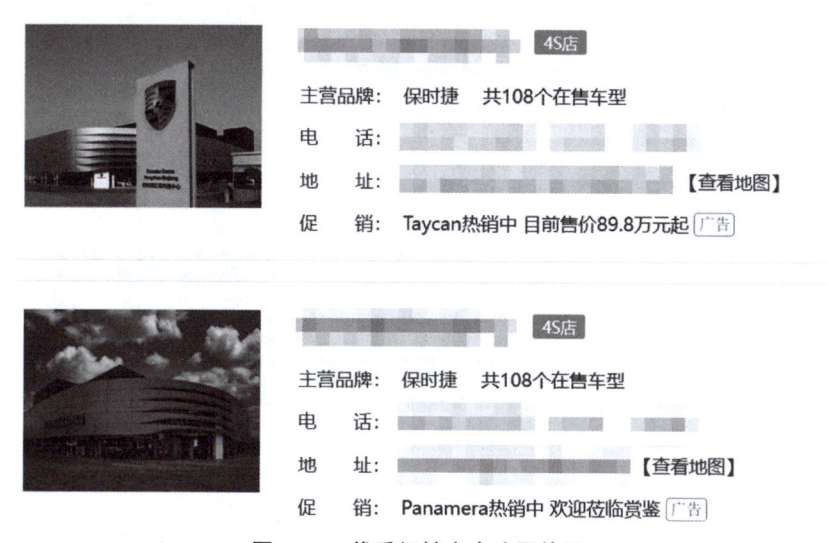

图6-9 优秀经销商店头图片展示

7. 维护保养栏

很多汽车经销商缺乏完整的DCC运营推广核查机制，导致维护保养栏空白，如图6-10所示，没有进行任何的店铺装修。因为顾客的二次购买率比较大，售后转介绍的比率也在增长，做好保有客户的服务是非常重要的。

运营技巧为及时上传自店的维修保养内容。

汽车新媒体营销与运营技术

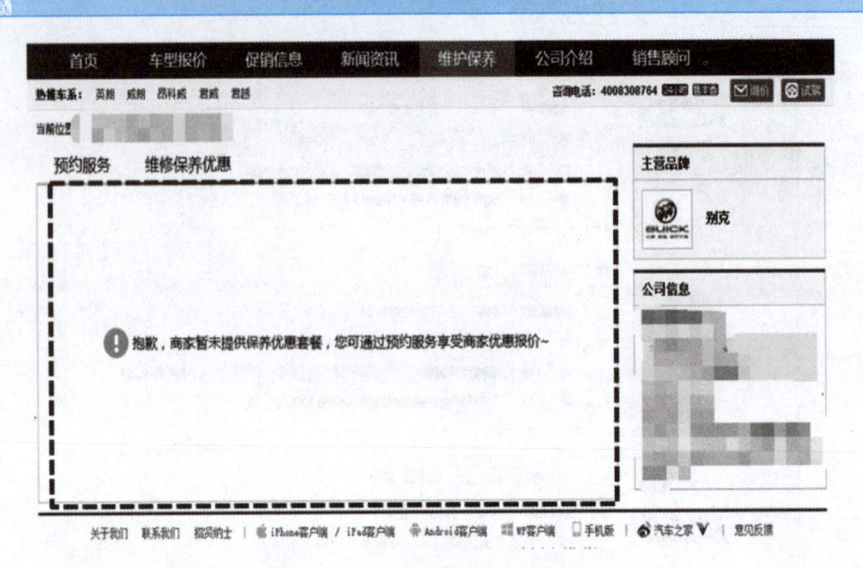

图 6-10　经销商店维护保养栏

8. 车主价格

很多汽车经销商不太关注成交车主价格，如图 6-11 所示，而车主价格是吸引客户留资的关键因素之一。因为涉及客户上传相关资料，所以经销商可以像现在的各类电商平台一样，让成交客户上传相关资料及评价，以获得相应的服务来提高车主价格的占比。

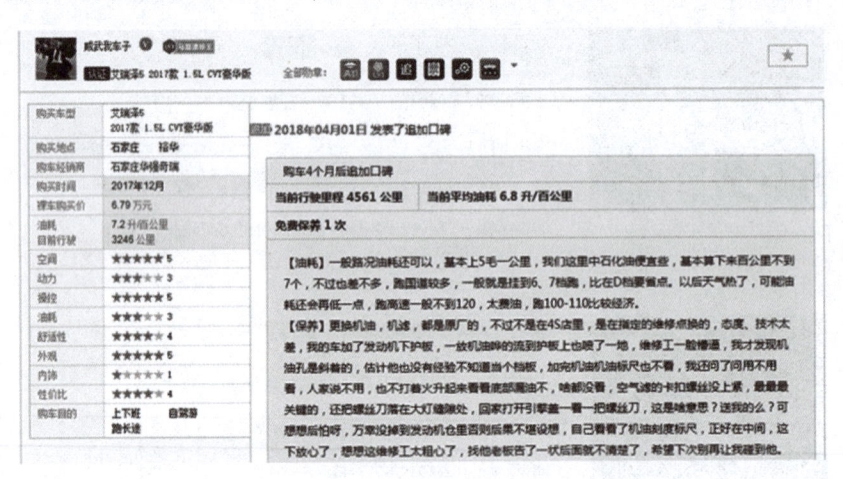

图 6-11　经销商车主价格

经销商常见问题就是在车主价格服务板块评星较低，且对店内购车经历有差评。运营技巧和操作有动员内部员工批量注册汽车之家账号、上传客户购车发票、对本店服务进行好评。

9. 经销商询价栏

经销商询价栏如图 6-12 所示，是最直观的刺激顾客留资的主要因素，但由于厂家统一控制价格，所以价格是统一的，但是大家注意后面的促销和礼包，这里可以做一些区别，吸引消费者点进去进一步了解，从而实现留资目标。

项目六　汽车新媒体营销与运营综合应用

图 6-12　经销商询价栏

经销商常见问题有展示的价格过高、更新不及时、客户询价无秒回、未在后台设置购车礼包及礼包价格，以及网站无评星或星级过低。

运营技巧与操作：

（1）每半个小时更新一次价格；

（2）询价栏展示区域允许范围内的最低价；

（3）每日必须更新价格；

（4）无优惠车型必须设置礼包；

（5）礼包金额是询价栏中的最高价值。

10. 限时抢

易车网限时抢模块如图 6-13 所示，是官网推出、经销商有权参与的活动之一，更是吸引消费者留资的一个重要渠道，很多经销商因为忘记或者没有及时应用而导致资源浪费，非常可惜。

图 6-13　易车网限时抢模块

经销商常见问题是发布限时抢之前未进行线上活动预热、活动图片和活动标题不具备吸引力。

运营技巧和操作：

发布活动前应做好活动文章预热并且提前5天发送；设计美化活动图片，采用更有吸引力的文字描述活动标题，例如：××最低，只限3台！

11. 首页视频

易车网首页视频如图6-14所示，是官网推出经销商最佳展现的广告位，其制作质量的高低、视频好坏程度也是直接影响集客留资的重要因素。

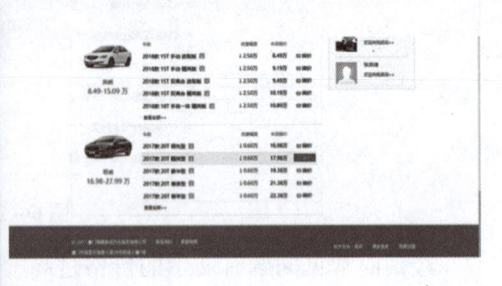

图6-14　易车网首页视频

经销商常见问题是未上传首页视频或首页视频多以官方视频为主。

运营技巧和操作：

上传具有本店特色且能带给客户直观利益或信任度冲击的自主拍摄的视频。

12. 汽车用品栏

易车网汽车用品栏如图6-15所示，是汽车加装、增购、售后的一项重要增值内容，很多汽车经销商由于缺乏系统的培训和检核，导致汽车用品栏长期空白。

图6-15　易车网汽车用品栏

经销商常见问题是汽车用品栏内容缺失、汽车用品栏内容较少以及图片不够精美。

运营技巧和操作：

上传自店相关汽车用品，同时汽车用品图片需要美化设计，也可以使用二维码代替。

13. 降价信息栏

客户在购买车型时最关注的就是降价信息栏，如图6-16所示，由于厂方会统一报价，

项目六　汽车新媒体营销与运营综合应用

经销商需要及时更新价格，保证信息的及时有效，同时保证促销文章的及时更新，以便于保证在头部展示。

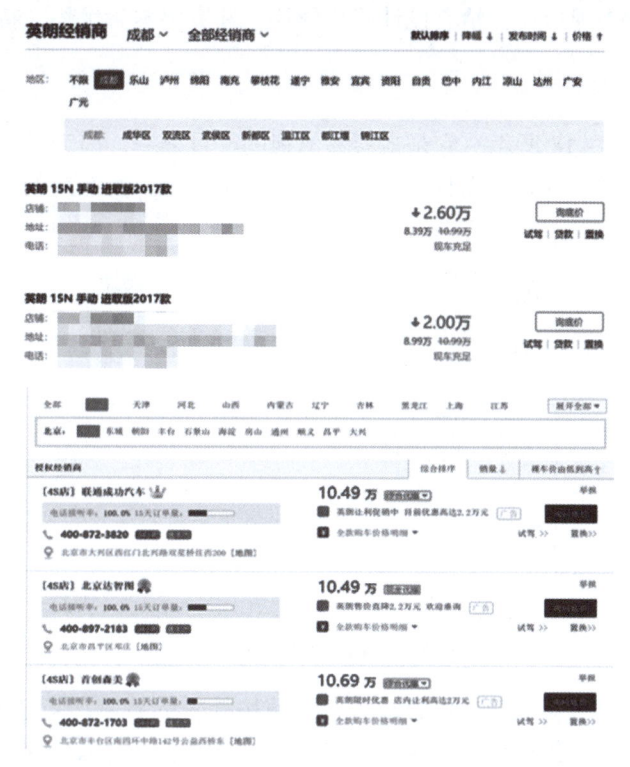

图 6-16　降价信息栏

常见经销商问题是展示的优惠幅度小，文章以及车价更新不及时。

运营技巧和操作：

每日检查竞品优惠并更新自店优惠，保证同城最低，每日更新文章，提高更新价格的频率。

14. 公司介绍栏

公司介绍栏如图 6-17 所示，是 DCC 最核心的内容展现之一，但大多数经销商忽视了这一栏目的存在，内容过于简单，没有任务广告价值，错失集客的大好机会。

图 6-17　公司介绍栏

215

经销商常见问题是没有店内展示图片显示、公司介绍全为文字等。

运营技巧和操作：

采用多图少字的表现形式，精心设计美化图片，并突出本店优势、特色服务、所获得奖项、企业信誉等。

15. 销售顾问栏

销售顾问栏如图6-18所示，它是最容易忽视的栏目之一，因为经销商销售顾问的流动性，导致线上的信息经常变动，而且风格、信息容易不统一，给客户的感受非常不好。

图6-18 销售顾问栏

经销商常见问题有销售顾问栏内容缺失、未使用统一的着装、未使用统一的拍摄背景、未使用统一的拍摄角度、拍摄姿势不统一、点赞数量过低以及有低分评论或仅少数好评。

运营技巧和操作：

统一着装、拍摄背景、拍摄角度、拍摄姿势，建议显示便于记忆的销售顾问名称，如小红、娟娟等；同时在汽车之家点赞，在易车网点刷好评。

16. 导航和地图软件

现代社会我们都依赖于导航，而众多经销商往往忽视了使用导航软件，如图6-19所示的页面，展示了经销商的信息和评价，经销商还可以根据导航软件的规则充分展现本店信息，以达到集客的目的。

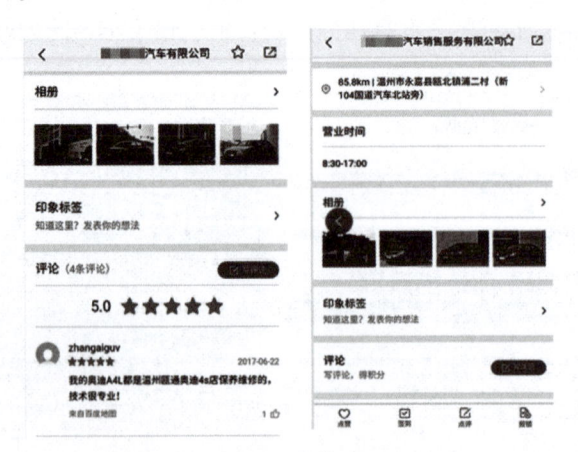

图6-19 导航和地图软件应用

项目六　汽车新媒体营销与运营综合应用

经销商问题主要是对导航和地图 App 不关注、不维护，店内照片缺失或过少以及差评较多。

运营技巧和操作：

建议 DCC 专员每日关注、维护并批量上传店内精美照片，实现手机滚动三屏以上的好评。

总之，在汽车经销 DCC 运营推广时一定要通过大量的市场营销活动让客户将本经销商品牌作为备选方案，并记住本品牌、经销商、销售顾问。高曝光的联系方式是降低客户联络成本的必需行为。客户在积累足够的热度后，会以网站后台留言、网站后台订单、400 电话呼入、销售热线呼入或到店等不同形式与经销商取得联系，而当客户面对诸多选择，出现了强烈的决策怀疑时，厂商与经销商应向客户传递清晰的品牌信息，以降低客户选择的决策成本。

任务实施

实施背景：

DCC 作为目前经销商不可或缺的重要销售渠道之一，有效开展 DCC 渠道业务成为提升到店客流量的重要一环，而当前车企经销商也急需相关 DCC 运营专员。

实施目标：

本任务将结合知识学习与运用，通过在汽车之家、易车等垂直媒体进行资料收集，研究分析同品牌的不同经销商在平台上的运营表现，思考所学的 DCC 十六式能否对它们进行运营的优化和提升。

实施过程：

建议按以下步骤完成任务：

第一步：学习汽车经销 DCC、DCC 运营技巧等知识点；

第二步：选择 1 家车企品牌，在汽车之家或易车等垂直平台搜索其经销商；

第三步：通过搜索结果，结合所学，分析其在汽车之家不同经销商推广运营的现状；

第四步：总结归纳同一品牌车企不同经销商在汽车之家运营的优势、劣势；

第五步：采用 Xmind 等思维导图工具绘制梳理后，分组交流、讨论，并进行头脑风暴，对其提出优化建议。

任务工单

任务：汽车经销商 DCC 运营推广研究		实训时长：60 分钟	
姓名	班级		学号
实训日期	教师		评分

实训内容：

第一步：在班级内分组，一组人数不超过 4 人。采用教师管理分组流程，学生决定分组的方式完成分组。分组要兼顾个性及能力特长，完成：

（1）任务角色的定义：需要收集资料、主持讨论、记录及成果制作等角色，并完成对各角色任务的阐述。

（2）任务角色的认领：经过角色的定义和阐述，学生根据自己的兴趣爱好，选择与能力匹配的角色。

续表

1. 角色定义及阐述。

2. 角色分配。

小组成员	角色	特长	主要职责	目标技能

第二步：选择 1 家车企品牌，在汽车之家或易车等垂直平台搜索其经销商，至少选择 3 家以上。

车企品牌：

垂直电商平台：

经销商 1：

经销商 2：

经销商 3：

第三步：通过搜索结果，结合所学的 DCC 运营推广十六式，分析其在汽车之家不同经销商推广运营的现状。

项目六　汽车新媒体营销与运营综合应用

续表

经销商1：

经销商2：

经销商3：

第四步：总结归纳同一品牌车企不同经销商在汽车之家的运营的优势、劣势。

经销商1：

经销商2：

经销商3：

第五步：下载 Xmind 软件，根据对上述任务的理解，绘制思维导图。思维导图需包括对不同经销商现状的分析，总结其 DCC 运营的优、劣势，结合所学运营十六式对其分别提出优化意见或建议等。

反思和总结：

任务评价

评分项	分项要素	评分细则	自我评价	小组评价	教师评价
纪律 （5分）	1. 不迟到； 2. 不早退； 3. 学习用品准备齐全； 4. 积极思考和回答课程问题； 5. 积极参与教学活动	未完成1项扣1分，扣分不得超过5分			
职业素养 （15分）	1. 积极与他人合作； 2. 积极帮助他人； 3. 遵守礼仪礼节； 4. 做事态度严谨、认真； 5. 具备劳动精神，能主动做到场地的6S管理	未完成1项扣3分，扣分不得超过15分			
专业技能 （40分）	1. 掌握汽车经销商DCC的概念； 2. 掌握汽车经销商DCC专员的职责； 3. 具有资料搜集和整理的能力； 4. 具有总结和归纳分析的能力； 5. 能够理解DCC运营十六式； 6. 能够对不同经销商运营推广进行对比； 7. 具有团队交流、协作和汇报的能力； 8. 具有一定的创新思维和创意	未完成1项扣5分，扣分不得超过40分			
工具及设备的使用 （20分）	1. 能正确使用电脑、iPad、手机进行资料检索、图片拍摄和处理； 2. 能正确使用场地工具	未完成1项扣10分，扣分不得超过20分			
任务工单填写（20分）	1. 字迹清晰； 2. 语句通顺； 3. 无错别字； 4. 无涂改； 5. 无抄袭； 6. 内容完整； 7. 回答准确； 8. 有独到的见解	未完成1项扣3分，扣分不得超过20分			

项目六　汽车新媒体营销与运营综合应用

同步测试

一、单选题

1. 汽车新媒体营销矩阵的核心目的是（　　）。
   A. 增加汽车生产量
   B. 实现对目标用户的全方位覆盖和精准触达
   C. 减少营销成本
   D. 仅在单一平台上增加品牌曝光

2. 在汽车经销商的 DCC 运营中，以下哪项不是 DCC 专员的主要职责（　　）。
   A. 接听客户电话　　　　　　　　　　B. 进行市场活动推广
   C. 直接进行汽车维修　　　　　　　　D. 跟踪销售线索

3. 在 DCC 推广运营十六式中，哪一项是关于提升客户在线体验和信息获取的技巧（　　）。
   A. 线索反应时间　　　　　　　　　　B. 首页焦点图
   C. 导航和地图软件　　　　　　　　　D. 销售顾问栏

二、多选题

1. 汽车经销商 DCC 专员的主要职责包括（　　）。
   A. 接听客户电话　　　　　　　　　　B. 预约安排
   C. 跟踪销售线索　　　　　　　　　　D. 进行汽车维修

2. 横向矩阵体系涉及哪些新媒体渠道？（　　）
   A. 自有 App
   B. 官方网站
   C. 微信、微博、抖音主流社媒
   D. 淘宝、小红书、今日头条等

3. 在 DCC 推广运营十六式中，哪些技巧涉及在线内容的更新和维护？（　　）
   A. 文章发布和推送　　　　　　　　　B. 首页焦点图
   C. 手机 App 维护　　　　　　　　　　D. 导航和地图软件

三、判断题

1. 汽车经销商可以通过在导航软件上展示店内精美照片和好评来提高集客效果。（　　）
2. 在新媒体营销矩阵中，各个账号应该保持独立性，不需要相互协作。（　　）
3. 纵向矩阵体系侧重于在特定媒体平台内部的深度布局。（　　）

技能提升

知识拓展：

《2024 车企新媒体矩阵研究报告》指出，新媒体平台成兵家必争之地，矩阵式营销是流量突围的主要方式。纵观销量排名靠前的车企品牌，大家已经达成通过矩阵放大新媒体功效、实现流量突围这一共识，均开始大规模搭建矩阵，由此可见矩阵式新媒体营销已经成为车企绕不开的营销方法。

221

汽车新媒体营销与运营技术

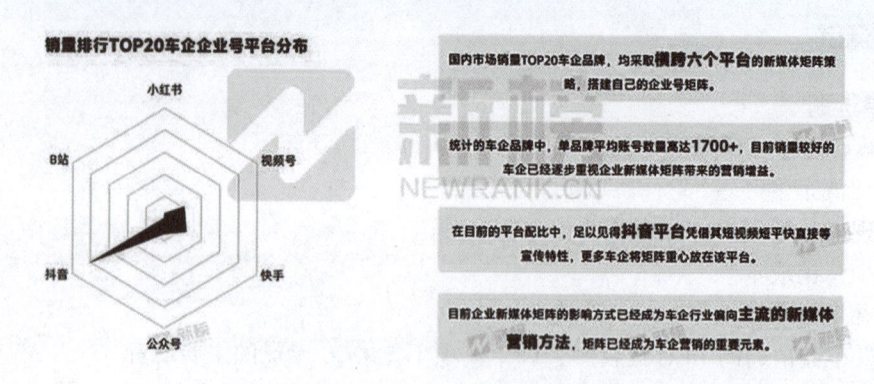

企业新媒体矩阵以其内容的多样化、渠道的互补性和用户的互动性，有效地满足了车企用户多样化的需求，同时为车企提供了深化用户关系和提升品牌认知度的有利工具。

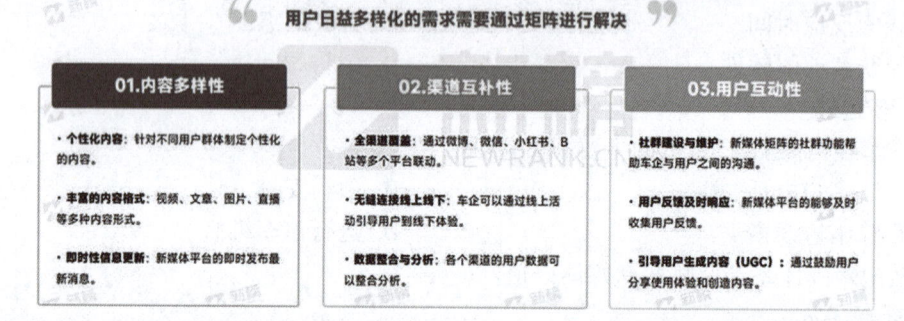

新媒体矩阵的营销方式相较于传统的营销模式在线索留存以及营销获客上拥有明显的优势，通过企业新媒体矩阵，车企可以获得更加多样化的线索来源，以及更精确的线索留存；同时，广告、用户互动等成本的降低，也使获客变得更加容易。

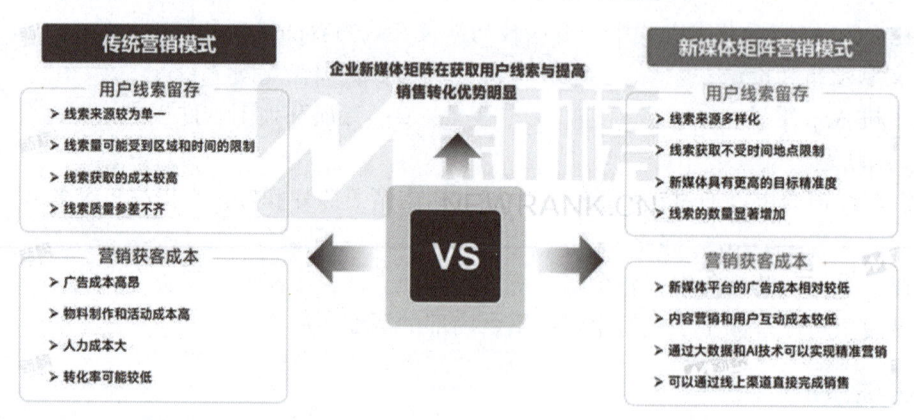

车企借助精心构建的新媒体矩阵，实现了与多元客户群体的跨渠道触达，这不仅有助于深化品牌形象，更能有效放大品牌声誉。

通过矩阵式管理与运营策略，车企塑造出统一且鲜明的企业形象，同时利用新媒体平台的传播力量，进一步巩固品牌口碑。

这种创新的营销方式，旨在通过积极营造优质的品牌声誉，牢牢占据消费者心智，从而实现长远的营销目标。

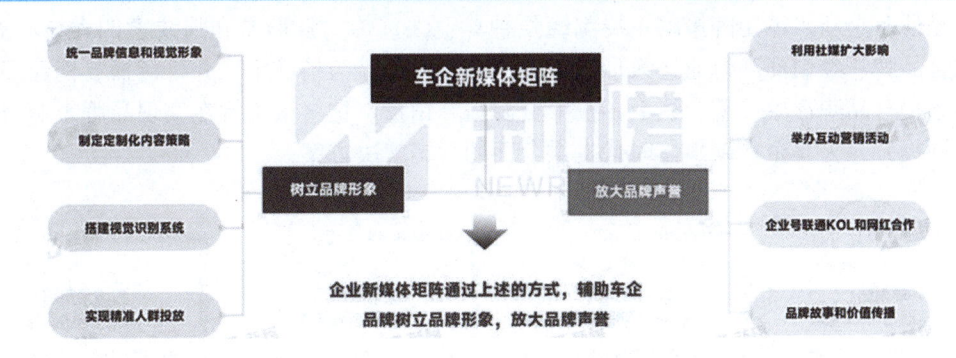

项目六　汽车新媒体营销与运营综合应用

车企新媒体矩阵

树立品牌形象：
- 统一品牌信息和视觉形象
- 制定定制化内容策略
- 搭建视觉识别系统
- 实现精准人群投放

放大品牌声誉：
- 利用社媒扩大影响
- 举办互动营销活动
- 企业号联通KOL和网红合作
- 品牌故事和价值传播

企业新媒体矩阵通过上述的方式，辅助车企品牌树立品牌形象，放大品牌声誉

通过深入了解抖音、快手、公众号、视频号、小红书和B站等各大平台的特性、用户群体及互动方式，车企可以更加明智地选择适合自己的平台组合，从而实现营销效果的最大化和预算的高效利用。不同的平台组合策略可以满足不同车企的需求和目标，无论是全面覆盖、精准打击还是深度内容营销，都能找到最适合自己的路径。

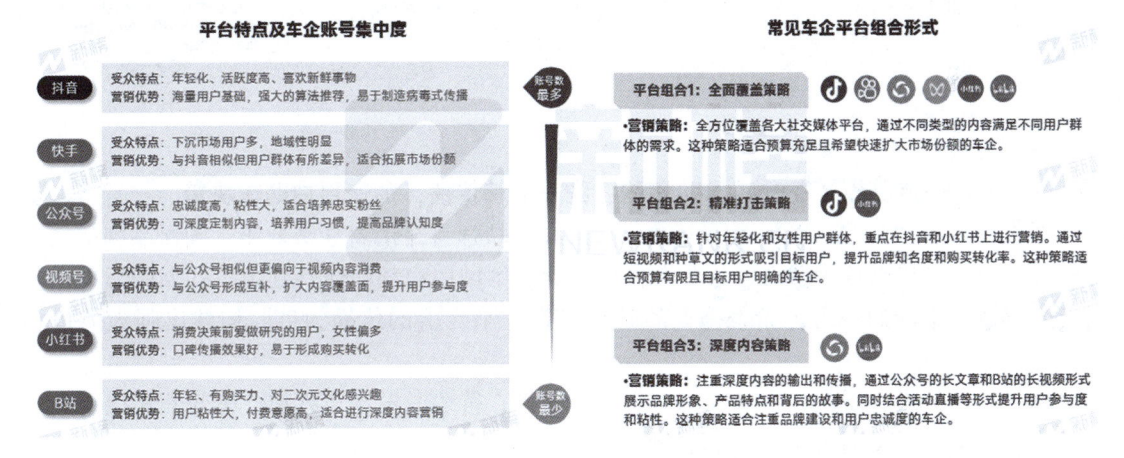

平台特点及车企账号集中度（账号数最多→最少）

- **抖音**
  - 受众特点：年轻化、活跃度高、喜欢新鲜事物
  - 营销优势：海量用户基础，强大的算法推荐，易于制造病毒式传播
- **快手**
  - 受众特点：下沉市场用户多，地域性明显
  - 营销优势：与抖音相似但用户群体有所差异，适合拓展市场份额
- **公众号**
  - 受众特点：忠诚度高，粘性大，适合培养忠实粉丝
  - 营销优势：可深度定制内容，培养用户习惯，提高品牌认知度
- **视频号**
  - 受众特点：与公众号相似但更偏向于视频内容消费
  - 营销优势：与公众号形成互补，扩大内容覆盖面，提升用户参与度
- **小红书**
  - 受众特点：消费决策前爱做研究的用户，女性偏多
  - 营销优势：口碑传播效果好，易于形成购买转化
- **B站**
  - 受众特点：年轻、有购买力、对二次元文化感兴趣
  - 营销优势：用户粘性大，付费意愿高，适合进行深度内容营销

常见车企平台组合形式

- **平台组合1：全面覆盖策略**
  - 营销策略：全方位覆盖各大社交媒体平台，通过不同类型的内容满足不同用户群体的需求。这种策略适合预算充足且希望快速扩大市场份额的车企。
- **平台组合2：精准打击策略**
  - 营销策略：针对年轻化和女性用户群体，重点在抖音和小红书上进行营销。通过短视频和种草文的形式吸引目标用户，提升品牌知名度和购买转化率。这种策略适合预算有限且目标用户明确的车企。
- **平台组合3：深度内容策略**
  - 营销策略：注重深度内容的输出和传播，通过公众号的长文章和B站的长视频形式展示品牌形象、产品特点和背后的故事。同时结合活动直播等形式提升用户参与度和粘性。这种策略适合注重品牌建设和用户忠诚度的车企。

针对抖音的短视频热潮，应创作富有创意的短片和品牌挑战；在快手，注重地域文化和实用教程；公众号则宜深耕品牌故事与深度内容；视频号适合中长视频与知识分享；小红书上，种草文和评测更受欢迎；而在B站，结合二次元文化的长视频和深度评测更能打动人心。

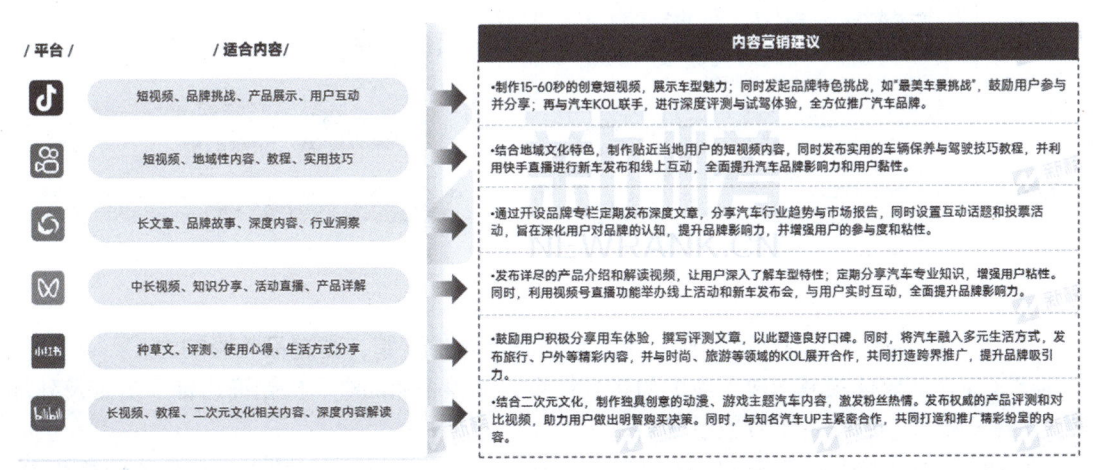

平台	适合内容	内容营销建议
抖音	短视频、品牌挑战、产品展示、用户互动	制作15-60秒的创意短视频，展示车型魅力；同时发起品牌特色挑战，如"最美车景挑战"，鼓励用户参与并分享；再与汽车KOL联手，进行深度评测与试驾体验，全方位推广汽车品牌。
快手	短视频、地域性内容、教程、实用技巧	结合地域文化特色，制作贴近当地用户的短视频内容，同时发布实用的车辆保养与驾驶技巧教程，并利用快手直播进行新车发布和线上互动，全面提升汽车品牌影响力和用户黏性。
公众号	长文章、品牌故事、深度内容、行业洞察	通过开设品牌专栏定期发布深度文章，分享汽车行业趋势与市场报告，同时设置互动话题和投票活动，旨在深化用户对品牌的认知，提升品牌影响力，并增强用户的参与度和粘性。
视频号	中长视频、知识分享、活动直播、产品详解	发布详尽的产品介绍和解读视频，让用户深入了解车型特性；定期分享汽车专业知识，增强用户粘性。同时，利用视频号直播功能举办线上活动和新车发布会，与用户实时互动，全面提升品牌影响力。
小红书	种草文、评测、使用心得、生活方式分享	鼓励用户积极分享用车体验，撰写评测文章，以此塑造良好口碑。同时，将汽车融入多元生活方式，发布旅行、户外等精彩内容，并与时尚、旅游等领域的KOL展开合作，共同打造跨界推广，提升品牌吸引力。
bilibili	长视频、教程、二次元文化相关内容、深度内容解读	结合二次元文化，制作独具创意的动漫、游戏主题汽车内容，激发粉丝热情。发布权威的产品评测和对比视频，助力用户做出明智购买决策。同时，与知名汽车UP主紧密合作，共同打造和推广精彩纷呈的内容。

223

汽车新媒体营销与运营技术

常见的车企新媒体矩阵策略主要围绕强种草、强宣传、强形象和强线索四大核心展开，通过联合品牌、经销商和行业达人形成合力，全平台覆盖与精准定位并行传播，构建多层次传播体系提升品牌形象，整合线上、线下资源提升销量。这些策略旨在实现品牌影响力和销量的协同提升，为车企在新媒体时代提供全面的营销解决方案。

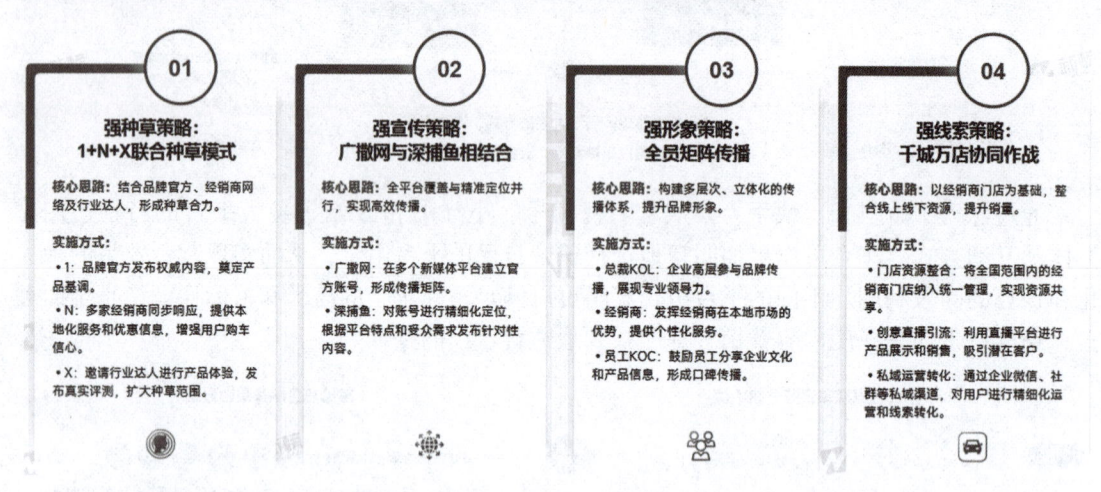

01 强种草策略：1+N+X联合种草模式

核心思路：结合品牌官方、经销商网络及行业达人，形成种草合力。

实施方式：
- 1：品牌官方发布权威内容，奠定产品基调。
- N：多家经销商同步响应，提供本地化服务和优惠信息，增强用户购车信心。
- X：邀请行业达人进行产品体验，发布真实测评，扩大种草范围。

02 强宣传策略：广撒网与深捕鱼相结合

核心思路：全平台覆盖与精准定位并行，实现高效传播。

实施方式：
- 广撒网：在多个新媒体平台建立官方账号，形成传播矩阵。
- 深捕鱼：对账号进行精细化定位，根据平台特点和受众需求发布针对性内容。

03 强形象策略：全员矩阵传播

核心思路：构建多层次、立体化的传播体系，提升品牌形象。

实施方式：
- 总裁KOL：企业高层参与品牌传播，展现专业领导力。
- 经销商：发挥经销商在本地市场的优势，提供个性化服务。
- 员工KOC：鼓励员工分享企业文化和产品信息，形成口碑传播。

04 强线索策略：千城万店协同作战

核心思路：以经销商门店为基础，整合线上线下资源，提升销量。

实施方式：
- 门店资源整合：将全国范围内的经销商门店纳入统一管理，实现资源共享。
- 创意直播引流：利用直播平台进行产品展示和销售，吸引潜在客户。
- 私域运营转化：通过企业微信、社群等私域渠道，对用户进行精细化运营和线索转化。

案例分析：

一汽红旗"1+N+X"矩阵：统一品牌传播，加速用户购车决策

通过创新的"1+N+X"矩阵模式，一汽红旗品牌与经销商紧密合作，确保品牌信息的一致性，使产品更贴近消费者。这种合作模式让各区域用户都能体验到统一的品牌形象，同时充分释放经销商的潜力，显著提升品牌在抖音等平台上的传播力度，构建出强大的传播矩阵。

通过短视频吸引观众，直播互动深化粉丝关系，持续激发购车兴趣，有效缩短线上购车决策周期，实现"即看即买"的营销效果。

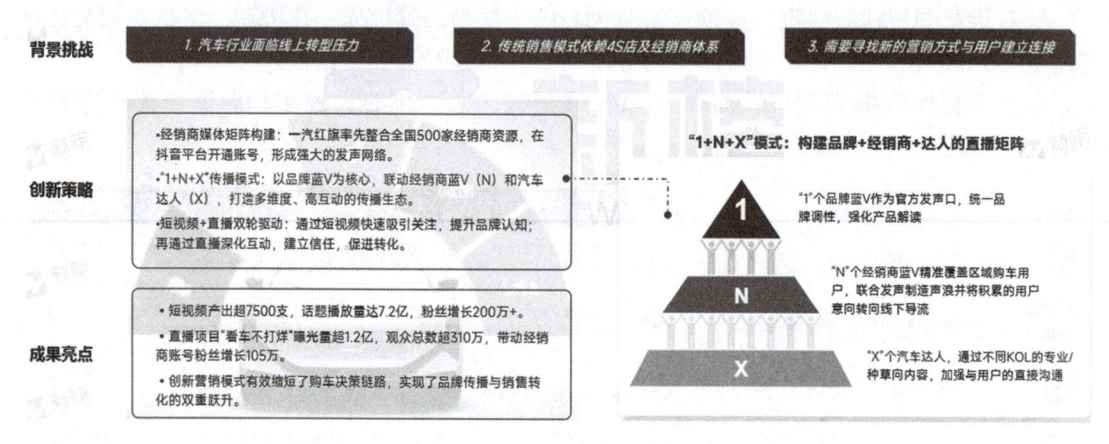

背景挑战：
1. 汽车行业面临线上转型压力
2. 传统销售模式依赖4S店及经销商体系
3. 需要寻找新的营销方式与用户建立连接

创新策略：
- 经销商媒体矩阵构建：一汽红旗率先整合全国500家经销商资源，在抖音平台开通账号，形成强大的发声网络。
- "1+N+X"传播模式：以品牌蓝V为核心，联动经销商蓝V（N）和汽车达人（X），打造多维度、高互动的传播生态。
- 短视频+直播双轮驱动：通过短视频快速吸引关注，提升品牌认知；再通过直播深化互动，建立信任，促进转化。

成果亮点：
- 短视频产出超7500支，话题播放量达7.2亿，粉丝增长200万+。
- 直播项目"春车不打烊"曝光量超1.2亿，观众总数超310万，带动经销商账号粉丝增长105万。
- 创新营销模式有效缩短了购车决策链路，实现了品牌传播与销售转化的双重跃升。

"1+N+X"模式：构建品牌+经销商+达人的直播矩阵

- "1"个品牌蓝V作为官方发声口，统一品牌调性，强化产品解读
- "N"个经销商蓝V精准覆盖区域购车用户，联合发声制造声浪并将积累的用户意向转向线下导流
- "X"个汽车达人，通过不同KOL的专业/种草向内容，加强与用户的直接沟通

比亚迪"广撒网"矩阵：全平台覆盖与精准营销，塑造品牌影响力

比亚迪在新媒体领域构建了庞大的账号体系，涵盖企业品宣、经销商店铺、员工及外部素人等多个层面，各平台账号数量众多。

通过全平台多账号的广撒网式营销策略，比亚迪有效扩大了市场覆盖和品牌传播范围。

224

项目六　汽车新媒体营销与运营综合应用

同时，比亚迪注重精准营销，明确每个账号的定位和职责，形成互补传播，提高了营销效率和用户个性化需求的满足度，从而增强了品牌忠诚度和归属感。

这种新媒体矩阵的构建和运营策略，彰显了比亚迪在市场拓展和品牌建设方面的创新思维和实力。

BYD的企业号平台分布

比亚迪在各个平台上均有数量较大的账号群体，其中既有其企业层面的品宣账号，也有各级经销商创建的店铺账号，还有销售员工和推广员工们建设的员工号，以及消费者们简历的外部素人账号，六大平台中，五个平台的账号数量都在1000个以上。

- 抖音 32.8%
- 小红书 3.2%
- 快手 11.2%
- 公众号 13.1%
- 视频号 15.8%
- B站 23.9%

广撒网式营销获取用户认知

汽车行业重视车子的实际展示以及效果分享，比亚迪在全平台多账号进行广撒网式的营销策略，是其市场拓展和品牌传播的重要手段之一。通过在多个新媒体平台上建立和维护多个账号，比亚迪能够覆盖更广泛的潜在用户群体，提高品牌知名度和曝光率。

精细运营建立用户沟通渠道

通过明确每个账号的定位和职责，比亚迪能够保各个账号在传播过程中形成互补，而不是简单的重复。这种精准营销的策略不仅提高了比亚迪的营销效率，通过针对性地推送相关内容和活动，比亚迪能够更好地满足用户的个性化需求，从而增强用户对品牌的忠诚度和归属感。

思考题：

结合本项目所学，分析红旗和比亚迪新媒体营销矩阵的构建和布局。

225

参 考 文 献

[1] 德勤,小红书. 2023 小红书德勤汽车行业营销联合白皮书［P/OL］. ［2025 – 02 – 01］. https://www2. deloitte. com/content/dam/Deloitte/cn/Documents/consumer – business/deloitte – cn – consumer – auto – redbook – whitepaper – zh – 230706. pdf.

[2] 林海. 新媒体营销（第二版）［M］. 北京：高等教育出版社,2021.

[3] 丁冬. 新媒体运营［M］. 北京：航空工业出版社,2024.

[4] 艾瑞咨询. 中国汽车行业数字化营销白皮书［P/OL］. ［2025 – 02 – 01］. https://pdf. dfcfw. com/pdf/H3_AP202209141578386427_1. pdf? 1663175410000. pdf.

[5] 陈永革,柯凤琴. 汽车营销策划（第二版）［M］. 北京：北京出版社,2023.

[6] 林凤,陈佳伟,赵一敏. 汽车营销策划基础与实务［M］. 北京：机械工业出版社,2024.

[7] 董宇,易俗. 短视频策划与制作［M］. 北京：人民邮电出版社,2023.

[8] 王进,王慧勤. 短视频运营实务（慕课版）［M］. 北京：人民邮电出版社,2022.

[9] 汪永华,郑经全. 直播电商运营［M］. 北京：北京理工大学出版社,2020.

[10] 汽车消费网. 打造新车新零售样板,大搜车一鹿新车获 2023 金牛奖 "最佳直播营销奖"［Z/OL］. ［2025 – 02 – 01］. https://inf. 315che. com/n/2023_12/2053387/2. htm.

[11] 新榜矩阵通. 2024 车企新媒体矩阵研究报告［P/OL］. ［2025 – 02 – 01］. https://www. fxbaogao. com/view? id = 4209895.

[12] 田凤霞. 汽车网络与新媒体营销［M］. 北京：机械工业出版社,2021.